prometeo
libros

LA INSURRECCIÓN COMO RESTAURACIÓN.
EL KIRCHNERISMO, 2002-2015

Alberto Bonnet

La insurrección como restauración.
El kirchnerismo 2002-2015

prometeo libros

A mi padre

Índice

Introducción: la cuestión del kirchnerismo

Si queremos que todo siga como está,
es necesario que todo cambie. ¿Me explico?.
Tomasi di Lampedusa

Durante la década pasada, tuvieron lugar interminables debates entre partidarios y detractores del kirchnerismo acerca de su naturaleza. Estos debates se originaron en el punto de inflexión que significó la crisis del neoliberalismo doméstico, encarnado por excelencia en el menemismo, a fines de la década anterior.[1] Y giraron alrededor de la pregunta sobre los cambios y continuidades que el kirchnerismo representaba respecto del menemismo. Estos debates no carecían de sentido desde un punto de vista político, ciertamente, pero resultaron en su mayoría estériles. Su esterilidad resultó del hecho de que compartían un método, bastante vulgar, consistente en intentar ponderar en los platillos de una imaginaria balanza aquellos aspectos en los cuales el kirchnerismo se distinguía del menemismo y aquellos en los cuales ambos se asemejaban. Este método propio de tenderos no podía sino conducir a que los partidarios del kirchnerismo sobreestimaran aquellas diferencias en la misma medida en que sus detractores sobreestimaran estas similitudes, ya fueran reales o presuntas en ambos casos. Las intervenciones de izquierda en estas polémicas tampoco evitaron este método. Se trataba, en la mayoría de estas intervenciones, de determinar hasta qué punto el kirchnerismo era auténticamente kirchnerista –porque para la mayoría de la izquierda el kirchnerismo era el único horizonte ideológico imaginable–.

---

[1] Esta crisis también se había registrado en otros países latinoamericanos y había conducido al ascenso de otros gobiernos que tomaron distancia, más o menos radicalmente según los casos, de las políticas neoliberales antes reinantes, como los de Hugo Chávez en Venezuela en 1999, Lula Da Silva en Brasil en 2003, Tabaré Vázquez en Uruguay y Evo Morales en Bolivia en 2005, Rafael Correa en Ecuador en 2007 y Fernando Lugo en Paraguay en 2008. Polémicas semejantes se desarrollaron, en consecuencia, a propósito de estos otros gobiernos.

Aquí, naturalmente, no intentaremos buscar un justo medio entre las posiciones adoptadas en aquellas polémicas. El justo medio entre dos errores no es más que un error intermedio. Aquí trataremos más bien de proponer una alternativa a esta manera de acercarse a aquella pregunta sobre la naturaleza del kirchnerismo. Esta alternativa consiste en elevar la mirada por encima de esa balanza imaginaria e intentar aproximarnos a una respuesta a esa pregunta apuntando a algo que podríamos denominar como el significado histórico del kirchnerismo dentro del desarrollo reciente de la lucha de clases en nuestro país.

Para precisar un poco a qué nos estamos refiriendo mediante esta expresión algo pomposa, podemos recordar muy sintéticamente que el significado histórico del alfonsinismo no puede entenderse sino a la luz de las relaciones de fuerzas entre clases y fracciones de clases heredada de la última dictadura y de su crisis; y a la vez, como un intento de encauzar esas relaciones de fuerzas en una restauración del régimen democrático; o bien, que el significado del menemismo no puede entenderse sino a la luz de las relaciones de fuerzas entre clases y fracciones de clases aún más desfavorables que impuso la crisis hiperinflacionaria de fines de los noventa, y a la vez como un intento de acelerar y profundizar una reestructuración capitalista que se había estancado durante la década previa. El significado histórico del kirchnerismo, en este sentido, debe entenderse a la luz de las relaciones de fuerzas entre clases y fracciones de clases, esta vez más favorables para los trabajadores, emergentes del ascenso de las luchas sociales que culminó en la insurrección de fines de 2001 y la resultante crisis de acumulación y la dominación; y al mismo tiempo, como un intento de recomposición de esa acumulación y esa dominación capitalistas.

Alrededor de esta afirmación girará todo nuestro análisis del kirchnerismo, de manera que conviene que señalemos algunas de sus implicancias metodológicas antes de encarar dicho análisis. Aclaremos, en primer lugar, cómo se articulan las dos partes de esta afirmación. En efecto, decimos, por un lado, que el kirchnerismo debe entenderse a la luz de las relaciones de fuerzas emergentes del ascenso de las luchas sociales que culminó a fines de 2001 y de la resultante crisis de acumulación y dominación, y, por otro lado, que debe entenderse al mismo tiempo como un intento de recomposición de esa acumulación y esa dominación capitalistas. Ninguna de las dos partes de esta afirmación es suficiente sin la otra. La forma social y su contenido de clase no pueden existir por separado, aunque la relación entre esa forma social y ese contenido de clase tampoco deja nunca de ser contradictoria.[2] El kirchnerismo, como cualquier otro fenómeno social en una sociedad de clases como la nuestra, expresó determinadas relaciones de fuerza entre clases y fracciones de clase y las expresó de determinada manera. El kirchnerismo expresó específicamente las relaciones de fuerza entre clases y fracciones de clase emergentes de la crisis de acumulación y dominación de 2001 y las expresó como recomposición de esa acumulación y esa dominación. El kirchnerismo expresó, en pocas palabras, la insurrección como restauración. Y resulta imprescindible para su análisis tener en cuenta ambos aspectos a la vez, así como la inevitable tensión entre ellos, porque, en caso contrario, ambos quedarían igualmente indeterminados. Si logramos explicar con éxito la naturaleza del kirchnerismo a partir de este contradictorio modo de existencia de la insurrección como restauración, las siguientes páginas habrán alcanzado su objetivo.

El contraste entre este análisis del kirchnerismo que apunta a entender su significado dentro de la historia reciente de la lucha de clases en nuestro país y aquellas aproximaciones que apuntaban a ponderar sus similitudes y diferencias respecto del menemismo salta a la vista. Pero quisiéramos detenernos en una de las diferencias entre ambos enfoques que acarrea consecuencias, tanto teóricas como prácticas, especialmente importantes. Nos referimos a que, mediante este análisis, podemos alcanzar una conceptualización de conjunto del fenómeno del kirchnerismo, mientras que esas aproximaciones se limitaron a proveer meras enumeraciones de hechos yuxtapuestos: en un platillo de la balanza, digamos, la anulación de las leyes de punto final y obediencia debida, el matrimonio igualitario, la asignación universal por hijo; en el otro platillo, la ley antiterrorista, la promoción de la megaminería contaminante, la corrupción generalizada; y así sucesivamente. Ponderar agregados de hechos sueltos como estos para extraer alguna conclusión es difícil, ciertamente, pero alcanzar una conceptualización de conjunto del kirchnerismo a partir de amontonar hechos como estos o cualesquiera otros es

---

[2] Esta relación es la misma que la establecida por Marx en su crítica de la economía política, a un nivel de abstracción muchísimo más alto, entre la forma y el contenido de las relaciones sociales fundamentales, y puede conceptualizarse sintéticamente, valiéndonos de la terminología de Holloway, como una relación entre un contenido que existe en-y-contra su forma.

francamente imposible. Y sin embargo, es precisamente esta conceptualización de conjunto la que resulta necesaria, tanto intelectual como políticamente hablando, para la crítica radical del kirchnerismo.[3] Porque sin una conceptualización de conjunto, no puede entenderse ninguna realidad social y, en consecuencia, no puede diseñarse ninguna estrategia para transformarla. La naturaleza del kirchnerismo no depende de qué conjunto de tales hechos pese más que otro en una imaginaria balanza, en resumen, sino que depende de su significado de conjunto dentro de la lucha de clases. Y ya dijimos en qué consiste este significado. La crítica radical del kirchnerismo equivale, en consecuencia, a la crítica de la restauración del orden burgués en la Argentina contemporánea.

Ahora bien, una vez establecido este significado de conjunto del kirchnerismo, puede identificarse (e identificaremos más adelante) una serie de hechos que diferencian claramente al kirchnerismo respecto del menemismo. Nuestra crítica del kirchnerismo no descansa ni puede descansar de ninguna manera en sus presuntas continuidades respecto del menemismo. En estas continuidades enfatizaron, al menos en los comienzos, muchos de sus críticos de izquierda. Pero nosotros no podemos seguir el mismo camino, no solo porque implicaría ignorar los evidentes hechos que diferencian al kirchnerismo respecto del menemismo, sino, además, porque acarrearía inconsistencias para nuestro análisis del kirchnerismo e incluso para el marco teórico en el que se encuadra dicho análisis. En efecto, si el kirchnerismo fuera una mera continuación del menemismo, el ascenso de las luchas sociales que culminó en la insurrección de fines de 2001 habría resultado completamente irrelevante para la relación de fuerzas entre las clases y las fracciones de clases vigente en nuestra sociedad y, extremando las cosas, la dinámica de la acumulación y la dominación capitalistas en general sería indiferente respecto de la lucha de clases. Y ambas cosas, desde luego, son inaceptables para nosotros.

Pero nuestra crítica del kirchnerismo, también, es diametralmente distinta de la que vienen planteándole sus críticos de derecha. Esta crítica de derecha supone, en última instancia, que el kirchnerismo representa

---

[3] Este es el significado político íntimo de aquella aspiración a la totalidad que el joven Lukács, polemizando con el reformismo socialdemócrata, prescribía tanto a la teoría como a la práctica revolucionarias. El método de la balanza es, en los hechos, el método de todos los oportunistas.

una continuidad, no ya respecto del menemismo de los noventa como sostienen esos críticos de izquierda, sino de la resistencia a ese menemismo. En efecto, mediante su reaccionaria retórica alrededor de la demagogia y del autoritarismo kirchneristas, esta crítica de derecha insiste en presentarlo como promotor del desorden y de la destrucción de las instituciones, en vez de asumirlo como el restaurador del orden y el reconstructor de dichas instituciones. Más aún, la creciente virulencia de esta crítica de derecha durante los últimos años acaso responda, paradójicamente, al propio éxito alcanzado por el kirchnerismo en esa restauración del orden y de las instituciones. Pero más adelante volveremos sobre esta paradoja. Digamos, por ahora, que la asimilación derechista del kirchnerismo a las luchas sociales contra el neoliberalismo de la década previa distorsiona completamente su conceptualización.

Finalmente, hemos mencionado aquí no solo al kirchnerismo, sino también al menemismo de los noventa e incluso al alfonsinismo de la segunda mitad de los ochenta, y conviene que precisemos en qué sentido estamos empleando expresiones como estas. Nos valemos de estas expresiones, provenientes del lenguaje cotidiano, para referirnos a períodos de la historia argentina reciente a cuya dinámica subyace cierta unidad. Pero estas expresiones pueden resultar engañosas porque, en la medida en que están asociadas a los nombres de quienes ejercieron la presidencia durante la mayor parte de dichos períodos (a Alfonsín, a Menem, a Kirchner y Fernández de Kirchner), pueden sugerir que estamos periodizando esa historia argentina reciente conforme a los sucesivos gobiernos. Y periodizar de esta manera sería incurrir en un ingenuo institucionalismo. Se trata, en cambio, de períodos a cuya dinámica subyace cierta unidad, pero esta unidad no remite a unos mandatos presidenciales, sino, en última instancia, a una determinada configuración de las relaciones de fuerzas entre clases y fracciones de clases. Así pues, el período del alfonsinismo coincide en los hechos, aproximadamente, con la administración de Alfonsín (1983-1989), pero el período del menemismo abarca tanto las dos administraciones sucesivas de Menem como la breve administración de De La Rúa (1989-2001).[4] Y así, en estas páginas, el período del kirchnerismo abarcará tanto las administraciones de Kirch-

---

[4] Esta es la manera en que usamos estas expresiones en nuestros trabajos sobre las décadas de los ochenta y noventa (véase, en particular, Bonnet, 2008).

ner y las dos sucesivas administraciones de Fernández de Kirchner como el breve interregno de Duhalde (2002-2015).

Las razones de esta periodización son sencillas. Hemos asociado antes al kirchnerismo con la recomposición de la acumulación y la dominación capitalistas posterior al ascenso de las luchas sociales y la crisis que culminaron a fines de 2001. Recordemos ahora que esta recomposición ya se había iniciado y, como enseguida veremos, había avanzado considerablemente entre enero de 2002 y mayo de 2003, es decir, durante la administración provisional encabezada por Eduardo Duhalde. La administración provisional de Duhalde y las administraciones electas de Néstor Kirchner y de Cristina Fernández de Kirchner deben ser consideradas en este sentido, contra las pretensiones *refundacionalistas* de la retórica kirchnerista, como partes integrantes de un mismo período de la historia argentina reciente. Pero esto no significa, naturalmente, que no hayan existido diferencias entre las administraciones de Duhalde y de Kirchner, así como existen diferencias entre las propias administraciones de Kirchner y de Fernández de Kirchner, y aún entre los distintos momentos que estas administraciones atravesaron. Y, como también veremos más adelante, es importante tener en cuenta estas diferencias.

Dividimos este trabajo en dos partes. En la primera, proponemos un análisis de la dinámica del kirchnerismo durante la década pasada y, en consecuencia, su contenido está organizado de una manera cronológica. La división de este contenido entre los distintos capítulos involucra entonces, implícitamente, una periodización dentro de dicha dinámica. El primer capítulo abarca el período que se extiende entre las primeras medidas de emergencia implementadas por la administración de Duhalde a comienzos de 2002 y la cancelación anticipada de la deuda con el FMI por la administración de Kirchner a fines de 2005 y coincide con el período en que se adoptaron las principales medidas para dejar atrás la crisis de acumulación y dominación que había culminado a fines de 2001. El segundo capítulo abarca en los hechos el mismo período, pero se centra en la transición entre aquella administración provisional de Duhalde y ésta administración electa de Kirchner. Se extiende, entonces, entre la asunción de aquel en enero de 2002 y las elecciones parlamentarias que ratificaron el consenso construido por este último en octubre de 2005. El tercer capítulo está dedicado al posterior período de estabilización de la situación económica y política y de consolidación del kirchnerismo que se extiende entre fines de 2005 y comienzos de 2008. Los capítulos cuarto y quinto vuelven a estar estrechamente relacionados entre sí porque, mientras que el primero analiza el conflicto entre el primer gobierno de Fernandez de Kirchner y la burguesía agraria registrado durante la primera mitad de 2008, el segundo analiza la crisis política que inauguró dicho conflicto y que recién se cerraría a fines de 2009 o comienzos de 2010. El sexto y último capítulo de esta primera parte, finalmente, está dedicado a la recuperación del kirchnerismo respecto de dicha crisis y a la emergencia de una suerte de nuevo kirchnerismo durante el segundo gobierno de Fernández de Kirchner. Este período se extiende desde entonces hasta nuestros días y, en consecuencia, tanto la propia dinámica del kirchnerismo en estos años como nuestro análisis de ella permanecen en alguna medida abiertos. Sin embargo, consideramos que la medida de esta apertura ya es bastante estrecha y que estamos en condiciones de extraer una serie de conclusiones generales válidas para la década kirchnerista en su conjunto como si se tratara de un ciclo cerrado.

En la narración histórica que realizamos en esta primera parte, no podemos evitar incluir descripciones de una serie de acontecimientos que después daremos por supuestas en el análisis de las características del kirchnerismo que realizamos en la segunda parte. Esta primera parte puede parecer, entonces, un simple relato acerca de los principales acontecimientos del período, muchos de los cuales pueden ser conocidos para un lector local. Pero incluye también explicaciones de esos acontecimientos y, más importante aún, un análisis del kirchnerismo en su dinámica, sobre el que ya no podremos volver en la segunda parte. En efecto, en esta segunda parte, algo más extensa y más compleja que la primera, nos detenemos a analizar con mayor profundidad un conjunto de cuestiones especialmente importantes que apenas si rozamos superficialmente en esa exposición de la dinámica del kirchnerismo. Sabemos que el análisis en profundidad de estas cuestiones merecería muchas más páginas y que, incluso, en algunos casos, debería ser acompañado por otras muchas páginas dedicadas a explicitar y desarrollar los supuestos teóricos sobre los cuales descansa. Pero priorizamos la conveniencia de que este ensayo conservara dimensiones razonables, y nos reservamos para otros escritos complementarios la satisfacción de esas exigencias.

Los dos primeros capítulos que integran la segunda parte, los capítulos siete y ocho, están muy relacionados entre sí, pues en el primero analizamos los cambios y las continuidades en la forma de estado y en el segundo los cambios y continuidades en las relaciones entre ese estado y el mercado. También, los dos capítulos siguientes están muy vinculados entre sí, pues dedicaremos el noveno a sopesar la incidencia del mercado mundial y de las políticas económicas implementadas en la recomposición de la acumulación durante la década y el décimo a examinar las principales características de la acumulación durante dicha década y los cambios y continuidades que implican respecto del modo de acumulación resultante del proceso de reestructuración que venía atravesando el capitalismo doméstico. El capítulo once, en cambio, aborda la relación entre la recomposición de la dominación y la clase dominante, y se centra en los cambios y continuidades registrados a propósito del bloque en el poder. Y el doce, sobre las relaciones entre esa recomposición de la dominación y las clases subalternas, se centra en las características específicas del modo de ejercicio de la dominación política propio del kirchnerismo. El capítulo trece y último analiza las principales características de la evolución de las mediaciones políticas entre estado y sociedad –partidos, sindicatos, organizaciones sociales– durante el período. En las conclusiones, finalmente, retomamos nuestra pregunta inicial acerca del significado histórico del kirchnerismo dentro del desarrollo reciente de la lucha de clases en nuestro país pero, partiendo de la respuesta que ya dimos a esta pregunta en las páginas previas, la retomamos para extraer conclusiones políticas de mayor alcance. Nuestra intención última, una vez más, es política.

Muchos son los compañeros que aportaron a la elaboración de este libro. Pero entre ellos, debo mencionar especialmente a quienes integran nuestro programa de investigación acerca de la sociedad argentina contemporánea.[5] Esta mención no es una formalidad académica (en nuestro trabajo colectivo intentamos, entre otras cosas, que nada sea una mera formalidad), sino un sincero reconocimiento a la ayuda que el grupo, a través de sus discusiones, me brindó para la escritura de estas páginas. Y, si tuviera que poner un nombre propio dentro de este reconocimiento colectivo, pondría en particular el de Adrián Piva. Tanto me ayudó Adrián en la escritura de estas páginas que muchas de ellas, seguramente las menos malas, deberían tomarse como escritas a cuatro manos. Tanto mis deudas con él como con los restantes miembros del grupo y otros compañeros están asentadas en notas al pie en las siguientes páginas, así que pasemos al análisis del kirchnerismo.

---

[5] Se trata del Programa de Investigación *Acumulación y dominación y lucha de clases en la Argentina contemporánea, 1989-2011*, radicado en el Centro de Investigaciones Sobre la Economía y la Sociedad de la Argentina Contemporánea (IESAC) de la Universidad Nacional de Quilmes. Para información sobre los integrantes del programa y las investigaciones realizadas puede consultarse www.laargentinareciente.com.ar y para acercarnos críticas y comentarios puede escribirse a abonnet@unq.edu.ar.

Primera parte

Capítulo 1. Entre las ruinas de 2001

La salida inmediata de la crisis de acumulación y dominación que culminó a fines de 2001 constituye el contenido del primer período del kirchnerismo, que se extendió entre comienzos de 2002 y fines de 2005 y abarcó tanto la administración provisional de Eduardo Duhalde como la primera mitad de la administración electa de Néstor Kirchner. Varios acontecimientos registrados durante este período moldearon la década entera que inauguró, de manera que debemos detenernos en su análisis.

El ciclo de ascenso de las luchas sociales que se había iniciado hacia 1996-97 y que culminó en la insurrección de fines de 2001 acabó con la modalidad específica que adoptó la ofensiva neoliberal impuesta en la Argentina a lo largo de la década de los noventa.[6] Esta ofensiva neoliberal, una de las más profundas de América Latina y del mundo, estuvo centrada en el disciplinamiento de la clase trabajadora que implicaba la inserción de la economía doméstica en el mercado mundial en condiciones de convertibilidad monetaria. En efecto, la convertibilidad sustrajo el poder adquisitivo del dinero respecto de la lucha de clases fijando el tipo de cambio, de manera que esa inserción en el mercado mundial pasó a depender exclusivamente de los niveles de salario y de productividad domésticos, es decir, del nivel de explotación del trabajo. Esto significaba más específicamente, en las condiciones recesivas reinantes desde mediados de 1998, que pasó a depender exclusivamente del salario nominal. Pero aquel ascenso de las luchas sociales que venía registrándose desde 1996-97 resistió este mantenimiento deflacionario de la convertibilidad y desencadenó, en consecuencia, la profunda crisis de acumulación y dominación que culminó a fines de 2001. Sin embargo, esta misma crisis de la convertibilidad, devaluación forzada de la moneda

---

[6] Para un análisis de las características del modo de desenvolvimiento de la lucha de clases puestas en juego durante este ascenso de las luchas sociales, véase Piva (2009), y para un análisis de la relación entre este ascenso de las luchas sociales y la crisis de fines de la década, véase Bonnet (2008, cap. 6) y Piva (2012, caps. 11 y 12).

mediante, contribuyó a su vez en buena medida a reestablecer las condiciones para una reinserción más exitosa en el mercado mundial. La tasa de explotación del trabajo, que no había podido incrementarse lo suficiente por la vía deflacionaria en condiciones de peso convertible, se incrementó, entonces, dramáticamente por la vía inflacionaria una vez caída la convertibilidad.

La administración provisional de Duhalde gestionó esta salida de la crisis en sus primeros y peores días y alcanzó, como enseguida veremos, una serie de éxitos decisivos que le permitirían comenzar a reencauzar aquellas luchas sociales dentro de los límites del estado y del mercado capitalistas (véase Bonnet, 2007a).[7] Revisemos, en este capítulo, dichos éxitos. Duhalde oficializó aquella devaluación impuesta por la crisis derogando la convertibilidad legalmente vigente entre el peso y el dólar mediante la Ley de Emergencia Pública y Reforma del régimen Cambiario 25.562/02, una ley ómnibus sancionada a comienzos de enero de 2002 que contemplaba los lineamientos fundamentales de esa salida de la crisis. Pero más importante aún, Duhalde evitó que esa devaluación forzada desembocara en un nuevo proceso hiperinflacionario, como los registrados a fines de los ochenta, manteniendo controlada la apreciación del dólar. Inicialmente, a comienzos de enero de 2002, intentó desdoblar el mercado cambiario estableciendo un dólar oficial para las operaciones de comercio internacional y algunas operaciones financieras a una paridad de 1,40 pesos por dólar y un dólar paralelo en flotación libre para el resto de las operaciones. Pero el dólar libre comenzó inmediatamente a alejarse del oficial, superó en pocos días los 2 pesos, el FMI condicionó el inicio de sus negociaciones con el gobierno a una unificación y liberalización del mercado cambiario y, a comienzos de febrero, el ministro Jorge Remes Lenicov anunció la libre flotación del dólar (Frenkel y Ra-

---

[7] Recordemos que Duhalde había sido designado presidente el 2 de enero de 2002 por una amplia mayoría de la Asamblea Legislativa, en aplicación del artículo 88 de la Constitución Nacional y de la Ley de Acefalía 20.972, entonces vigente, tras la caída del presidente Fernando De La Rúa y la renuncia anterior del vicepresidente Carlos *Chacho* Alvarez. Aunque su mandato se extendía hasta completar el de De La Rúa, es decir, hasta el 10 de diciembre de 2003, cedió la presidencia a Kirchner el 25 de mayo de 2003 (para una descripción de este proceso, véase Ollier, 2008). Aquí no vamos a considerar por separado el breve interregno de Adolfo Rodríguez Sáa, que precedió a Duhalde durante siete días entre el 23 y el 30 de diciembre de 2001, pero más adelante recordaremos algunas decisiones suyas que prefiguraron en cierto modo acontecimientos posteriores, como su declaración del *default* o sus reuniones con la CGT y las Madres de Plaza de Mayo (véase, sobre esta coyuntura en particular, Zicari, 2012).

petti, 2007). La cotización del dólar aumentó, entonces, hasta alcanzar los 3,75 pesos a fines de marzo y los 4 pesos a fines de junio de 2002. Sin embargo, más tarde se estabilizó, para ubicarse entre los 3,75 y los 3,5 pesos por dólar entre junio y octubre, y comenzó a caer desde noviembre, hasta ubicarse por debajo de los 3 pesos cuando Duhalde dejó la presidencia en mayo de 2003. Durante sus últimos meses, la preocupación de la administración duhaldista –algo impensable en los meses inmediatamente posteriores a la devaluación– consistió en evitar que la cotización del dólar cayera demasiado.

Ahora bien, había sido la apreciación del dólar la que había encabezado la conversión de la dinámica inflacionaria en una dinámica específicamente hiperinflacionaria durante los procesos hiperinflacionarios registrados en 1989-91 (véase, entre muchos otros, Fanelli y Frenkel, 1990). La contención del dólar, a mediados de 2002, significó en este sentido que la devaluación, aunque había generado inflación, no había desembocado en un nuevo proceso hiperinflacionario. Y basta recordar las secuelas económicas, sociales e incluso políticas de esos procesos hiperinflacionarios registrados en 1989-91 para advertir la importancia de este punto. El hecho de que no se haya desencadenado un nuevo proceso hiperinflacionario no implica, sin embargo, que la inflación registrada no haya sido suficiente como para recortar dramáticamente los ya reducidos salarios heredados de la crisis que había culminado a fines de 2001. La inflación se aceleró durante los primeros meses de 2002 hasta superar el 10% mensual en abril (según el IPC-GBA del INDEC) y, aunque después se desaceleró, acumularía un 41% durante 2002 y otro 13,4% durante 2003. Duhalde, en respuesta al deterioro de los salarios reales que imponía esta inflación, sancionó por decreto desde mediados de 2002 una seguidilla de aumentos salariales de suma fija e inició en enero de 2003 la devolución del 13% de los salarios del sector público (y las jubilaciones) recortado a mediados de 2001.[8] Pero estos aumentos no alcanzaron

---

[8] Se trata de los Decretos 2641/02, 1273/02 y 905/03, que fijaron aumentos de sumas fijas no remunerativas de $100 para julio-diciembre de 2002, $130 para enero-febrero de 2003, $150 para marzo-abril de 2003 y $ 200 desde mayo de 2003. Y del Decreto 1819/02, que estableció la restitución del porcentaje recortado a los salarios públicos y las jubilaciones. La inflación, paralelamente, se fue desacelerando desde mediados de 2002: la inflación mensual promedio fue de un 4,6% durante el primer semestre de 2002 y se redujo a un 1,3% durante el segundo semestre de 2002 y a un 0,35% durante el primero de 2003. Esto se reflejó en cierta recuperación del salario de los trabajadores registrados del sector privado desde mediados de 2002, aunque los salarios de los trabajadores no-registrados del sector privado y de los del sector público continuaron cayendo.

a compensar los aumentos de precios, que impusieron una caída inicial de un 25% de los salarios reales del conjunto de los trabajadores durante la primera mitad de 2002; y una caída mayor aún, que alcanzó de un 30% a 35%, de los salarios reales de los trabajadores no-registrados del sector privado y de los trabajadores del sector público durante la segunda mitad del año. Pero esta caída de los salarios reales aún fue superada con creces por la caída de los costos laborales. En efecto, los altos costos laborales en dólares de la década previa se redujeron a una cuarta parte, y sentaron las condiciones para un relanzamiento de la acumulación mientras se evitaba a la vez que la inflación condujera a un proceso hiperinflacionario.[9] Sin embargo, es necesario agregar que, aunque la administración de Duhalde desarrolló una política monetaria activa y, en particular, el BCRA intervino continuamente en el mercado cambiario para controlar la evolución del dólar y la inflación, ni la devaluación inicial ni la evolución posterior del tipo de cambio y los precios pueden atribuirse simplemente a su habilidad política. Así como la devaluación había sido impuesta por la propia crisis, es evidente que los comportamientos posteriores del tipo de cambio y de los precios fueron condicionados por las condiciones extraordinariamente depresivas heredadas de dicha crisis y, en particular, por los altísimos niveles de desempleo.

La administración de Kirchner, en sus primeros años, no se apartaría de este curso. Kirchner contuvo la inflación con cierto éxito durante 2003-04 mediante la imposición de una significativa restricción del gasto público, acompañada por una reconstitución de los ingresos públicos provenientes de los impuestos sobre el consumo y de las retenciones sobre las exportaciones, que en ese momento ya atravesaban ambos una franca recuperación.[10] La Ley de Responsabilidad Fiscal 25.152/99,

---

[9] "A casi dos años del colapso del 2001, la Argentina se convirtió a nivel internacional en el caso más exitoso de devaluación del mundo", declararía en este sentido el ministro de economía Roberto Lavagna durante una jornada de debate sobre comercio exterior realizada en marzo de 2003 (reproducido en *Clarín*, 27/3/03).

[10] La alta inflación posterior a la devaluación (un 40,9% en 2002), como ya señalamos, se desaceleró durante el segundo semestre y siguió contenida durante dos años (un 3,7% en 2003 y un 6,1% en 2004), pero se aceleraría más tarde (un 12,3% en 2005, siempre según IPC del INDEC previo a la intervención). El superávit fiscal primario del sector público nacional aumentó (de un 0,7% del PBI en 2002) hasta superar ampliamente el 3% del producto, aunque también evidenciaría más tarde cierta tendencia hacia la reducción (un 2,3% en 2003, un 3,9% en 2004 y un 3,7% en 2005), y las reservas del BCRA pasaron de unos USD 15.000 millones a fines de 2003 a unos 20.000 a fines de 2004 y 25.000 a fines de 2005 (según datos del IERAL basados en el MECON y el BCRA).

proveniente de los ajustes aliancistas y aún vigente, exigía equilibrios fiscales. Pero los superávits resultantes de aquella expansión de ingresos y contracción de gastos públicos excedieron las previsiones presupuestarias del gobierno así como las condiciones de los organismos financieros internacionales. Y estos superávits fueron destinados a alimentar las reservas.[11] El kirchnerismo rodeó esta conservadora política de atesoramiento con un aura de virtuosa austeridad republicana que apuntaba a la recuperación del estado como instrumento de un proyecto nacional y popular. Pero, como veremos más adelante, este atesoramiento de recursos desempeñaría un papel muy diferente durante los siguientes años. Este panorama, en cualquier caso, comenzaría a cambiar en 2005: aunque el dólar y las tarifas aún seguirían planchados, la inflación comenzaría a acelerarse hasta ubicarse en el centro de la escena durante el siguiente período.

Duhalde también superó paulatinamente las secuelas del congelamiento de los depósitos bancarios y avanzó hacia una solución duradera del problema mediante su devolución combinada en efectivo y bonos, desactivando así las demandas de los ahorristas y a la vez rescatando de la bancarrota al sistema bancario. El *corralito*, sancionado a comienzos de diciembre de 2001 para enfrentar la fuga de depósitos y de dólares en medio de la crisis de la convertibilidad, había incautado dentro del sistema bancario doméstico depósitos por unos USD 70.000 millones. La devaluación, por su parte, había puesto al borde de la cesación de pagos una cartera de créditos en manos de ese sistema bancario de

---

[11] El superávit fiscal primario trepó de unos 8.000 a unos 20.000 millones de pesos entre 2003 a 2005 y alcanzó el récord de 23.150 millones (o sea, más del 3,5% del PBI) en 2006. Entre 2003 y 2006, mientras tanto, los aumentos de salarios del sector público apenas igualaron la inflación y conservaron así una pérdida de poder adquisitivo de alrededor del 40% respecto de diciembre de 2001 (los salarios del sector público aumentaron un 48,2% entre enero de 2002 y febrero de 2007, contra un aumento del costo de vida del 89,7% en igual período). Los salarios del sector público se encontraban así aún más deteriorados que los salarios de los trabajadores en negro del sector privado, cuyos aumentos superaron levemente la inflación en 2003-05, aunque siguieron cargando con una pérdida acumulada de poder adquisitivo superior al 20% respecto de 2001 (aumentaron entre enero de 2002 y febrero de 2007 un 68,8%, contra el mencionado aumento del 93,8% del costo de vida) y, naturalmente, de los trabajadores en blanco del sector privado, cuyos aumentos superaron ya la inflación 2001-05 en su conjunto (pues aumentaron un 130,9% entre enero de 2002 y febrero de 2007, siempre según datos del Ministerio de Economía).

unos USD 52.000 millones. Muchos de los acreedores de los bancos eran pequeños ahorristas, así como muchos de sus deudores eran pequeños deudores hipotecarios, prendarios o personales. El congelamiento de depósitos y la apreciación del dólar amenazaban con expropiar a unos y otros y sus masivas protestas se sucedían cotidianamente.[12] La crisis bancaria, además, amenazaba con hundir entre el 80% y el 90% del sistema financiero y engrosar en decenas de miles de nuevos trabajadores el contingente de los desempleados, particularmente en la convulsionada ciudad capital. La administración de Duhalde sancionó entonces la *pesificación asimétrica* de créditos y depósitos bancarios (a 1 y 1,4 pesos por dólar, respectivamente, ajustables por inflación), y entregó a los bancos bonos para cubrir la diferencia. En realidad, la mencionada Ley 25.562 fijaba inicialmente la pesificación de deudas hipotecarias, prendarias y personales y deudas de pequeñas y medianas empresas inferiores a los USD 100.000, pero a fuerza de *lobby*, este límite fue suprimido en su Decreto reglamentario 214/02 y en la nueva Ley 25.820 que sancionó poco después la nueva administración de Kirchner (véase Cobe, 2009). La pesificación asimétrica se convirtió así en un mecanismo para la socialización masiva de las deudas de las grandes empresas con el sistema bancario doméstico. Y el sistema bancario fue a su vez objeto de un salvataje que insumió la mitad de la nueva deuda pública emitida durante la salida de la crisis, es decir, unos USD 14.400 millones, sobre un nuevo endeudamiento total de unos 28.500 millones.[13] La banca y las grandes empresas endeudadas en dólares se convirtieron así en los principales

---

[12] Recordemos asimismo que la Corte Suprema menemista, que había avalado el Decreto 1570/01 del corralito de Cavallo y que, en consecuencia, era cotidianamente escrachada por marchas de ahorristas, declaró en febrero de 2002 la inconstitucionalidad de dicho corralito porque "aniquilaba el derecho a la propiedad privada" (*La Nación*, 2/2/02). Pero esta Corte ya estaba amenazada de juicio político y, ya en marzo, la comisión de juicio político de Diputados decidió acusar formalmente a sus nueve miembros de una serie de irregularidades y convocarlos a ejercer sus descargos. Esto inició el proceso de depuración de la Corte que, como enseguida veremos, se concretaría con Kirchner.

[13] El salvataje a la banca insumió USD 14.390 millones, compuestos por 5.904 millones en bonos para cubrir la pesificación asimétrica en sentido estricto, 2.400 millones en bonos cobertura para cubrir el descalce de monedas entre activos y pasivos de los bancos y 6.086 millones en bonos emitidos para el canje voluntario de depósitos. El estado nacional se hizo cargo además de USD 9.679 millones de deudas provinciales con los bancos y de otros 2.429 millones para el rescate de las cuasi-monedas provinciales. Si añadimos el reconocimiento de deudas con empleados, jubilados y proveedores (2.028 millones), el endeudamiento para cubrir la devolución del 13% de los sueldos recortados (873 millones) y otras deudas heredadas (1.155 millones), el total de nueva deuda ascendió a USD 28.525 millones (según cálculos de Damill, Frenkel y Rapetti, 2005).

beneficiarios de la intervención del gobierno (véase Allani, 2013). Pero esto no impidió que, simultáneamente, estas políticas también rescataran del abismo a los pequeños acreedores y deudores desactivando sus demandas contra la banca y el gobierno. El *corralón* fue aflojándose paulatinamente desde entonces y, ya a fines de 2002, los fondos quedaron completamente liberados.

También, Duhalde siguió una estrategia ante los organismos financieros internacionales que, combinando presiones y pagos y avalada por el gobierno norteamericano, se encaminó hacia una renegociación de la deuda externa que revirtiera la situación de *default* pasivo en que se encontraba. Recordemos que a fines de 2001, durante su breve administración provisional, Rodríguez Sáa había declarado la suspensión del pago de la porción de la deuda externa heredada que estaba en manos de tenedores privados, es decir, de unos USD 70.000 millones sobre una deuda total de unos 144.500 millones.[14] Y es interesante recordar aquí, antes de seguir avanzando, que Rodríguez Sáa presentó esta "suspensión del pago" (i. e., no "repudio") de la deuda externa en su discurso de asunción ante la Asamblea Legislativa en términos de una decisión soberana de ribetes antiimperialistas y fue ovacionado por los diputados y senadores presentes (véanse *La Nación* y *Página 12*, 24/12/01). En realidad, dicha suspensión del pago se había impuesto a sí misma como un hecho consumado a causa de la insolvencia en la que el estado argentino había caído cada vez más patentemente durante 2001, pero es interesante recordar aquel discurso de Rodríguez Sáa porque fue acaso un primer ejemplo importante de la conversión ideológica de la necesidad (es decir, la imposición de la crisis) en virtud (en decisión política soberana) que, como veremos más adelante, constituiría más tarde la matriz misma del discurso kirchnerista. Pero quedémonos por ahora en esta cesación de pagos en sí misma. La administración de Duhalde mantuvo una ambigua relación con el FMI, deslegitimado a raíz de su involucramiento anterior en el mantenimiento de la convertibilidad, aunque reconocido en los hechos junto a los restantes organismos, el BM y el BID, como acreedor privilegiado en la medida en que había sido excluido de la declaración de cesación de pagos. Esta relación estuvo signada por la imposibi-

---

[14] La deuda declarada en *default* sumaba USD 69.833 millones, integrados por 61.803 millones en títulos públicos y 8.030 millones en otras obligaciones; el remanente estaba integrado por 32.362 millones de deuda con organismos financieros internacionales y 42.258 millones de préstamos garantizados canjeados a los bancos y las AFJP durante la crisis (también según cálculos de Damill, Frenkel y Rapetti, 2005).

lidad de alcanzar acuerdos duraderos, pero a la vez, por la realización de importantes pagos de principales e intereses. Estos pagos netos sumaron unos USD 4.100 millones en 2002 y unos 2.400 millones en 2003.[15] En septiembre de este último año, la nueva administración de Kirchner sellaría un acuerdo de refinanciación de vencimientos con el FMI, ciertamente, pero quedaría en suspenso un año después y no volverían a alcanzarse nuevos acuerdos hasta 2005. Los pagos a los organismos, mientras tanto, sumarían otros USD 3.500 millones en 2004 y otros 5.300 millones más en 2005.

La administración de Duhalde, por otra parte, proclamó desde el comienzo su intención de encaminarse hacia una reestructuración de la deuda en manos de tenedores privados, intención explicitada en la propia Ley 25.562, aunque recién la nueva administración de Kirchner comenzaría a concretarla. En cualquier caso fue Lavagna, el ministro de economía compartido por ambas administraciones, el encargado de esta tarea. Lavagna anunció durante la asamblea anual del FMI realizada en Dubai en septiembre de 2003 una propuesta de canje masivo de bonos que apuntaba a reestructurar los montos y plazos de esa deuda en manos de tenedores privados. La propuesta fue negociada con los acreedores, cerrada en junio de 2004 e implementada en enero-febrero de 2005. Y su resultado fue el ingreso al canje de un 76% de la deuda elegible, unos USD 62.200 millones, a cambio de una quita promedio a valor nominal de un 55% y a valor presente de entre un 70 y un 75%, y de plazos de entre 30 y 35 años.[16] El canje resultó exitoso en sus propios términos y en

---

[15] Los pagos netos a organismos internacionales ascendieron a USD 4.127 millones en 2002, 2.426 millones en 2003, 3.505 millones en 2004 y 5.309 millones en 2005. El total resultante para el período considerado, USD 13.367, constituyó así un record histórico (véase Varesi, 2008).

[16] La propuesta inicial, según datos oficiales, abarcaba bonos por USD 81.800 millones (sobre una deuda externa total que ya ascendía a 191.254 millones) y una quita del valor nominal del 75%. Incluía tres tipos de bonos (nominados en dólares, euros o pesos): los bonos descuento a 30 años explicitarían la quita del valor nominal a cambio de un mayor interés; los bonos par, a 35 años, no tendrían quita nominal, pero ofrecerían un menor interés; y los bonos *cuasi-par* en pesos indexados y atados al crecimiento del PBI para las AFJP (véanse, para un análisis del canje, Damill, Frenkel y Rapetti, 2005 así como los trabajos de los economistas del EDI, Katz 2005; Lucita, 2005; Becerra y Mendes, 2005; y Gigliani 2005). El canje cerrado (mediante la Ley Cerrojo 26.017/05) volvería a abrirse (mediante su suspensión en diciembre de 2009) para incorporar a los acreedores que no habían ingresado al anterior (*los hold-outs*) en abril de 2010. Esto no impediría, sin embargo, las demandas ante la justicia neoyorquina, cuya jurisdicción reconocieron ambos canjes.

comparación con otros canjes similares realizados pocos años antes por Rusia y Ecuador. Pero el canje no redujo considerablemente el monto de la deuda en su conjunto (de USD 191.200 millones en 2004 a 150.000 millones en 2005, aunque recordemos que ascendía a 144.300 millones cuando cayó en default en 2001) y, en cambio, aumentó enormemente los pagos comprometidos para los años siguientes.

La administración de Kirchner, finalmente, exacerbó la ambigüedad que había caracterizado la relación de su antecesora con los organismos financieros internacionales: Kirchner denunció mucho más sonoramente las posiciones adoptadas por el FMI en los noventa, mientras que respetó como nadie antes su *priority* a la hora de pagarles Y al final del período considerado, en diciembre de 2005, anunció la cancelación anticipada de la deuda pendiente con el FMI, a costa de unos USD 9.800 millones de reservas.[17] Esta medida sería complementada, más adelante, por el acuerdo con España para el pago de un préstamo de unos USD 900 millones acordado en el *blindaje* de 2001 en enero de 2007 y por el anuncio en septiembre de 2008 del pago anticipado de la deuda con el Club de París, pago que hubiera insumido otros USD 6.700 millones de reservas, pero que se pospondría en medio de la crisis financiera internacional.[18]

En síntesis, como puede apreciarse, la salida de la cesación de pagos de la deuda externa en la que había incurrido el estado argentino en 2001 se realizó a través de iniciativas diversas, aunque con un denominador común: el pago de dicha deuda. El pago ininterrumpido a los organismos financieros internacionales como acreedores prioritarios, la reestructuración de la deuda y el pago a los acreedores privados y el pago

---

[17] El gobierno había decidido, con la anuencia del organismo, congelar su relación con el FMI hasta que se hubiera concretado el mencionado canje de la deuda con los tenedores privados (esto es explicitado incluso en la Ley de Presupuesto para 2004, véase Ley 25.827, arts. 59 y 60). Es importante reparar en que estos pagos con reservas implicaban un avasallamiento de la carta orgánica del BCRA, situación que anticipaba el posterior conflicto desatado por la creación del Fondo del Bicentenario a fines de 2009, que referiremos más adelante.

[18] En mayo de 2014, finalmente, se acordaría saldar esa deuda con el Club de París en un plazo de 5 años, pero esta vez por un importe de USD 9.700 millones.

anticipado de la deuda remanente con los acreedores institucionales. La magnitud de estos pagos de deuda es una novedad en la historia argentina reciente. "Más que deudores recalcitrantes, somo pagadores seriales", declararía con orgullo años más tarde Fernández de Kirchner en ocasión del anuncio de la última reapertura del canje en agosto de 2013 (*La Nación*, 26/8/13). Y, efectivamente, la década kirchnerista pasará a la historia como la década en que se realizaron los pagos de deuda externa más cuantiosos de la historia: unos USD 173.000 millones netos, según las propias cifras de la presidenta. Pero la mayor novedad consiste en que el kirchnerismo disfrazó estos pagos con los harapos ideológicos de una recuperación de la autonomía del estado y de la independencia de la nación. Los asistentes al Salón Blanco de la Casa Rosada, en la oportunidad en que Kirchner anunció la mencionada cancelación anticipada de la deuda con el FMI, interrumpieron siete veces con sus aplausos la arenga antiimperialista del presidente y clausuraron el acto al grito mundialista de *¡Argentina, Argentina!* (*Clarín*, 16/12/05). El antiimperialismo de la imposibilidad de pagar la deuda de Rodríguez Sáa se había degradado así, cuatro años después, al antiimperialismo de pagarla de Kirchner. Y, si el antiimperialismo se mide en cantidad de dólares pagados a los acreedores externos, los gobiernos kirchneristas fueron en los hechos los más antiimperialistas de la historia argentina. Pero en cualquier caso, más allá de la inflamada retórica del *desendeudamiento* que acompañó estos pagos, la reversión de la situación de *default* pasivo en la que se encontraba el estado no dejó de acarrear importantes cambios para su relación con los mercados y los organismos financieros internacionales, cambios que examinaremos más adelante.

Duhalde también renegoció las tarifas de las empresas de servicios públicos privatizadas y concesionadas durante los noventa limitando su aumento a montos mucho menores de los que hubieran resultado de su dolarización. Esta renegociación desactivó otra de las bombas de tiempo que, particularmente en manos de las asambleas barriales que habían proliferado en las grandes ciudades en 2001-02, podría haber conducido a un nuevo estallido. En efecto, la mencionada Ley de Emergencia Pública y Reforma del régimen Cambiario autorizó una renegociación muy amplia de los contratos con las privatizadas y los concesionarios. Pero la administración de Duhalde se limitó en los hechos a un manejo de las tarifas, las cuales experimentaron una tendencia a la caída en términos reales, especialmente, para el consumo residencial, mientras que en los demás aspectos contractuales y regulatorios cedió ante las presiones de las empresas privatizadas, los gobiernos de sus casas matrices y los organismos internacionales involucrados. En efecto, la imposibilidad de mantener en vigencia los contratos dolarizados establecidos en tiempos de la convertibilidad desencadenó unos 45 juicios contra el estado ante la Corte de Arreglo de Diferencias Relativas a Inversiones (CIADI) del Banco Mundial, especialmente, por parte de empresas multinacionales concesionarias del sector energético (transportadoras y distribuidoras de gas y electricidad, generadoras térmicas e hidroeléctricas y productores de hidrocarburos) y algunos otros sectores (servicio de agua, licencias radioeléctricas, servicios financieros).[19] Los gobiernos de los países de origen de estas empresas (EE.UU., España, Francia) y los organismos financieros internacionales (el FMI y el BM) presionaron en el mismo sentido a la administración de Duhalde. Y Duhalde, en este contexto, se limitó a renegociar tarifas mientras dilataba cualquier renegociación más amplia de los contratos.

La administración de Kirchner, una vez más, siguió adelante con esta salida cortoplacista y evitó una revisión de conjunto del esquema de privatizaciones y concesiones heredado de los noventa. Pero esta salida cortoplacista acarrearía a mediano plazo para la administración de Kirchner consecuencias que no había acarreado en la coyuntura de la inmediata salida de la crisis para la de Duhalde. Por un lado, algunas concesionarias se retiraron, quebraron o desinvirtieron hasta deteriorar completamente los servicios que brindaban y sus contratos debieron ser rescindidos. Tales fueron los casos del Correo Argentino, en noviembre de 2003; de Transportes Metropolitanos para el Ferrocarril San Martín, en junio de 2004; y un poco después, de Aguas Argentinas, en marzo de 2006.[20] La rescisión de todos estos contratos preveía la realización de nuevas licitaciones para los servicios en cuestión, pero estas licitaciones

---

[19] El estado argentino se convirtió así en el más enjuiciado en el CIADI. Diez años más tarde, 11 de esos 45 juicios habían sido suspendidos o las empresas litigantes habían desistido de ellos después de negociar una salida privada, pero 34 continúan vigentes y entre todos suman reclamos por USD 13.400 millones (*El Cronista*, 11/5/12).

[20] En este período, hay tres casos que parecen escapar a esta regla, pero son menores: la creación de Líneas Aéreas Federales (LAFSA), en julio de 2003, una empresa aérea artificial que acabaría vendiendo sus rutas a LAN Chile en marzo de 2005; la rescisión del control del espacio radioeléctrico por la francesa Thales Spectrum, que se encontraba envuelta en un escándalo, en enero de 2004; y la creación de la petrolera mixta Energía Argentina (ENARSA), en octubre de 2004, que vegetaría desde entonces sin incidir mayormente en el mercado hidrocarburífero.

no se realizarían o no encontrarían interesados. Estas situaciones se reiterarían en los años siguientes, lo que arrojó como resultado a largo plazo la acumulación de numerosas empresas en manos del estado. Y esto, como veremos en el octavo capítulo, contribuiría a modificar las relaciones entre el estado y el mercado durante la década. Por otro lado, para sostener las tarifas pesificadas, Kirchner comenzaría a subsidiar a las empresas privatizadas o concesionadas, especialmente en los sectores de la energía (electricidad y petróleo) y del transporte de pasajeros (automotor, ferroviario y aéreo). Estos pagos de subsidios comenzaron durante el período considerado (en 2005, aunque representando menos de un 1% del PBI), pero se convertirían en la cuenta más dinámica del gasto público durante los años siguientes (hasta llegar a representar un 3,7% del PBI). Esto, como también veremos más adelante en el séptimo capítulo, implicaría otro importante cambio para el estado. Pero en cualquier caso, dentro del período considerado, Duhalde y Kirchner alcanzaron su objetivo inmediato de mantener las tarifas de los servicios públicos a niveles que no desataran nuevas protestas masivas, sin revertir la estructura de privatizaciones y concesiones heredada de los noventa.

La administración de Duhalde, finalmente, encaró una masiva política de asistencia social. En el centro de esta política, estuvo la modificación y la multiplicación de los subsidios de desempleo existentes mediante su plan "Jefes y Jefas de Hogar Desocupados" (PJyJHD), plan que descomprimió y redefinió las demandas del movimiento piquetero en su conjunto y sentó a los dirigentes de la mayoría de las organizaciones que lo integraban a su mesa de negociaciones. El PJyJHD fue un subsidio de desempleo cuasiuniversal establecido en abril de 2002 por el Ministerio de Trabajo (Decreto 565/02), aunque administrado por los municipios, que a mediados de 2003 ya había alcanzado un presupuesto de unos 2.300 millones de pesos (1% del PBI) y casi dos millones de beneficiarios.[21] Este plan sería acompañado, además, por la recuperación del Programa de Emergencia Laboral (de 1999) y la creación de un Programa de Emergencia Alimentaria (en 2002). Y resultaría exitoso en su objetivo

---

[21] Es importante recordar, por razones que luego veremos, que una parte importante de este presupuesto provino de las retenciones a las exportaciones (para una descripción del plan puede consultarse CELS, 2003 y Neffa, 2009).

de desactivar la resistencia de la mayor parte del movimiento piquetero.[22] La nueva administración de Kirchner mantendría en vigencia este PJyJHD, pero iría perdiendo centralidad conforme disminuía el desempleo: hacia fines de 2005, sus beneficiarios ya habían caído a menos de un millón y medio y seguirían cayendo desde entonces. El centro de la asistencia social comenzaría a desplazarse, entonces, hacia políticas más focalizadas implementadas por el Ministerio de Desarrollo Social (a cargo de la hermana del presidente, Alicia Kirchner) y, simultáneamente, cobrarían cada vez más importancia la política implementada por el Ministerio de Trabajo (a cargo de Carlos Tomada) destinada a contener las demandas salariales que los sindicatos empezarían a plantear con creciente firmeza. En materia laboral, entonces, la devolución del 13% recortado a los salarios del sector público y los aumentos de suma fija de los salarios del sector privado realizados por Duhalde, antes mencionados, serían reemplazados por el intento de Kirchner de imponer techos a los aumentos salariales negociados en las convenciones colectivas y en las paritarias. Y la dirigencia piquetera sería reemplazada por la burocracia sindical como interlocutor clave del gobierno.

Ahora bien, alcanza y sobra con este resumido análisis de las características de la salida de la crisis para evidenciar la continuidad existente entre las administraciones de Duhalde y Kirchner durante estos años. Ambos recorrieron los mismos senderos para recomponer la acumulación y la dominación capitalistas tras el ascenso de las luchas sociales y la crisis que culminaron a fines de 2001: devaluación, inflación e intento de mantener un tipo de cambio competitivo, pesificación y salvataje del sistema financiero, salida de la cesación de pagos de la deuda externa, congelamiento de tarifas de los servicios públicos a cambio de subsidios, sin reversión de las privatizaciones y concesiones heredadas, asistencia social y regulación del salario. Esta continuidad plantea, digamos, una suerte de problema geográfico a propósito del efecto de frontera que el

---

[22] Recuérdese que D'Elía (de la FTV) y Alderete (de la CCC) participaron de la Mesa de Diálogo Argentino, la concertación montada por el gobierno y la Iglesia (*Página 12*, 20/2/02), y que D'Elía incluso acompañó a Duhalde en la contrapartida de esta estrategia de integración del movimiento piquetero, es decir, en la represión selectiva de las organizaciones que la resistían más duramente (véanse, por ejemplo, sus declaraciones sobre la masacre de Puente Pueyrredón en *La Nación*, 27/6/2002).

discurso refundacional del kirchnerismo pretendió establecer respecto del infernal pasado de los noventa (véase Dagatti, 2013a), a saber, el problema de la ubicación de dicha frontera. Esta frontera no se encuentra en el recambio entre gobiernos de mayo de 2003, como pretenden los kirchneristas, sino en las propias insurrección y crisis de diciembre de 2001. Las administraciones de Kirchner y Duhalde, por el contrario, no fueron sino momentos de un mismo proceso de recomposición de la acumulación y la dominación. Más aún, como veremos en los siguientes capítulos, las características fundamentales que revestirían esa acumulación y esa dominación durante los años siguientes seguirán determinadas, en gran medida, por las características de esta salida de la crisis.

Capítulo 2. Del duhaldismo al kirchnerismo (2002-2005)

Repasemos ahora las características que revistió el recambio entre las administraciones de Duhalde y Kirchner. Este recambio estuvo signado por un retroceso de las luchas sociales y una recuperación de la economía. En efecto, en los últimos meses de su administración, Duhalde gozó de un amesetamiento de la depresión económica e incluso de una incipiente recuperación de algunos sectores productivos vinculados con la exportación y con la sustitución de importaciones. El rebote tuvo lugar hacia julio de 2002. En el tercer o cuarto trimestre del año, las tasas de uso de la capacidad instalada y de empleo comenzaron a repuntar. Y durante 2003, el producto, el consumo y la inversión aumentaron francamente.[23] Se iniciaba así un quinquenio de fuerte expansión. También, desde mediados de 2002, comenzaron a retroceder las luchas sociales. El punto de inflexión suele identificarse, en este caso, en la masacre de Puente Pueyrredón de junio de 2002. Si bien este acontecimiento, repudiado por la mayoría de las organizaciones populares, se inscribió dentro de una crisis política de la administración provisional de Duhalde y condujo a un adelantamiento de las elecciones, como enseguida veremos, puso en evidencia también un retroceso de las luchas sociales. La cantidad de conflictos sociales comenzó a caer en junio. Las organizaciones piqueteras más masivas (la FTV y la CCC) habían establecido una tregua con el gobierno (incorporándose a su Mesa de Diálogo Argentino)

---

[23] La tasa de empleo aumentó del 32,8% en la onda de mayo de 2002 al 35,3% en octubre de 2002 y al 36,2% en mayo de 2003; y la tasa de uso de la capacidad instalada en la industria aumentó del 56,6% en julio de 2002 a un 60% en diciembre de 2002 y un 66% en julio de 2003 (según datos del INDEC).

mientras que las que rechazaron esta tregua (reunidas en el Bloque Piquetero) quedaron cada vez más aisladas. Las asambleas barriales comenzaron a perder impulso. Y también las centrales sindicales, a pesar de algunas medidas como las huelgas y movilizaciones de mayo de la CGT-Moyano y la CTA, establecieron una tregua con el gobierno, encabezadas por la CGT-Daer. Ambos procesos, de recuperación de la economía y de retroceso de las luchas sociales, además, se alimentaron mutuamente. La recuperación económica indujo una mejora en los niveles de desempleo y de pobreza que sustentó el éxito de la estrategia de integración de la conflictividad de los sectores más marginados de la clase trabajadora adoptada por la administración duhaldista y una expansión del consumo del resto de la clase trabajadora y de los sectores medios de la sociedad que también contribuyó a sostener materialmente el consenso alrededor de dicha administración.[24]

En este contexto de recuperación de la economía y de retroceso de las luchas sociales, se realizaron las elecciones presidenciales y el recambio entre administraciones de 2003. Y estas elecciones y este recambio pusieron de manifiesto el éxito alcanzado por la administración de Duhalde en materia de recomposición de la dominación. Es cierto que las elecciones fueron adelantadas de diciembre a abril de 2003 a raíz de la mencionada crisis política que atravesó la administración de Duhalde entre fines de abril y fines de junio de 2002. El origen de esta crisis fueron las disputas de intereses entre distintas fracciones de la burguesía alrededor de las políticas que debían implementarse durante la emergencia y se desencadenó a fines de abril de 2002 como una crisis de Gabinete que condujo a las renuncias del Jefe de Gabinete Jorge Capitanich y de los ministros de Economía Jorge Remes Lenicov, de Producción José I. De Mendiguren, de Interior Rodolfo Gabrielli y de Trabajo, Empleo y

---

[24] El desempleo récord del 21,5% de mayo de 2002 se redujo a un 17,8% en octubre de 2002 y a un 15,6% en mayo de 2003 —y seguiría su curso descendente—. La pobreza y la indigencia, que habían alcanzado al 54,3% y al 24,7% de la población, respectivamente, en octubre de 2002, se redujeron a su vez a un 47,8% y a un 20,5% durante la segunda mitad de 2003. El consumo total y el consumo de los sectores populares (a precios constantes de 2001) habían registrado una caída absoluta hasta unos 160.800 y 50.300 millones de pesos a fines de 2002 y ya a fines de 2003 habían ascendido a unos 180.000 y 65.500 millones (sobre la base de datos del INDEC; véanse, en este sentido, los informes de Lozano y Raffo, 2004 y 2006).

Seguridad Social Alfredo Atanasoff. Durante esta crisis de Gabinete, ya se planteó la posibilidad de adelantar las elecciones, pero se resolvió mediante una reunión entre el presidente, gobernadores, parlamentarios, dirigentes de las centrales sindicales y empresarios y un acuerdo que incluía un conjunto de medidas compartidas para la emergencia.[25]

Pero la citada masacre de Puente Pueyrredón, perpetrada a fines de junio de 2002, reactivó esta crisis política. Nos referimos la represión del corte del Puente Pueyrredón, acceso a la Ciudad de Buenos Aires desde Avellaneda, por una serie de organizaciones integrantes del Bloque Piquetero y en el marco de un plan de lucha nacional, que arrojó como resultado, además de numerosos heridos y detenidos, el asesinato a quemarropa de dos militantes de MTD enmarcados en la Coordinadora Aníbal Verón por la policía bonaerense. El adelantamiento de las elecciones, aprobado a fines de noviembre de 2002, fue el saldo de esta crisis política. Pero aún así, estas elecciones representaron un éxito de Duhalde, tanto desde el punto de vista del régimen en general como desde el punto de vista de su propio gobierno en particular. Desde el punto de vista del régimen, las elecciones restauraron la legitimidad de una democracia burguesa que había sido masivamente impugnada durante el ascenso de las luchas sociales que había desembocado en la insurrección de fines de 2001. Frente al reclamo de *¡que se vayan todos!*, en pocas palabras, las elecciones ratificaron que *el pueblo no delibera ni gobierna sino por medio de sus representantes*.[26] Y desde el punto de vista del propio gobierno, las elecciones arrojaron como resultado no solo la imposición de un candidato justicialista, sino del candidato justicialista que el gobierno había apa-

---

[25] Los catorce puntos de este acuerdo contemplaban respetar los compromisos internacionales, concretar el pacto fiscal con las provincias, establecer un nuevo sistema de coparticipación de impuestos, impulsar políticas fiscales y monetarias de disciplinamiento, resolver el corralito y reconstruir el sistema financiero, instrumentar el nuevo acuerdo de responsabilidad fiscal para la Nación, las provincias y los municipios, realizar una reforma impositiva integral, sancionar la ley de quiebras, derogar la ley de subversión económica, propiciar la repatriación de capitales, alentar las inversiones destinadas a exportar manufacturas o sustituir importaciones, asegurar el cumplimiento de la reforma política y asegurar los mecanismos de asignación de planes de empleo convirtiéndolos en empleos efectivos (*La Nación*, 24/4/02).

[26] Estas expresiones corresponden, respectivamente, a la consigna central de los movilizados en las jornadas de diciembre de 2001 y al artículo 22 constitucional que el conservador diario *La Nación* insistía en invocar contra esos movilizados.

drinado. El pueblo deliberaría y gobernaría, desde entonces, por medio del delfín de Duhalde.

Detengámonos un momento en este doble éxito. La realización de las elecciones y las características que revistieron significaron un éxito desde el punto de vista del régimen. El ausentismo del 21,8% fue algo mayor al 19,5% registrado en las presidenciales de 1999, en términos absolutos, pero no es un aumento relevante si tenemos en cuenta la tendencia al aumento del ausentismo registrado en las elecciones presidenciales durante los ochenta y los noventa.[27] Y, además, dicho ausentismo representaba una notable caída respecto del 26,3% registrado en las elecciones parlamentarias de 2001; especialmente, si tenemos en cuenta ahora que también en las parlamentarias se había registrado durante los noventa una tendencia al aumento del ausentismo, tendencia que los nuevos datos parecían revertir.[28] Pero más importante aún, el *voto bronca*, equivalente a la suma simple entre los votos en blanco y los anulados, había retrocedido mucho más significativamente. El voto en blanco había sido ínfimo (un 1%, el menor registrado desde las elecciones de 1946, signadas por la extrema polarización entre peronismo y antiperonismo) y el voto anulado se había situado apenas un poco más arriba (en un 1,7%). El voto bronca, en resumen, sumó en 2003 un 2,7% contra el 4,6% de las presidenciales de 1999, y el extraordinario 21,1% registrado en las parlamentarias de 2001.[29] Ahora bien, si el ausentismo y el voto bronca masivos que habían signado las elecciones parlamentarias de octubre de 2001 habían sido una expresión más del proceso de luchas sociales que culminaría más tarde en la insurrección de diciembre (véase Bonnet, 1999), este retroceso suyo en las elecciones presidenciales de abril de 2003 fue a su vez una expresión más del mencionado retroceso y encauzamiento dentro de los límites de la democracia capitalista que esas luchas sociales habían sufrido desde mediados de 2002.

---

[27] Los porcentajes de referencia son el 14,4% en las elecciones presidenciales de 1983, el 14,7% en las de 1989, el 17,9% en las de 1995 y el 19,5% en las de 1999. La tendencia que atraviesa estos datos arrojaba, naturalmente, un aumento del ausentismo para 2003.

[28] Los porcentajes de referencia son esta vez el 19,1% en las elecciones parlamentarias de 1985, el 17,5% en las de 1987, el 19,7% en las de 1991, el 19,7% en las de 1993 y el 21,8% en las de 1997.

[29] Y estos datos fueron debidamente remarcados por los analistas de derecha (véase, por ejemplo, el análisis de Rosendo Fraga en *La Nación*, 30/4/03).

Los resultados arrojados por las elecciones, por otra parte, revelaron su carácter exitoso desde el punto de vista del gobierno. En medio de una crisis sin precedentes del sistema de partidos, las elecciones ratificaron que el Partido Justicialista y un candidato suyo eran los únicos en condiciones de gobernar. El PJ se impuso con más del 60% de los votos positivos entre sus tres fórmulas, encabezadas, respectivamente, por Menem, Kirchner y Rodríguez Sáa, mientras que el 22% obtenido por la fórmula impulsada por Duhalde alcanzaría para coronar al segundo como presidente.[30] Aquí, sin embargo, debemos introducir algunos matices. Es cierto que el partido en el gobierno quedó ratificado como único partido de gobierno y que, dentro de este partido, se impuso el candidato del propio gobierno. Pero es necesario revisar de qué manera se alcanzó este resultado para precisar las características de la situación política en la que Kirchner asumiría su cargo.

En primer lugar, el PJ quedó ratificado en las elecciones como único partido capaz de gobernar porque los restantes partidos burgueses se encontraban sumergidos en una crisis aún más profunda que la suya. La Alianza UCR - FrePaSo se había desintegrado rápidamente ya hacia fines de 2000 con la renuncia del vicepresidente y la marginación de los restantes funcionarios *frepasistas*, conforme comenzaba a hundirse la administración de De La Rúa. El FrePaSo, un mero *flash party*, se había dispersado desde entonces, dejando huérfanos a sus representantes electos. La centenaria UCR no se había dispersado completamente, pero el hundimiento de su administración la había arrojado a la peor crisis política de su historia. De su tronco se había desgajado una nueva fuerza (Recrear, dirigida por Ricardo López Murphy) que había arrastrado con éxito a los votantes radicales más derechistas (particularmente, en sus bastiones de las ciudades de Buenos Aires y Córdoba) y a los votantes conservadores (en otras provincias, como la Tucumán *bussista* o la Mendoza de los *gansos*), con un 16% de los votos en 2003. Y del tronco de la UCR se había

---

[30] Los resultados alcanzados por las distintas fórmulas fueron: Menem-Romero 24,45%; Kirchner-Scioli 22,24%; López Murphy-Gómez Diez 16,37%; Rodríguez Sáa-Posse 14,11%; Carrió-Gutiérrez 14,05 y Moreau-osada 2,34. El ausentismo fue del 21,78%, los votos en blanco sumaron el 0,99% y los votos anulados el 1,73% (aquí y en adelante, los datos sobre resultados electorales provienen de la Dirección Nacional Electoral del Ministerio del Interior).

desgajado también una nueva fuerza que, por entonces, se presentaba como de centroizquierda (el ARI de Elisa Carrió) y que, aunque con menos éxito, había conquistado una porción de los votantes progresistas de las grandes ciudades, con un 14% en 2003. Así, desmembrada y con el cadáver de De La Rúa a cuestas, la UCR remanente apenas superó el 2% de los votos en las elecciones. Pero tampoco esas nuevas fuerzas encabezadas por López Murphy (que disputaba su electorado derechista con la fórmula del PJ encabezada por Menem) y Carrió (que enfrentaba las dudas del electorado acerca de la capacidad de gobierno de las fuerzas de centroizquierda) estaban en condiciones de ofrecer una alternativa al justicialismo. Entonces, en pocas palabras, la relativa fortaleza el partido justicialista era en buena medida un resultado de las debilidades de los restantes partidos políticos burgueses.

En efecto, la situación del PJ tampoco era envidiable. El PJ obtuvo arriba del 60% de los votos, dijimos, pero sumando los votos alcanzados por sus tres fórmulas. La realización de sus elecciones internas junto con las generales, a través del denominado sistema de *neolemas*, fue en realidad un expediente para salvar en las formas la unidad de un partido profundamente dividido.[31] Y acarreó varias consecuencias. La realización conjunta de las elecciones internas del PJ y las generales, combinada con el mencionado desmembramiento de la UCR, convirtió a las elecciones de abril de 2003 en las presidenciales signadas por la mayor dispersión del voto de la historia y, por ende, por el menor respaldo otorgado a la fórmula vencedora. Las lógicas políticas de ambos tipos de elecciones son, además, muy diferentes. Hubiera podido preverse que un PJ unido hubiera ganado cómodamente las elecciones generales, pero los resultados que alcanzaría cada una de las tres fórmulas del PJ por separado eran más impredecibles y dependían en gran medida de la porción del apara-

---

[31] Ya en diciembre de 2002, una vez aprobado el adelantamiento de las elecciones, se había desatado una feroz disputa dentro del PJ, que no podría resolverse antes de las elecciones. Duhalde había convocado a internas pero, después de posponerlas varias veces, debió cambiar de estrategia e impuso en el Congreso del PJ de enero de 2003 la adopción de este sistema de *neolemas*. Ya antes de la realización de este Congreso, Duhalde había explicitado su apoyo a la candidatura de Kirchner en varias ocasiones (véase *La Nación*, 10 y 15/1/03), de manera que la adopción de ese sistema de *neolemas* fue en los hechos un expediente para evitar que Kirchner tuviera que enfrentar a –y probablemente ser derrotado por– Menem en internas–

to partidario de la que cada una dispusiera. Es sabido que desde sus orígenes el peronismo mixtura un aparato central, articulado por los sindicatos en el peronismo clásico y por el partido mismo en el peronismo contemporáneo, con inserción urbana en la Ciudad de Buenos Aires, el Gran Buenos Aires y las grandes ciudades de las provincias de Buenos Aires, Santa Fe y Córdoba (o sea, donde se concentra arriba del 65% del padrón electoral nacional), por una parte, y una pléyade de caudillos provinciales y locales que controlan las zonas del interior menos urbanizadas, por la otra. Pero los resultados de las elecciones de 2003 expresaron, más específicamente, la conversión del PJ en una mera confederación de aparatos políticos provinciales carente de un liderazgo unificado, consolidada durante su exclusión del ejercicio del poder de estado entre 1999 y 2001.

Así, la fórmula de Kirchner logró un triunfo decisivo en Buenos Aires y, particularmente, en los partidos del Gran Buenos Aires, que se encontraban en manos del aparato duhaldista. Pero no así en otros grandes distritos urbanos como Santa Fe y Córdoba, cuyos aparatos partidarios eran manejados por dirigentes como Carlos Reutemann y José M. De La Sota, quienes, si bien habían sido inicialmente impulsados como precandidatos por Duhalde, habían acabado declarándose prescindentes y apoyando veladamente a Menem. Y las tres fórmulas habían obtenido resultados muy disímiles en las restantes provincias, siempre dependiendo de los aparatos disponibles: Rodríguez Saá se había impuesto en la región cuyana (San Luis, San Juan y Mendoza), Menem en el noroeste (La Rioja y Catamarca, además de la Corrientes del *Tato* Romero Feris, la La Pampa de Rubén Marín, la Misiones de Ramón Puerta y la Salta de su vice Juan Carlos Romero) y Kirchner en la región patagónica (en Santa Cruz, Chubut, Tierra del Fuego, Río Negro y Neuquén, además de la Jujuy de Eduardo Fellner y la Formosa de Gildo Insfrán).[32] Y esta lógica política de las internas se superpuso a su vez a la lógica de las generales,

---

[32] También, la posterior conformación de distintos bloques parlamentarios justicialistas, en particular en la cámara baja, expresó esta conversión del PJ en una confederación de aparatos provinciales. Kirchner contaría inicialmente con unos 94 diputados oficialistas y, aunque enseguida alinearía detrás de él a otros 20 antes encolumnados con Menem, los encolumnados con Rodríguez Sáa y algunos otros permanecerían en la oposición y no alcanzaría a los 129 necesarios para contar con mayoría propia. Esto se revertiría a través de las elecciones legislativas realizadas entre septiembre y noviembre de 2003. Kirchner, en cambio, contaría desde el comienzo con mayoría propia entre los senadores (véase Cherny, Feierherd y Novaro, 2010).

que favoreció la fórmula de Menem con el apoyo de una parte importante de la derecha liberal (el millón de votos de la UCeDé, sin el cual no hubiera podido superar a Kirchner) y el apoyo a la fórmula de Kirchner por una parte importante, aunque más difícil de cuantificar, de los votantes de centroizquierda que se sintieron amenazados por una eventual segunda vuelta dirimida entre Menem y López Murphy.

Ahora bien, afirmar que el apoyo inicial con que contaría la administración de Kirchner se reducía al 22% de los votos cosechados y al segundo puesto que había obtenido en estas elecciones sería superficial. Este resultado estuvo condicionado por las peculiaridades de las elecciones de abril de 2003 que estamos analizando. Pero en verdad, aún desde un punto de vista estrechamente electoral y ante un eventual *ballotage*, Kirchner contaba de antemano con una capacidad de ampliar su base de apoyo mucho mayor que la de Menem o cualquier otro candidato.[33] Ya Carrió, Moreau y otros dirigentes ajenos al justicialismo habían anunciado su respaldo a Kirchner ante una posible segunda vuelta y podía preverse que varios dirigentes justicialistas se hubieran pronunciado en el mismo sentido. López Murphy, mientras tanto, retaceaba su respaldo a Menem. Las encuestas preelectorales, en vistas de esa segunda vuelta, registraban una ventaja de Kirchner con respecto a Menem que se ubicaba nada menos que entre los 30 y 50 puntos y, en estas condiciones, la posterior renuncia de Menem a participar del *ballotage* fue un acto de supervivencia política.[34] Kirchner, en resumen, contó con un apoyo bastante escaso para alcanzar la presidencia, pero con considerable capacidad de ampliar ese apoyo una vez alcanzada la presidencia.

---

[33] Esta hubiera sido la primera ocasión en que se realizaba un *ballotage* en la historia argentina, pues en las elecciones de 1973 la UCR (con un 21% contra un 49,5% del FreJuLi) había renunciado a él y, según la Constitución reformada de 1994, ni el triunfo del PJ en 1995 (con un 49%) ni el de la Alianza en 1999 (con un 48%) habían requerido una segunda vuelta.

[34] Véanse los datos provistos por OPSM, de Zuleta Puceiro, (65,4% contra 12,8%) y Equis, de A. López, (59,2% contra 24,1%) en *Página 12*, 30/4/03. Un interrogante interesante planteó entonces la posibilidad de que Menem obtuviera en la segunda vuelta menos votos que en la primera. Esto hubiera sido, indudablemente, una expresión más de la conducta denegadora que había caracterizado a los votantes menemistas en los noventa (véase Bonnet, 1999), pero no podemos detenernos aquí en este asunto.

Este punto es decisivo para entender el derrotero posterior del kirchnerismo. Aunque tanto la realización como el resultado de las elecciones de 2003 habían representado sendos éxitos tanto desde la perspectiva del régimen como desde la perspectiva del propio gobierno, la recomposición de la dominación no había concluido. La administración de Duhalde no había concluido en los hechos, ni en su carácter de administración provisional hubiera podido concluir nunca, esa tarea de recomposición de la dominación, tarea que, en consecuencia, quedaba pendiente para la nueva administración electa de Kirchner. El nuevo presidente, más específicamente, debía convertir desde el gobierno esos votos que le habían arrimado los restos del aparato duhaldista en un consenso duradero y articulado por un aparato partidario renovado. Kirchner debía, politológicamente hablando, ampliar su escasa *legitimidad de origen* con una buena dosis de *legitimidad de ejercicio*.[35] Aquí se encuentra la clave para entender la principal diferencia entre las administraciones de Duhalde y de Kirchner como momentos distintos dentro de una misma empresa de restauración del orden. En efecto, como vimos en el capítulo anterior, las administraciones de Duhalde y de Kirchner fueron momentos sucesivos dentro de un mismo proceso de recomposición de la acumulación. Es cierto que había problemas económicos, como los de la inflación en las condiciones de una expansión económica sostenida, de la carga del pago de la vieja deuda externa y de la nueva deuda emitida, del rescate de las empresas privatizadas o concesionadas que se desmoronarían, etcétera, que la administración de Duhalde dejaría como herencia a la nueva administración de Kirchner. Pero la principal diferencia entre ambas administraciones es más bien política, se sitúa en el terreno de la recomposición de la dominación y consiste en el problema de la restauración de la legitimidad de las instituciones de la democracia burguesa impugnada durante la profunda crisis política de 2001.

---

[35] La propia Fernández de Kirchner reconocería más tarde esta necesidad de ampliar el consenso. Recordaría que, en una reunión tras las elecciones, le preguntaron: "¿Qué van a hacer si no hay segunda vuelta? ¿Cómo van a hacer para gobernar un país tan quebrado institucionalmente si no le dan la segunda vuelta como una oportunidad para legitimar esa elección? ¿Para legitimar ese 22% que iba a ser más? [...] Y yo me acuerdo que les contesté que si no nos daban la segunda vuelta la legitimidad la íbamos a construir a fuerza de políticas que fueran orientadas a marcar el destino y cambiar el destino histórico de la Argentina. Porque es cierto, con apenas un 22% de los votos, había legalidad, pero faltaba legitimidad; pero nos sobraba coraje, y era lo que teníamos que tener para empezar a cambiar una historia y dar vuelta la taba de la Argentina" (discurso durante el acto realizado en el estadio de Vélez Sarsfield el 27 de abril de 2012).

Así, durante la primera mitad de su mandato y mientras retomaba y profundizaba las ya mencionadas políticas que Duhalde había encarado para salir de la crisis económica, Kirchner encaró una serie de iniciativas dirigidas a ampliar el consenso alrededor de su administración y salir definitivamente de la crisis política. Estas iniciativas, y el discurso que las acompañó, apuntaban, por una parte, a trazar una frontera entre su gobierno "nacional, popular, progresista y racional" y los gobiernos neoliberales de los noventa; y por otra, a identificar al primero con el orden, como un gobierno que apunta a construir "un capitalismo serio, nacional y competitivo", y a los anteriores con el caos, como los gobiernos que habían conducido a la crisis de 2001.[36] La elección de este camino para ampliar su consenso era poco menos que inevitable. Los gobiernos y las políticas de los noventa habían quedado ampliamente desprestigiados durante el ascenso de las luchas sociales y la crisis que había cerrado la década previa. El propio Duhalde ya había seguido el mismo camino, aunque con un sesgo más conservador, para generar algún consenso alrededor de su administración. Y Kirchner, su delfín, había centrado toda su campaña electoral en su disputa con Menem, en tanto el candidato que representaba por excelencia la continuidad respecto de ese neoliberalismo de los noventa. Esta sería, desde luego, una operación enteramente realizada *desde arriba*. La diferencia entre este caso y los de algunos otros procesos latinoamericanos recientes de ascenso de gobiernos que, después de ciclos de ascenso de las luchas sociales y crisis del neoliberalismo, se legitimaron mediante un distanciamiento respecto del neoliberalismo antes reinante, es evidente. Basta con recordar en este sentido que, mientras Evo Morales es un campesino indígena y sindicalista cocalero que ascendió al gobierno gracias al liderazgo de una nueva fuerza política (el MAS) que se había organizado dentro y había sido una de las principales protagonistas del ascenso de las luchas sociales que había acabado con el neoliberalismo en Bolivia (el derrocamiento del gobierno

---

[36] Las expresiones fueron tomadas, respectivamente, de una entrevista a Kirchner publicada en *Página 12*, 6/10/02, y de un discurso de Kirchner extractado por *La Nación*, 23/10/03 (conviene consultar, asimismo, su discurso de asunción del 25/5/03). Más adelante, analizaremos la orientación ideológica de estos discursos; por ahora, nos limitamos a indicar el camino seguido por Kirchner en esa construcción de consenso.

de Sánchez de Losada), Kirchner era un empresario millonario y gobernador provincial oficialista durante el menemismo que ascendió al gobierno como miembro del partido del orden (el PJ) gracias al cual había podido imponerse en condiciones democráticas el neoliberalismo en la Argentina (en los gobiernos de Menem). Pero precisamente, por tratarse de una operación realizada *desde arriba*, esta construcción de consenso imponía al expresidente una suerte de esforzada *outsiderización* de sí mismo respecto del neoliberalismo.[37]

Las principales iniciativas adoptadas por Kirchner en este camino de ampliar su consenso fueron de carácter democrático. Se trató, por una parte, de un conjunto de medidas vinculadas con las violaciones a los derechos humanos perpetradas por la última dictadura cívico-militar y, por otra, de un conjunto de medidas vinculadas con el funcionamiento de una serie de instituciones que habían sido muy cuestionadas durante la década anterior. Recordemos estas medidas. Kirchner inauguró su mandato en mayo de 2003 iniciando una purga en la cúpula de las Fuerzas Armadas, comprometida con la represión de la dictadura, que afectaría a la mitad de sus mandos y se convertiría en la mayor purga de su historia. Y nuevas purgas masivas se sucederían, más tarde, que incluyeron a cientos de militares, policías y agentes de inteligencia. Poco después, en agosto de 2003, el Congreso declaró la nulidad de las Leyes de Punto Final y Obediencia Debida, de Alfonsín, y la Corte Suprema las declaró inconstitucionales en junio de 2005. Y, en junio de 2006, la Cámara de Casación Penal declaró inconstitucionales los indultos concedidos por Menem a los exrepresores, decisión también confirmada por la Corte Suprema en agosto de 2010. Se inició a partir de entonces un

---

[37] La restauración del orden impulsada por el kirchnerismo compartió con los procesos que Gramsci había conceptualizado como *revoluciones pasivas* este rasgo de ser un proceso impulsado *desde arriba*. Pero no así el de ser un proceso *revolucionario*, pues entendemos que en un sentido gramsciano esto último involucraría necesariamente una serie de cambios profundos en materia de la forma de estado y del bloque en el poder que, como veremos en la segunda parte, no se registraron durante la década kirchnerista. En este sentido, tanto la interpretación del kirchnerismo en términos de una *revolución desde arriba* (Godio, 2006) como, más ampliamente, la interpretación del conjunto de las experiencias latinoamericanos posneoliberales en términos de *revoluciones pasivas* (Modonesi, 2012), nos resultan problemáticas.

proceso de reapertura de causas vinculadas con las violaciones a los derechos humanos cometidas durante la última dictadura.[38] En el acto del siguiente aniversario del Golpe de estado, en marzo de 2004, Kirchner ordenó retirar los retratos de los exdictadores Videla y Bignone del Colegio Militar y destinó las instalaciones del excentro clandestino de detención de la Escuela de Mecánica de la Armada (ESMA) a la construcción de un Museo de la Memoria. Estas medidas, coincidentes con reivindicaciones históricas del movimiento de derechos humanos, fueron suficientes para que la mayoría de las organizaciones de defensa de los derechos humanos, empezando por la línea de las Madres de Plaza de Mayo encabezada por Hebe de Bonafini, se encolumnara detrás del gobierno. Pero más importante aún en este contexto, ampliaron las bases de apoyo al gobierno, especialmente, entre los sectores medios progresistas de las grandes ciudades.

Kirchner, además, adoptó una serie de medidas tendientes a la depuración de ciertas instituciones que simbolizaban por excelencia los manejos corruptos y arbitrarios del pasado menemista. El caso más relevante es, naturalmente, la depuración de la Corte Suprema de Justicia, impulsada ya desde junio de 2003. La necesidad de deshacerse de la *corte de los milagros* heredada del menemismo, en realidad, ya se había planteado durante la administración de Duhalde. Desde el comienzo de su gestión, Duhalde contempló la posibilidad de destituir a la Corte Suprema que en diciembre de 2001 había convalidado el *corralito* decretado por Cavallo y que, por este motivo, era semanalmente *escrachada* por ahorristas movilizados ante el Palacio de Justicia y ante las viviendas de sus integrantes.[39] Pero este conflicto entre la presidencia y la Corte se volvió irreversible cuando, en los primeros días de febrero de 2002, el máximo

---

[38] Según un informe de la Procuraduría General de la Nación, actualmente, habría unos 1.000 procesados por violaciones a los derechos humanos durante la última dictadura, de cuyas causas 698 ya se elevaron a juicio o se solicitó su elevación a juicio; asimismo, otros 449 ya fueron juzgados y 404 de ellos condenados.

[39] Una encuesta de opinión del Centro de Estudios Nueva Mayoría (*La Nación*, 21/10/05) demostraba que, aún en 2005, el 83% de la población y el 88% de los abogados descreían de la independencia política de la justicia.

tribunal declaró la inconstitucionalidad del congelamiento de los depósitos. Este fallo intentaba transferir a la presidencia la responsabilidad por el mantenimiento del *corralito* y, a la vez, advertir a esa misma presidencia contra cualquier intento de impulsar un juicio político contra el máximo tribunal. Y, en los hechos, ya en marzo de 2002, la comisión de juicio político de la Cámara de Diputados acusaría a los miembros de la Corte de una serie de irregularidades, lo que inició el camino hacia dicho juicio político. Sin embargo, la administración provisional de Duhalde no pudo deshacerse de esta Corte, que seguiría jaqueándola con nuevos fallos como el que exigiría en agosto de 2002 la devolución del 13% recortado a los salarios públicos y jubilaciones. En este contexto, apenas unos días después de haber asumido, Kirchner reclamó al Congreso que reactivara el juicio político a los jueces de la Corte. Pero esta vez, se inició un prolongado proceso que arrojó como resultado una efectiva depuración de la Corte Suprema. Kirchner presionó a sus miembros, logró la renuncia de tres jueces (Julio Nazareno, Adolfo Vázquez y Guillermo López) e impulsó con éxito el juicio político de otros dos (Eduardo Moliné O'Connor y Antonio Boggiano). La *mayoría automática* de la Corte Suprema menemista quedó así completamente desarticulada en pocos meses. Los cuatro reemplazantes nombrados (Eugenio Zaffaroni, Carmen Argibay, Elena Highton de Nolasco y Ricardo Lorenzetti) resultaban mucho menos cuestionables que sus predecesores, mientras que el no-nombramiento de otros dos reemplazantes redujo en los hechos a siete los miembros de la nueva Corte.[40] Esta depuración de la Corte Suprema fue acompañada del saneamiento de algunas otras instituciones,

---

[40] Nazareno renunció en junio de 2003, López en octubre de 2003 y Vásquez en septiembre de 2004, los tres ante la amenaza de una segura destitución por el Congreso; en cambio, Moliné O'Connor fue destituido en diciembre de 2003 y Boggiano, en septiembre de 2005. Finalmente, Augusto Belluscio, que había sido designado por Alfonsín, se jubiló en septiembre de 2005. En reemplazo de estos seis jueces, mediante un nuevo proceso de nombramiento, fueron designados solo cuatro: Zaffaroni, en octubre de 2003; Highton de Nolasco, en junio de 2004; Argibay, en julio de 2004 y Lorenzetti, en diciembre de 2004. Los jueces que permanecieron en sus cargos fueron Enrique Petracchi y Carlos Fayt, también nombrados por Alfonsín, y Juan C. Maqueda, nombrado por Duhalde. La Corte Suprema, entonces, quedó reducida en los hechos a siete jueces (y en espera de ser reducida a cinco, conforme establecería más tarde la nueva Ley 26.183/06).

como el impulsado en el PAMI (que estaba en manos de la pandilla de Barrionuevo) por la nueva interventora normalizadora Graciela Ocaña (proveniente del ARI y designada a comienzos de 2004), que también contribuyó a ampliar el consenso alrededor de la nueva administración.[41]

En sus restantes políticas económicas y sociales, como ya señalamos, Kirchner siguió en el sendero recorrido antes por Duhalde para salir de la crisis. Kirchner, incluso, conservó a varios de los funcionarios designados por Duhalde, empezando por Lavagna, que continuó al frente del Ministerio de Economía, y por Aníbal Fernández, que pasó a desempeñarse como ministro del Interior, además de Ginés Gonzalez García, en salud; José Pampuro, en Defensa; y Eduardo Camaño, en la presidencia de la Cámara Baja. Pero las medidas mencionadas alcanzaron para que Kirchner diferenciara el perfil de su administración, más progresista, respecto del de la duhaldista, más conservadora. A partir del consenso alcanzado gracias a estas medidas –y siempre sobre la base de la expansión económica antes mencionada– Kirchner se impondría en las elecciones parlamentarias de 2005.

Esta ampliación del consenso alrededor de su Administración, empero, debía ser acompañada por la reconstrucción de un aparato partidario y estatal que pudiera articularlo. Kirchner había contado con una porción importante del aparato partidario y estatal para ascender a la presidencia y ejercerla, como vimos, pero esos aparatos eran prestados, eran duhaldistas, y debía apropiárselos para seguir adelante. Esta apropiación culminaría, precisamente, en su victoria sobre el duhaldismo en las elecciones de 2005, a propósito del aparato partidario, y en su posterior reorganización del Gabinete, a propósito del aparato estatal. En efecto, Kirchner ensayó entre mediados de 2003 y mediados de 2004 una estrategia consistente en arrastrar detrás de sí a dirigentes y bases de apoyo ajenos al partido justicialista: la denominada *transversalidad*. Se trataba de dirigentes progresistas, tanto provenientes del peronismo (en particular,

---

[41] Quizás haya que sumar a estas iniciativas de política interna el realineamiento del gobierno de Kirchner en materia de política exterior, en la medida en que el alineamiento diplomático con los EEUU (las *relaciones carnales*) y la posibilidad de ingresar en un área de libre comercio encabezada por ellos (el ALCA) también habían sido parte de las políticas neoliberales de los noventa. Este realineamiento de Kirchner, que culminó en el rechazo del ALCA en la IV Cumbre de las Américas de Mar del Plata, de noviembre de 2005 (véanse en este sentido los análisis de este proceso de Kan y Pascual, 2011 y 2013; y Kan, 2014) también, contribuyó a ampliar el consenso alrededor del kirchnerismo –aunque los asuntos diplomáticos gravitan moderadamente en la agenda política interna en países periféricos como el nuestro–.

exmiembros de la Juventud Peronista de los setenta, reciclados, como Carlos Kunkel o Dante Gullo) o de afuera del peronismo (como el jefe de gobierno porteño Aníbal Ibarra, el canciller Rafael Bielsa, el ministro de Educación Daniel Filmus, los legisladores Miguel Bonasso y Eduardo Sigal y otros dirigentes que habían integrado en el pasado coaliciones de centroizquierda fracasadas, como el Frente Grande y el FrePaSo) y bases integradas por sectores medios progresistas de las grandes ciudades (que representaban, a juzgar por pasadas experiencias electorales de esas coaliciones de centroizquierda, como la del FrePaSo en 1995, entre un 20% y un 25% del padrón) (véase Torre, 2004). Esta estrategia de la transversalidad, al menos en los papeles, no era incompatible con una estrategia simultánea de apropiación del Partido Justicialista por parte de un presidente que hubiera ampliado su consenso en la sociedad. Pero en los hechos, no dejaba de profundizar las divisiones y las disputas en el interior del partido. Kirchner intentó apropiarse del PJ en su fallido Congreso de marzo de 2004, ciertamente, pero el fracaso de este intento dejaría acéfalo al Partido durante los siguientes cuatro años.[42]

Kirchner implementó efectivamente esa estrategia de la *transversalidad* desde mediados de 2003 y alcanzó un primer resultado importante en el encuentro realizado en Córdoba en marzo de 2004 entre los entonces intendentes Aníbal Ibarra, de Buenos Aires, (FrePaSo), Hermes Binner, de Rosario, (PS) y Luis Juez, de Córdoba, (PJ). Sin embargo, desde mediados de 2004, optó por apoyarse más en sus propios aliados dentro del partido que en dirigentes extrapartidarios, y su manera de encarar las elecciones de 2005 resultó más bien de esta decisión.[43] Apoyarse en dirigentes

---

[42] El Congreso quedó inmovilizado por los enfrentamientos entre los viejos y nuevos aliados de Kirchner (como Sergio Acevedo, Jorge Busti, Eduardo Fellner, Jorge Obeid, José L. Gioja, Mario Das Neves, Felipe Solá y José Alperovich) y la oposición liderada por De La Sota y Romero, que apenas veladamente los denunciaba como montoneros ajenos al peronismo, mientras los duhaldistas (Hilda *Chiche* Duhalde, Eduardo Camaño, José M. Diaz Bancalari) parecían expectantes. El resultado fue que todas las autoridades partidarias electas afines al kirchnerismo renunciaron después del Congreso, y el PJ quedo acéfalo (véanse *La Nación*, 27/4/04 y *Página 12*, 30/10/04). Recién en mayo de 2008, mediante la elección de nuevas autoridades encabezadas por el propio Kirchner, saldría de esta situación.

[43] Es cierto que, en la mayoría de los distritos, el kirchnerismo volvió a presentarse a las elecciones a través del Frente para la Victoria, cuya composición variaba completamente según los distritos considerados, pero incluía dirigentes provenientes de distintas fuerzas (del socialismo, la democracia cristiana y el comunismo) e incluso a otras fuerzas enteras (como el Frente Grande, dos fracciones del Partido Comunista y el Partido Intransigente). La gravitación del PJ dentro de este conglomerado, sin embargo, era determinante.

del Partido Justicialista que, aunque dividido, seguía siendo el único partido de gobierno, parecía seguir siendo más seguro que apoyarse en una nueva coalición centroizquierdista cuyo principal antecedente, el mencionado FrePaSo, se había disgregado apenas había ascendido al gobierno. Los *barones del conurbano*, en pocas palabras, garantizaban mejor las papeletas y las obediencias que un puñado de progresistas. Pero es importante no olvidar esa estrategia de la transversalidad porque puso de manifiesto, desde muy temprano, el perfil ideológico que caracterizaría al kirchnerismo hasta nuestros días. Este perfil consiste, como veremos más adelante, en una suerte de síntesis entre elementos populistas provenientes de la tradición peronista y elementos centroizquierdistas provenientes de la tradición liberal-progresista.

En efecto, esa estrategia de la transversalidad intentaba, a corto plazo, actualizar el apoyo de los sectores medios progresistas que Kirchner hubiera obtenido contra Menem de haberse realizado la segunda vuelta en 2003. El kirchnerismo intentaba, a través de esta estrategia, articular la base tradicional del peronismo en la clase trabajadora con el apoyo de sectores medios urbanos, esto es, internalizar políticamente la alianza de hecho que había protagonizado las jornadas de diciembre de 2001. Pero a mediano plazo, como advirtió en su momento Godio (2004), esa estrategia también reeditaba estrategias que ya había empleado el radicalismo en 1983-85 y, precisamente en repuesta al éxito que había alcanzado inicialmente la estrategia alfonsinista, el propio peronismo con la renovación cafierista en 1984-88. Tanto el alfonsinismo como el cafierismo, semejantes entre sí a pesar de sus matices, habían intentado atravesar las identidades radical y peronista tradicionales y sintetizar elementos centroizquierdistas y populistas provenientes de ellas. El alfonsinismo había abandonado dicha estrategia en su creciente viraje hacia la derecha de la segunda mitad de la década y el cafierismo había naufragado a fines de los ochenta en medio de la crisis hiperinflacionaria y del ascenso del neoliberalismo menemista. Pero nada impedía que Kirchner intentara reeditar una estretagia semejante una década y media más tarde, en las nuevas condiciones creadas por la crisis del neoliberalismo.

El PJ no representaba un obstáculo absoluto para esta estrategia de síntesis entre elementos populistas y centroizquierdistas, sino más bien un obstáculo relativo frente a la posibilidad de que dicha estrategia se implementara, aunque fuera parcialmente, por fuera de sus filas. El PJ, desde su compañero presidente hasta el último de sus punteros barriales, era y sigue siendo un mero aparato de dominación disponible para cualquier política burguesa que garantice materialmente su propia reproducción como aparato. Esta condición suya ya había quedado de manifiesto a comienzos de los noventa precisamente cuando Menem, desde el gobierno, había subordinado al partido completo a sus políticas neoliberales al irrisorio costo de unos ocho diputados. Pero era el resultado de un proceso mucho más prolongado de degradación ideológica y política, cuyo origen se remonta al trágico fracaso del proyecto populista en 1975-76. El propio menemismo había sido, más bien, un producto de este proceso de degradación. Una vez en el gobierno y en las nuevas condiciones creadas por la crisis del neoliberalismo, entonces, tampoco nada impedía que Kirchner reorientara al PJ en ese sentido populista-centroizquierdista.

Pero vayamos ahora al resultado de las elecciones parlamentarias de 2005. El kirchnerismo las atravesó con éxito. Alcanzó un 38% de los votos a escala nacional, mientras que los restantes sectores justicialistas sumados apenas alcanzaron un 11%. Duplicó con creces al justicialismo alineado con Duhalde en la estratégica provincia de Buenos Aires (43% contra 15%).[44] También, se impuso sobre el justicialismo alineado con Menem en La Rioja (51% contra 40%) y con Barrionuevo en Catamarca (36% contra 27%).[45] Y, en la medida en que en estas parlamentarias de octubre de 2005 volvieron a solaparse internas y generales, como había sucedido en las presidenciales de abril de 2003, mediante esta victoria Kirchner avanzó considerablemente en su apropiación del PJ. Pero a raíz de ese mismo solapamiento entre internas y generales, imponerse en las internas dentro del único partido en condiciones de gobernar era impo-

---

[44] El triunfo de la lista de senadores encabezada por la esposa de Kirchner sobre la encabezada por esposa de Duhalde en la provincia de Buenos Aires, estratégico para imponerse en las elecciones generales así como en la disputa particular con el duhaldismo, había sido precedido por un conflicto entre el gobernador Felipe Solá y el aparato duhaldista que casi había culminado, a comienzos de año, en el veto del presupuesto bonaerense. El alineamiento de Solá con el gobierno nacional definiría ese triunfo del kirchnerismo en la provincia.

[45] La mencionada fragmentación del justicialsmo hizo que, en realidad, se registraran múltiples escenarios en las elecciones: en algunas provincias, el kirchnerismo enfrentó a otros sectores del justicialismo (además de las mencionadas Buenos Aires, Catamarca y La Rioja, en San Luis, San Juan, Río Negro y Misiones), pero en otras fue la única expresión del justicialismo (Ciudad de Buenos Aires, Santa Fe, Mendoza, Entre Ríos, Tucumán, Chaco, Formosa, Jujuy, Chubut y Santa Cruz), concurrió aliado con la UCR y otras fuerzas (Neuquén, Corrientes, Santiago del Estero y Tierra del Fuego) o simplemente respaldó a las listas justicialistas existentes (Córdoba, Salta, La Pampa). El FPV en sentido estricto obtuvo a nivel nacional un 30% de los votos, pero es más compleja la estimación del porcentaje de apoyo al kirchnerismo a través de los votos obtenidos por esas otras listas.

nerse simultáneamente en las generales. El justicialismo en su conjunto alcanzó casi la mayoría absoluta de los votos frente a una oposición que, además, se dividió entre el radicalismo (con un 14%), las derechas tradicionales (el PRO, Recrear y los partidos provinciales, con un 8%) y la centroizquierda independiente (el 7% del ARI).

La fragmentación de la oposición contribuyó en buena medida a la victoria del kirchnerismo en estas elecciones y seguiría haciéndolo en elecciones posteriores. Esta fragmentación se había originado, naturalmente, en la crisis del sistema de partidos y de la representatividad política en general que había culminado en 2001, pero el kirchnerismo ayudaría a su vez a profundizarla durante el resto de la década. El arco político centroizquierdista, en particular, que nunca se había recuperado de la crisis de la Alianza, se vio en aprietos para diferenciarse del oficialismo desde el mismo día en que Kirchner anunció sus primeras medidas de gobierno. Más tarde su estrategia de la transversalidad impulsó a algunos agrupamientos y dirigentes de centroizquierda, como el Frente Grande o el Partido de la Revolución Democrática, de los mencionados Sigal y Bonasso, a integrarse al kirchnerismo, pero más importante aún, galvanizó la incapacidad de ese arco centroizquierdista de organizarse de manera independiente como alternativa política. Fue significativa, en este sentido, la incapacidad del citado Encuentro de Rosario para cristalizar en una instancia de organización política independiente después de que Kirchner decidiera recostarse sobre el aparato justicialista. Juez, cuando anunció el nuevo espacio en marzo de 2004, declaró: "Empezaremos a gatear para ver si más adelante caminamos" (*La Nación*, 5/3/2004). Pero nunca dejaron de gatear: mientras unos siguieron gateando en la oposición a cambio de resignar cada vez más su perfil centroizquierdista (como Binner, que más tarde encabezaría el Frente Amplio Progresista), otros conservaron ese perfil centroizquierdista a cambio de ponerse a gatear dentro del corralito del oficialismo (como Martín Sabatella y su Nuevo Encuentro).[46]

---

[46] Aquí nos restringimos a la trayectoria de los principales dirigentes del llamado Encuentro de Rosario, pero la trayectoria de las fuerzas encabezadas por Carrió, que no participó del encuentro, es un ejemplo mucho mejor de este viraje desde la centroizquierda hacia la derecha. Más adelante volveremos sobre este asunto. Hay que tener en cuenta que ya en estas elecciones de 2005, a pesar de que el kirchnerismo privilegió apoyarse en el aparato justicialista, integró junto con la UCR una serie de alianzas provinciales (la pionera en Neuquén dentro del Frente Cívico encabezado por Horacio Quiroga, pero más tarde en Corrientes dentro del Frente de Todos encabezado por Arturo Colombi, y en Santiago del Estero dentro del Frente Cívico encabezado por Gerardo Zamora) que anticipó la futura confluencia con los *radicales k* en las presidenciales de 2007.

La situación del arco político derechista frente a la administración kirchnerista era diferente, por cierto, aunque no mucho más favorable. En principio, este arco estaba mejor posicionado para diferenciarse de, y organizarse como alternativa a, el gobierno kirchnerista. Pero, en los hechos, dos dificultades minaban esa posición. La primera se relacionaba con la fractura, abierta ya en las presidenciales de 2003, entre una derecha vinculada con el justicialismo (encabezada en 2003 por Menem y Romero, pero en 2005 por Mauricio Macri y Jorge Sobisch) y otra derecha proveniente del radicalismo y el liberalismo tradicional (encabezada en 2003 por López Murphy, pero en 2005 ya encabezada por Elisa Carrió). La segunda razón, acaso más importante aún, atañe al contexto de estabilización y crecimiento económicos en que se desarrollaron las elecciones. Esta derecha podía diferenciarse de la política económica seguida por la administración kirchnerista (en asuntos monetarios y fiscales, por ejemplo), pero no podía arrastrar detrás suyo demasiado apoyo porque no se avizoraba ningún problema económico serio (como, por ejemplo, una aceleración de la inflación) que proveyera terreno fértil a esa diferenciación. Puesto que ni siquiera el propio empresariado, que estaba haciendo muy buenos negocios en ese contexto de bonanza, cuestionaba seriamente la política económica kirchnerista, esa diferenciación del arco derechista parecía condenada de antemano a convertirse en un asunto escolástico. Las campañas de dirigentes políticos de derecha, como la fallida de López Murphy en la provincia de Buenos Aires, quedaban entonces asimiladas a las columnas periodísticas de gurúes como Jorge Ávila. Sin embargo, es preciso advertir que, aún en ese contexto relativamente desfavorable, el arco de derecha alcanzó frente al kirchnerismo en 2005 éxitos mucho más considerables que los alcanzados por el arco centroizquierdista. Los triunfos de los citados Macri, en la Ciudad de Buenos Aires, y de Sobisch, en Neuquén, ambos a expensas del kirchnerismo, fueron suficientes para atestiguarlo.[47]

---

[47] En sentido estricto, fue Sobisch el único de ambos que venció al kirchnerismo, con el triunfo de su Movimiento Popular Neuquino (49%) sobre el amplio Frente Cívico para la Victoria (35,5%) respaldado por Kirchner (aunque el posterior asesinato del docente Carlos Fuentealba por la policía neuquina, en abril de 2007, redujo drásticamente sus posibilidades de proyectarse a nivel nacional, como demostraría su performance en las presidenciales de octubre de 2007). El triunfo del PRO de Macri (34%) sobre Ibarra no debe considerarse propiamente como un triunfo sobre el kirchnerismo porque este, después de la tragedia de Cromagnon de diciembre de 2004, se había alejado del exjefe de gobierno porteño y había llevado listas propias en el distrito. De todas maneras, tanto la crisis del gobierno de Ibarra como la victoria de Macri y el magro resultado logrado por el oficialista Bielsa (20,5%) fueron serios reveses para el kirchnerismo.

Ahora bien, mediante el resultado alcanzado, Kirchner ratificó en las urnas el consenso que había ganado y conservado durante los anteriores dos años y medio —ese consenso alrededor de su candidatura, que no había podido expresarse debido a la suspensión de la segunda vuelta, y alrededor de su presidencia, que solo había podido expresarse en encuestas—.[48] Su administración pudo entonces consolidarse, manteniendo su quórum propio entre los senadores (43 sobre 72) y, a pesar de su ruptura con los duhaldistas, alcanzar en pocos meses una mayoría cercana al quórum propio entre los diputados (unos 117, entre justicialistas y *transversales*, sobre 257). Fortalecido tras las elecciones, además, Kirchner reorganizó su Gabinete. El principal cambio fue el reemplazo de Lavagna, el citado ministro de economía heredado de la administración de Duhalde, por Felisa Miceli, una economista desconocida. Este cambio fue significativo por varios motivos. Kirchner acababa de independizarse de su padrino, Duhalde, venciéndolo en las elecciones de octubre, y se deshizo de su ministro, Lavagna, pidiéndole la renuncia en noviembre (véase *La Nación*, 29/11/05). Pero además, Lavagna no era cualquier ministro. Lavagna, como dijimos, había sido el ministro de Economía que había encabezado la exitosa salida de la crisis que acababa de cerrar mediante la reestructuración de la deuda externa en manos de tenedores privados. Lavagna gozaba, en consecuencia, de un prestigio que, incluso una vez afuera del gobierno, le permitiría ser candidato a presidente y alcanzar un decoroso tercer puesto en las elecciones de octubre de 2007. Y, dentro del gobierno, jugaba su propio juego: enfrentaba las obras públicas y las contrataciones de Julio De Vido, su poderoso rival del Ministerio de Planificación, las propuestas de modificación de la Ley de Riesgos de Trabajo, de Carlos Tomada, su otro rival del Ministerio de Trabajo, y además se inclinaba explícitamente por una contención de los aumentos de salarios y un enfriamiento de la economía, ante una inflación que ya en 2005 había alcanzado un 9,6%. El reemplazo de Lavagna por Miceli implicó, en este sentido, un decisivo fortalecimiento de la figura de Kirchner dentro del gobierno —e incluso, como veremos más adelante en

---

[48] Ya mencionamos el respaldo con que contaba Kirchner, para una segunda vuelta ante Menem, a mediados de 2003. A fines de 2003 Kirchner contaba con una imagen favorable del 77% y su administración del 52% (IPSOS, Mora y Araujo) y a fines de 2004 del 73-87% y 63-64% respectivamente (CEOP, R. Rouvier y Asociados, OPSM, Analogías).

el séptimo capítulo, parte de un cambio más profundo en la relación entre la presidencia y el Ministerio de Economía dentro del Poder Ejecutivo–.[49] Kirchner mantuvo en sus cargos, en cambio, a otros funcionarios también importantes aunque más alineados: su jefe de Gabinete, Alberto Fernández y sus ministros de Interior, Aníbal Fernández y de Desarrollo Social, Alicia Kirchner; además de los mencionados ministros de Planificación De Vido, de Trabajo, Tomada; y los secretarios Carlos Zanini y Oscar Parrilli. El reemplazo de Lavagna, sin embargo, puede considerarse como un indicador privilegiado del alto grado de avance que había alcanzado la recomposición de la acumulación y de la dominación y, en consecuencia, del inicio de un nuevo período.

---

[49] Además, en diciembre de 2005, el ministro de Defensa José Pampuro, que había sido secretario de la presidencia de Duhalde, fue reemplazado por Nilda Garré, proveniente del FrePaSo, y el canciller Rafael Bielsa, que debía asumir como diputado, fue reemplazado por Jorge Taiana. El ministro de Justicia, el exmenemista Gustavo Béliz, ya había renunciado a mediados de 2004 y había sido reemplazado por Horacio Rosatti y luego por Alberto Iribarne.

Capítulo 3. La consolidación de un primer kirchnerismo (2006-2007)

En efecto, a fines de 2005 se inició un nuevo período, caracterizado por cierta estabilización de la situación económica y política, que se extendería hasta comienzos de 2008. La recuperación que, como ya señalamos, había podido advertirse hacia fines de 2002, condujo a un quinquenio de extraordinaria expansión económica. Entre comienzos de 2003 y fines de 2007, el producto se expandió a tasas que promediaron un 8,6% anual. Estas *tasas chinas* incrementaron la riqueza más de un 50% durante el quinquenio.[50] También el consumo y, más intensamente aún, la inversión siguieron este curso. Y, en el marco de esta extraordinaria bonanza, se consolidó el retroceso de las luchas sociales que venía registrándose desde mediados de 2002.[51]

---

[50] Esta expansión se desaceleraría desde 2008 (desde comienzos o desde fines de este año, según las tasas trimestrales de aumento del PBI que consideremos). La tergiversación del IPC oficial desde inicios de 2007, a la que más adelante nos referiremos, afecta levemente las estimaciones del aumento del PBI dentro del período 2003-2007 que aquí estamos considerando (algo más de un 1%), pero afectará de manera decisiva las estimaciones para los años posteriores (la diferencia acumulada para 2007-2011 se estimó en 14 puntos, entre un crecimiento oficial del 39% y el 25% que realmente se había registrado, equivalente a un promedio de menos de la mitad del registrado durante el anterior período; véase Cohan y Levy Yeyati, 2012). Más adelante volveremos sobre este problema.

[51] El desempleo, en particular, continuó descendiendo sostenidamente hasta ubicarse en una media anual de un 8,5% en 2007; la pobreza y la indigencia se comportaron en el mismo sentido, reduciéndose hasta un 26,9 y un 8,7%, respectivamente, en el segundo semestre de 2006 (a partir de ese momento, este índice también sería afectado por la tergiversación de los índices de inflación). Estas tendencias hacia la reducción del desempleo y de la miseria también tenderían a estancarse durante el siguiente período.

Sobre la base de esta expansión económica y de este retroceso de la conflictividad, el período que se extiende entre fines de 2005 y comienzos de 2008 fue un período de consolidación del kirchnerismo en el poder. Cierta inercia caracteriza a este período. No nos referimos a que el gobierno haya dejado de adoptar algunas medidas importantes durante estos años, sino más bien a que adoptó medidas que se inscribían en el sendero que ya había quedado trazado durante el período anterior, como el pago anticipado de la deuda con el FMI en diciembre de 2005, la reducción de miembros de la Corte Suprema en noviembre de 2006 o la declaración de la inconstitucionalidad de los indultos a los exrepresores en julio de 2007, a las que ya nos referimos. Tampoco se trata de que el gobierno haya dejado de enfrentar algunos desafíos durante estos años. Por una parte, la multiplicación de los casos de corrupción puso en entredicho la credibilidad del discurso oficial sobre el saneamiento de las instituciones: a casos anteriores como los de la construcción de los gasoductos de Skanska, el transporte de drogas por Southerns Winds o la impresión de los DNI de Siemens, se sumaron los del ingreso de dólares de Antonini Wilson, los casinos de Cristóbal López, la valija de dinero de la citada ministra Miceli y las numerosas operaciones del matrimonio Kirchner y sus agentes. Por otra parte, acontecimientos como la desaparición en septiembre de 2006 de Julio López, principal testigo del juicio al exjefe de inteligencia de la Policía de la Provincia de Buenos Aires durante la dictadura, Miguel Etchecolatz, o la sanción en junio de 2007 de una nueva Ley Antiterrorista (la Ley 26.268/07, modificada más tarde por la Ley 26.734/11), en sintonía con las presiones del GAFI, también arrojaron algunas sombras sobre su política de derechos humanos. Pero ninguno de estos desafíos alcanzó para poner en peligro el consenso construido.

El kirchnerismo enfrentó las elecciones presidenciales de octubre de 2007, en consecuencia, munido de dicho consenso. Y afianzó en ellas la victoria que había obtenido en las parlamentarias de 2005. La fórmula Fernández de Kirchner-Cobos se impuso cómodamente así con un 45,3% de los votos sobre el 23% de la fórmula Carrió-Giustiniani de la Coalición Cívica, el 16,9% de la fórmula Lavagna-Morales de la Alianza UNA (integrada básicamente por la UCR) y el 7,6% de la fórmula Rodríguez Sáa-Maya del FreJuLi (peronismo no-kirchnerista). Pero estas elecciones de 2007 fueron diferentes de las elecciones de 2005 en varios aspectos. Por una parte, el eje había dejado de situarse principalmente en la disputa al interior del justicialismo (entre el kirchnerismo, el menemismo y el duhaldismo) y se había desplazado principalmente a la disputa entre el kirchnerismo y fuerzas externas al justicialismo (provenientes, en su mayoría, del radicalismo). El predominio del kirchnerismo dentro del justicialismo ya se había consolidado en gran medida y, en consecuencia, ya no se registraría en estas elecciones ese solapamiento entre sus internas y las generales que se había registrado en las parlamentarias de 2005 y en las presidenciales de 2003.

Y, por otra parte, el kirchnerismo no había enfrentado las elecciones prácticamente solo con su Frente para la Victoria, sino aliado con una porción muy importante del radicalismo y porciones menores de otras fuerzas. La transversalidad se había reciclado a la manera de una alianza por arriba con radicales en cargos de gobierno y otros dirigentes. En efecto, ya en su discurso del acto del 25 de mayo de 2006, el presidente Kirchner había convocado a conformar una *concertación plural* a todas las fuerzas políticas que compartieran su política y los medios habían destacado la presencia en el acto de varios gobernadores e intendentes radicales. Y en agosto de 2006, se había organizado un encuentro entre gobernadores (Julio Cobos, de Mendoza; Miguel Saiz, de Río Negro; Arturo Colombi, de Corrientes y Eduardo Brizuela del Moral de Catamarca, a los que se sumaría Gerardo Zamora, de Santiago del Estero) e intendentes (de unas 180 localidades, entre ellas Vicente López, San Isidro, Junín, Pergamino y Mar del Plata) radicales que, dispuestos a acordar con el kirchnerismo, rompieron con la UCR e iniciaron así un nuevo capítulo en la interminable crisis en la que se había hundido el radicalismo desde mediados de los noventa. Sin los votos acarreados por estos *radicales k*, ciertamente, Fernández de Kirchner no hubiera superado el 40% de los votos necesario para evitar la segunda vuelta en estas presidenciales de 2007. Pero la propia capacidad del kirchnerismo de arrastrar detrás de sí a esos *radicales k* y alcanzar ese resultado no dejaba de poner en evidencia una vez más la amplitud del consenso que había construido a su alrededor.

El resultado de las presidenciales de 2007 ratificó con creces el de las parlamentarias de 2005 en dos aspectos fundamentales, mutuamente relacionados: el predominio del kirchnerismo y la fragmentación de la oposición. El triunfo del kirchnerismo, además de permitir su continuación en el poder a través del simple trámite del recambio entre Kirchner y Fernández de Kirchner, consolidó su posición. El Frente para la Victoria sumó 13 nuevos diputados, alcanzó esta vez la mayoría propia en la cámara baja, y 3 nuevos senadores, consolidó la mayoría de la que ya gozaba en la cámara alta. Entre las restantes fuerzas, la Coalición Cívica fue la única que aumentó sus diputados y senadores, en 13 y 4 respectivamente, aunque poco después entraría en crisis y sus bloques se dispersarían. Todas las restantes fuerzas, a saber, la UCR, el PRO y sus aliados y el PJ antikirchnerista, perdieron diputados o senadores. En 2007 se eligieron, además, 22 gobernadores. Entre ellos asumieron once kirchneristas (Daniel Scioli, Sergio Uribarri, Luis Beder Herrera, Jorge Capitanich, Walter Barrionuevo y Daniel Peralta fueron electos en Buenos Aires, Entre Ríos, La Rioja, Chaco, Jujuy y Santa Cruz, respectivamente, mientras que José L. Gioja, José Alperovich, Mario Das Neves, Juan M. Urtubey y Gildo Insfrán fueron reelectos en San Juan, Tucumán, Chubut, Salta y Formosa, respectivamente) y cuatro aliados al kirchnerismo (los *radicales k* Miguel Saiz, en Río Negro; Arturo Colombi, en Corrientes; Eduardo Brizuela del Moral, en Catamarca y Maurice Closs, en Misiones). Otros dos peronistas no alineados, Oscar Jorge y Celso Jaque, se impusieron en La Pampa y Mendoza; y Jorge Sapag, en Neuquén. Aunque ciertamente la Coalición Cívica alcanzó a nivel nacional un segundo puesto con un porcentaje no desdeñable del 23% y la UCR (a través de la alianza UNA y, como mencionamos, detrás de la candidatura extrapartidaria de Lavagna) un resultado digno de un 17%, mientras que fuerzas de oposición ganaron las restantes gobernaciones, entre ellas tres muy importantes como plataformas de lanzamiento para una futura oposición a nivel nacional (Mauricio Macri, la Ciudad de Buenos Aires; Juan Schiaretti, Córdoba, y Hermes Binner, en Santa Fe; además de Alberto Rodríguez Sáa del peronismo antikirchnerista, en San Luis; y Fabiana Ríos, del ARI, en Tierra del Fuego).

En síntesis, la estabilización de la situación económica y política desde fines de 2005 había conducido a una consolidación del kirchnerismo que se expresó cabalmente en este triunfo en las presidenciales de octubre de 2007. Cristina Fernández de Kirchner asumió el 10 de diciembre de 2007 y sabemos que, exactamente tres meses después, este instante idílico pasaría a la historia. Pero antes de pasar a la crisis política de la primera mitad de 2008, debemos detenernos en dos elementos de este período de consolidación del kirchenrismo, que hasta ahora pudimos esquivar en la medida en que no cambiaron el curso inmediato de los acontecimientos que veníamos analizando, pero que revestirían una creciente importancia a mediano plazo. Estos dos elementos, mutuamente relacionados, son el aumento de la conflictividad de la clase trabajadora y otros sectores populares y la aceleración de la inflación.

La inflación, que se había situado en un 9,6% anual cuando la salida de Lavagna a fines de 2005, tendió a acelerarse hacia fines de 2006. En diciembre de 2006 y enero de 2007, en particular, fue de un 1,5%

mensual. Esto aún no alteraría demasiado la inflación acumulada durante 2006, que se mantuvo en un 10,9%, pero anunciaba una aceleración para 2007. Entiéndase bien la naturaleza de este fenómeno. Esta tendencia al aumento de la inflación que comenzaba a insinuarse a fines de 2006 o comienzos de 2007 no es una mera prolongación de la inflación cambiaria generada por la enorme devaluación que había sellado la caída de la convertibilidad, sino un fenómeno nuevo que, si bien se desenvolvía en las condiciones creadas por la supresión del disciplinamiento monetario que esa convertibilidad había impuesto en su momento, respondía a causas diferentes. Más adelante volveremos sobre las características de la inflación durante la década, pero remarquemos aquí este carácter novedoso del fenómeno en cuestión. La respuesta de la administración kirchnerista ante este nuevo desafío fue ingeniosa: intervenir el INDEC y comenzar a tergiversar sistemáticamente los datos sobre la evolución de la inflación –y, por ende, todos los restantes datos correlacionados con ellos, como las ya citadas tasas de crecimiento del producto o de la pobreza y la indigencia–. Para tener una idea de la magnitud que alcanzaría esta tergiversación, basta con mencionar que la inflación acumulada entre 2007 y 2012, y no registrada por el INDEC, alcanzaría la friolera de un 125%.[52] Pero detengámonos un momento en la propia intervención del INDEC. En enero de 2007, tras presionar a los funcionarios del INDEC a cargo de la elaboración del IPC para que informaran a qué comercios encuestaban, es decir, para que violaran el secreto estadístico, el entonces secretario de comercio Guillermo Moreno comenzó a reemplazarlos por funcionarios afines. Este atropello, que no solo enfrentó el repudio de la opinión pública, sino también la resistencia de los empleados del Instituto, los estatales agremiados en ATE, apuntó simplemente a llegar a las citadas elecciones presidenciales de octubre de 2007 sin (la publicidad y la discusión pública de) los altos y crecientes

---

[52] Tras la intervención del INDEC, los índices de precios al consumidor más empleados en reemplazo de los suyos serían los provinciales. El CENDA, en particular, calculó un índice a partir de la ponderación de los IPC elaborados para las ciudades de Jujuy, Neuquén, Paraná, Rawson-Trelew, Salta, Santa Rosa y Viedma. Este IPC-7 provincias sería discontinuado en 2011 (a cambio del nombramiento del director del CENDA, Axel Kicillof, como vice ministro de Economía y de otros miembros del centro en otros expectantes cargos de la administración kirchnerista), pero sería reemplazado por el IPC-9 provincias, calculado por CIFRA y otros índices alternativos.

índices de inflación registrados por el INDEC.[53] Pero una vez perpetrado, Moreno y los suyos ya no pudieron o no supieron volver atrás. El atropello en cuestión no solo continuaría, sino que se agravaría combinándose, desde 2009, con presiones sobre las consultoras privadas que comenzaron a confeccionar índices de precios alternativos.

Ahora bien, como señalaron entre otros Levy Yeyati y Novaro (2013), esta intervención del INDEC puso de manifiesto por primera vez algunas de las características distintivas del estilo de gobierno del kirchnerismo en general y, especialmente, del kirchnerismo durante el período que por entonces estaba iniciándose: en particular, su extremo pragmatismo y cortoplacismo. En verdad, este pragmatismo y este cortoplacismo ya habían signado al kirchnerismo desde sus orígenes en la medida en que, como vimos en el primer capítulo, sus políticas fundamentales no habían sido sino una mera prolongación de las medidas de urgencia adoptadas por el duhaldismo para salir de la crisis. Pero se evidenciarían y se intensificarían crecientemente más tarde, en la medida en que el kirchnerismo comenzaría a enfrentar nuevas dificultades. La aceleración de la inflación, a fines de 2006 o inicios de 2007, fue, en verdad, el primero de los desafíos importantes que el kirchnerismo enfrentaría en los años siguientes. La intervención del INDEC para intentar esconder esa inflación antes de las elecciones fue, a su vez, la primera de las medidas importantes que desnudarían sus vulgares pragmatismo y cortoplacismo. Y una retórica cada vez más inflamada, superpoblada de las más firmes convicciones políticas, acompañaría desde entonces esas medidas, como una suerte de mecanismo compensatorio de la impotencia subyacente a ese pragmatismo y ese cortoplacismo.

La conflictividad obrera, por otra parte, mostró un ascenso durante este período. Y también respecto de este fenómeno es importante remarcar su carácter novedoso. En efecto, no se trata de una recuperación del

---

[53] Algunos funcionarios argumentaron más tarde que la intervención del INDEC había apuntado en realidad a reducir los pagos de intereses de los bonos de deuda indexados por el índice CER, pero esto (además de un reconocimiento explícito del engaño) fue apenas un intento de racionalizar como una suerte de viveza criolla el engaño preelectoral en cuestión. Los pagos de deuda indexada ciertamente disminuyeron (se dejaron de pagar unos USD 6.800 millones entre 2007 y 2012; véase *El Cronista*, 18/12/12), pero no era este efecto de largo aliento el perseguido por Moreno y los suyos.

ascenso de las luchas sociales que había culminado en la insurrección de fines de 2001. El retroceso de esas luchas, que ya había comenzado a registrarse durante la segunda mitad de la administración duhaldista, se consolidó más bien durante los primeros años de la kirchnerista. Así, hacia mediados de 2004, las acciones de las organizaciones piqueteras ya habían disminuido drásticamente y no contaban con el apoyo de otros sectores sociales, especialmente en el caso de los cortes de rutas y calles, mientras que las pocas asambleas barriales que seguían reuniéndose ya no realizaban acciones disruptivas. La estrategia de Kirchner, que no descansó en reprimir sino más bien en tolerar las protestas confiando en que quedarían aisladas en el contexto de recuperación económica vigente y que fue duramente cuestionada desde sectores de la derecha, rindió sus frutos. Esta tendencia se confirmaría durante el resto del período.

El ascenso de la conflictividad obrera que nos incumbe es, en cambio, un nuevo ascenso de las luchas sociales, en el cual ni los sujetos ni las prácticas de lucha y de organización ni las demandas son los mismos que los que habían caracterizado aquel ascenso que había culminado a fines de 2001. Se trata, más específicamente, de un nuevo ascenso protagonizado por trabajadores empleados en los sectores privado y público, organizados en cuerpos de delegados, comisiones internas, corrientes sindicales o seccionales opuestas a las burocracias dirigentes o simplemente autoconvocados, que recurren a la huelga por reivindicaciones salariales y, en menor medida, por reivindicaciones vinculadas con el empleo y las condiciones de trabajo (véase Cotarelo, 2010).[54] Recordemos, en este sentido, conflictos emblemáticos como los registrados en los subterráneos, en Parmalat, en algunas seccionales de la Unión Ferroviaria, en la docencia autoconvocada de Salta, en el Hospital Garraham, en LAFSA y Southern Winds, en seccionales de SUTEBA, en Kraft-Terrabussi y otras alimenticias, en Jabón Federal o en el Casino Flotante (véanse, entre muchos otros estudios sobre estos conflictos, Scolnik, 2009; Varela y Lotito, 2009; Castillo, 2009; Soul y Martínez 2011; Duhalde y Lenguita, 2012; Varela 2013).

Estos conflictos, sumados, imprimieron una nueva dinámica a las luchas sociales. Hubo un sostenido aumento de la cantidad de conflictos entre 2003 y 2005, incluido, una leve disminución durante 2006 (que

---

[54] Este nuevo ascenso de la conflictividad obrera dio lugar a un interesante debate acerca de la "revitalización del sindicalismo" que pareció involucrar (véase por ejemplo Etchemendy y Collier, 2008; y Atzeni y Ghigliani, 2008).

parece explicarse exclusivamente por la conflictividad en el sector público, pues en el sector privado se mantendría), para volver a alcanzar en 2007 casi el mismo nivel que en 2005 (esta vez gracias a la conflictividad del sector público; en particular, de los docentes).[55] Este ascenso de la conflictividad obrera acarreó varios cambios respecto del modo de desenvolvimiento de la lucha de clases propio de los noventa. La fracción desocupada de la clase trabajadora, que había desempeñado un papel tan decisivo durante la segunda mitad de los noventa e, incluso, había alcanzado y superado a la fracción ocupada durante la crisis en cuanto a la cantidad de conflictos, cedió su puesto protagónico a la fracción ocupada en 2004-2005 y en 2007, al final del período considerado, era la protagonista exclusiva de prácticamente la totalidad de las luchas obreras. Los trabajadores del sector público, que también habían desempeñado un papel importante durante la segunda mitad de los noventa y la crisis, siguieron protagonizando la mayoría de los conflictos.[56] Sin embargo, el dato novedoso respecto de los noventa es más bien su contraparte: la conflictividad protagonizada por los trabajadores del sector privado.

Estas luchas sindicales de los trabajadores, naturalmente, no fueron las únicas luchas sociales libradas durante aquellos años. Entre las restantes resaltan, indudablemente, las nuevas luchas socio-ambientales. El conflicto pionero contra la minería aurífera desarrollado en Esquel entre agosto de 2002 y marzo de 2003 inauguró una inédita ola de luchas comunitarias contra una serie de proyectos de megaminería metalífera a cielo abierto en las provincias cordilleranas y, en menor medida, contra la expansión del monocultivo de soja transgénica en las provincias periféricas a la región pampeana. Las asambleas ambientalistas, los movimientos campesinos/indígenas y otras organizaciones que impulsaron esta ola de luchas confluyeron, a mediados de 2006, en una instancia de

---

[55] La estadística del Centro de Estudios Nueva Mayoría, por ejemplo, registra 122 conflictos en 2003, 249 en 2004, 824 en 2005, 504 en 2006 y 693 en 2007. Estas cifras, si bien subestiman la cantidad real de conflictos, parecen ilustrar adecuadamente la tendencia. Y convierten al pico de este ascenso, situado en 2005, en un hito comparable casi con el pico alcanzado en 1988-1990.

[56] Según las estimaciones de PIMSA (Cotarelo, 2012), en 2006, los conflictos registrados en el sector privado habrían superado a los registrados en el sector público. Según las estimaciones del MTEySS, en cambio, los conflictos con paro registrados en el sector público habrían sido mayoritarios también en 2006, aunque por un pequeño margen. La serie del MTEySS empieza en 2006, pero parece mostrar un peso de los conflictos del sector público sobre el total más o menos estable, del orden del 60% al 65% (con un peso sobre el empleo total de un 20%).

coordinación a escala nacional, la Unión de Asambleas Ciudadanas (UAC). Asimismo, la lucha contra la instalación de plantas pasteras en la margen oriental del Río Uruguay, iniciada a fines de 2003, se radicalizó a comienzos de 2006 con el inicio de la construcción de la planta de Botnia y de los cortes del puente Gualeguaychú-Fray Bentos, que se prolongarían durante años. Esta ola de luchas ambientales representaría otra importante novedad en el terreno de las luchas sociales locales, a pesar de que sus prácticas de acción directa y de organización asamblearia hunden sus raíces en prácticas características del ascenso de las luchas sociales de la segunda mitad de los noventa.

Ahora bien, ni aquel ascenso de la conflictividad obrera ni esta ola de conflictos ambientales representaron un desafío político a nivel nacional para el kirchnerismo. La conflictividad obrera revistió mayoritariamente un carácter económico-corporativo y sus demandas no apuntaron contra las políticas implementadas por el gobierno. Es cierto que algunos conflictos obreros alcanzaron importantes repercusiones públicas en las grandes ciudades como, por ejemplo, los conflictos de los subterráneos. Y también es cierto que las demandas salariales, dentro del mencionado contexto de aceleración de la inflación, podían representar objetivamente un importante desafío político para el gobierno. Pero el ascenso de la conflictividad obrera se limitó a un aumento de la cantidad de conflictos, sin articularse ni convertirse en un desafío político a nivel nacional para el gobierno. La burocracia sindical, con la CGT reunificada y conducida por Moyano, desempeñó en aquellos años un papel decisivo en este sentido: mantuvo aislados los distintos conflictos y, en la mayoría de los casos, contuvo las demandas salariales dentro de las pautas fijadas por el gobierno.[57] Tampoco las nuevas luchas ambientales representaron

---

[57] Recordemos que la CGT, que se había dividido durante la crisis (CGT-Daer y CGT-Moyano en 2000-02), se reunificó en julio de 2004 bajo la conducción de un secretariado colegiado (Hugo Moyano, de Camioneros; José L. Lingieri, de Obras Sanitarias; y Susana Rueda, de Sanidad) que más adelante sería reemplazado por la conducción unipersonal de Moyano. Esta CGT no declaró ninguna huelga general ni encaró ninguna otra medida tendiente a unificación de la conflictividad obrera durante este período (la primera huelga general contra el kirchnerismo sería en noviembre de 2012) e intentó mantener los salarios negociados en las paritarias dentro de las pautas fijadas por el gobierno (a través del manejo de los aumentos negociados por los camioneros como casos-testigo del resto de los aumentos). Ciertamente, algunos sectores sindicales antiburocráticos desafiaron estas pautas salariales (por ejemplo, los trabajadores del subte en 2006) e, incluso, intentaron articularse (por ejemplo, en el Movimiento Intersindical Clasista), pero la CGT nunca perdió el control del conjunto.

un desafío político a nivel nacional para el gobierno. Las organizaciones ambientalistas enseguida tendieron a articularse a escala nacional, en la mencionada UAC, y sus demandas revistieron un carácter mucho más político, en la medida en que no solo enfrentaron a las grandes corporaciones mineras, sino también a las políticas de los gobiernos nacional y provinciales involucrados en los negocios en cuestión. Pero a pesar de su altísimo impacto en muchos pueblos, ciudades e, incluso, provincias enteras del interior, estas luchas ambientalistas nunca incidieron en la agenda política nacional.

Ni la aceleración de la inflación ni el resurgimiento de la conflictividad de la clase trabajadora y de otros sectores populares, en síntesis, impidieron que la estabilización de la situación económica y política que venía registrándose desde fines de 2005 condujera a la consolidación del kirchnerismo. La asunción de Fernández de Kirchner representó entonces, inicialmente, una simple continuidad respecto de la anterior presidencia de Kirchner.[58] Esto no niega que, como veremos más adelante, esos procesos acabaran erosionado el consenso alrededor del gobierno. Pero en aquellos años, la restauración del orden parecía haberse completado. La crisis de acumulación y dominación que había culminado a fines de 2001 ya había sido completamente revertida y el período que se extendió entre fines de 2005 y comienzos de 2008 estuvo signado por una estabilización de la situación durante la cual aquella recomposición decantó en un modo de acumulación y una forma de estado más o menos estables. Más adelante, en la segunda parte, analizaremos este modo de acumulación y esta forma de estado, así como las continuidades y las rupturas que representan respecto de los vigentes en los noventa. Ahora analicemos, en cambio, la ruptura de esta estabilidad económica y política que tuvo lugar durante la primera mitad de 2008.

---

[58] Fernández de Kirchner, incluso, conservó inicialmente una parte importante del Gabinete de Kirchner. Reemplazó al fugaz Miguel Peirano por Martín Lousteau en Economía y a González García por Graciela Ocaña en Salud, designó a Florencio Randazo en Interior pero para reubicar a Aníbal Fernández en Justicia, y a Juan C. Tedesco en Educación para que Daniel Filmus pudiera asumir como senador (y creó un nuevo Ministerio de Ciencia, Tecnología e Innovación Productiva, donde designó a Lino Barañao). Pero el resto del Gabinete permaneció intacto.

Capítulo 4. El conflicto agrario

En efecto, ese período de estabilización de la situación económica y política y de consolidación del kirchnerismo que se inició a fines de 2005 y que acabamos de analizar se cerró con el conflicto entre el flamante gobierno de Fernández de Kirchner y la burguesía agraria que se desarrolló durante la primera mitad de 2008. Pero además, este conflicto constituyó un punto de inflexión más profundo entre dos etapas más extensas, es decir, entre un primer kirchnerismo (correspondiente a la etapa 2002-2007) y un segundo kirchnerismo (de la etapa 2008-2015). Dada su importancia –y, ciertamente, su carácter controvertido– debemos detenernos aquí en el análisis de este conflicto.[59]

El *lock-out* capitalista agrario y el prolongado conflicto que se desencadenó a partir de la modificación del régimen de retenciones a las exportaciones agrarias por parte de la administración de la presidenta Fernández de Kirchner fueron el primer desafío político importante que enfrentó el kirchnerismo desde su ascenso al poder. Adviértase, en este sentido, que fueron ciertas fracciones de la burguesía, encabezadas por la burguesía agraria, y no la clase trabajadora u otros sectores populares, como acabamos de ver, quienes plantearon este desafío. Y adviértase también que la negativa de esta burguesía agraria a pagar mayores retenciones bien puede interpretarse como su declaración de que el proceso de recomposición de la dominación posterior a la crisis de 2001 había concluido, puesto que, precisamente, el pago de esas retenciones había sido en 2002 una concesión de esa burguesía agraria destinada a contribuir con dicha recomposición a través del financiamiento los subsidios de desempleo del citado Plan Jefes y Jefas de Hogar. Más adelante volveremos sobre este punto.

---

[59] Realizamos un primer análisis de este conflicto mientras estaba desarrollándose, publicado posteriormente en Bonnet (2010b).

El conflicto en su conjunto se prolongó durante los cuatro meses que se extendieron desde el anuncio, el 11 de marzo de 2008, de un nuevo régimen de retenciones móviles (la resolución 125/08) por el entonces ministro de Economía Martín Lousteau hasta el anuncio de su derogación (el Decreto 1176/08) por el entonces jefe de Gabinete Aníbal Fernández, el 16 de julio siguiente.[60] El análisis de este proceso, inédito en nuestra historia, es muy complejo y controvertido.[61] El conflicto se inició con la respuesta de las organizaciones agrarias al anuncio de retenciones móviles mediante el comunicado "El campo dice basta", del 12 de marzo. El comunicado en cuestión ya adelantaba, de alguna manera, tres características importantes del conflicto que se estaba iniciando. En primer lugar, fue firmado conjuntamente por las cuatro organizaciones patrona-

---

[60] La Resolución 125/08 del MECON, del 10/3/08, considerando el aumento y volatilidad de los precios internacionales de cereales y oleaginosas y su repercusión en los precios internos y en la inversión agropecuaria, establecía un sistema de retenciones móviles, dependientes de los precios internacionales, a las exportaciones de soja, girasol, maíz, trigo y sus derivados. Las retenciones habían sido establecidas por Duhalde en marzo de 2002, con una alícuota del 13,5% para soja y girasol y del 10% para trigo y maíz, aunque estos porcentajes habían sido incrementados posteriormente hasta alcanzar el 35% para la soja, 32% para el girasol, 28% para el trigo y el 25% para el maíz desde noviembre de 2007 (también se habían aplicado durante el período crecientes retenciones sobre los derivados de los cuatro cultivos). La 125/08 aumentaba a 44,8% y 44,2% los primeros y reducía a 27,7% y 22,8% los segundos, a los precios vigentes en abril. En un intento de dividir a las corporaciones agrarias, el MECON dictó otras dos Resoluciones (284 y 285/08) que reintegraban parte del impuesto a los pequeños y medianos productores de soja y girasol. El Decreto presidencial 1176/08, considerando mediante una serie de curiosas inflexiones argumentativas el fracaso del gobierno, derogó el conjunto (para una cronología completa del conflicto, véase Comelli *et alii*, 2010, y para dos excelentes análisis, desde distintas perspectivas, Barsky y Dávila, 2008 y Teubal y Palmisano, 2010; para un análisis desde la perspectiva oficialista, también, puede consultarse Ortiz, 2010).

[61] El mayor conflicto social rural de la historia argentina previa había sido el llamado Grito de Alcorta de 1912, pero sus protagonistas (los pequeños y medianos productores agrarios inmigrantes de la pampa húmeda de entonces, organizados de manera independiente y aliados a estibadores, braceros y otros trabajadores rurales) y sus reclamos (mejoras en su relación de arrendamiento, aparcería o mediería), así como las condiciones generales de la producción agraria, eran muy diferentes de los actuales. El régimen de tenencia del arrendamiento tradicional (que ya no solo era usado por pequeños productores agrarios, sino también por grandes productores pecuarios y mixtos que ampliaban así su capacidad productiva) comenzó a declinar ya en la década de 1920. Y aquellos chacareros trigueros, pintados alguna vez por Antonio Berni, son hoy una especie en vías de extinción (véase Barsky y Pucciarelli, 1991).

les agrarias más grandes: la Sociedad Rural Argentina (SRA), las Confederaciones Rurales Argentinas (CRA), la Confederación Intercooperativa Agropecuaria (CONINAGRO) y la Federación Agraria Argentina (FAA) que, a partir de ese momento, integraron una Mesa de Enlace que organizaría las acciones de la burguesía agraria en su conjunto. La primera característica decisiva del conflicto fue, justamente, la unidad en la acción prácticamente monolítica que mantuvieron estas organizaciones agrarias. Desde luego, subsistieron diferencias parciales entre los intereses económico-corporativos de las distintas fracciones que esas patronales representan y sus dirigentes las pusieron de manifiesto en algunos momentos del desarrollo del conflicto, pero estas diferencias nunca pusieron en entredicho aquella unidad en la acción.[62]

Esta unidad en la acción, propiamente hablando, no era una entera novedad. Las cuatro organizaciones ya habían protagonizado una tendencia hacia la confluencia en discursos y acciones comunes hacia fines de la década de los noventa, tendencia que se había intensificado a partir de la devaluación y la imposición de las retenciones desde 2002 (Lattuada, 2006).[63] En particular la SRA, la más renuente a esta unidad, giró hacia esta estrategia desde la designación de Luciano Miguens como presidente: "Insistiremos en la conformación de un frente de acción conjunta con las demás entidades del sector, por la mayor fuerza que ello otorga a

---

[62] Véanse, por ejemplo, las declaraciones de Eduardo Buzzi de la FAA respecto de la necesidad de reformar el régimen de arrendamiento de tierra y restablecer una Junta Nacional de Granos, cuando se iniciaron las negociaciones con el gobierno (*La Nación*, 12/4/08), y respecto de la alternativa entre reducción de las alícuotas de las retenciones y compensaciones a los pequeños y medianos productores, durante los debates parlamentarios de la primera quincena de julio (*Clarín*, 2 al 4/7/08).

[63] Las cuatro organizaciones presentaron sendos programas conjuntos a los gobiernos de Menem en 1994 y de De La Rúa en 2001. CRA, CONINAGRO y FAA (con la SRA en dos ocasiones) realizaron 9 protestas agrarias nacionales con *lock-outs* comerciales y marchas y cerca de 20 asambleas y movilizaciones locales y regionales durante los noventa (Lattuada, 2006: VI). Estas acciones conjuntas se intensificaron a fines de la década y, desde el inicio del gobierno de Kirchner, cada nueva medida atinente a precios, retenciones o cupos de exportación de cereales, oleaginosas, carnes o leche enfrentarían nuevas asambleas, movilizaciones, marchas y *lock-outs*. La acción más importante, hasta este *lock-out* de marzo-julio de 2008, fue indudablemente la encarada por los productores de carne en 2006. "Esto va a volver a ponerse pesado, como en 2006", anticipó Llambías de la CRA cuando el anuncio de las retenciones móviles (*La Nación*, 12/3/08). Pero el primer *lock-out* conjunto de las cuatro organizaciones y a escala nacional contra el kirchnerismo fue este que estamos analizando.

nuestros reclamos", ya había adelantado en su discurso de asunción de su cargo en septiembre de 2002 (*La Nación*, 27/9/02). La importancia que revistió esta unidad en la acción durante el conflicto no puede menospreciarse: en esta unidad, los grandes burgueses de la SRA aportarían su programa, mientras los pequeños y medianos de la FAA se encolumnarían detrás suyo, proveyéndoles su capacidad de movilización. Sin embargo, la afirmación de que los dirigentes de esta última se comportaron como una suerte de "idiotas útiles" de los dirigentes de aquella, que sugirió el gobierno y repitieron sus seguidores, era infundada. En principio, el aumento de las retenciones recaía sobre la renta agraria y, por consiguiente, afectaba al conjunto de la burguesía agraria, sea grande o pequeña, empresaria o rentista, propietaria o arrendadora de tierras. Este simple hecho alcanzaba para sustentar aquella unidad. Y, en los hechos, las cuatro organizaciones, junto con otras entidades agropecuarias y agroindustriales a las que nos referiremos enseguida, venían exigiendo desde que la economía había comenzado a recuperarse, en 2003, la supresión lisa y llana de las retenciones (Makler, 2008). Así, los intentos del gobierno de minar esa unidad a través de medidas favorables a la pequeña y mediana burguesía agraria no lograron ningún resultado: sus representantes saludaron los anuncios, pero siguieron adelante con sus medidas de fuerza.[64] Y en cualquier caso, más allá de estos intentos, la seguidilla de torpezas políticas que desplegó el gobierno durante el conflicto en su conjunto, a las que nos referiremos más adelante, contribuyó considerablemente a galvanizar esa unidad.

El citado comunicado, en segundo lugar, ya sugería a grandes trazos la posibilidad de una alianza social más amplia: era *el campo/el interior* quien se rebelaba frente a la medida del gobierno, aunque esta alianza incluso se ampliaría más adelante hacia las grandes ciudades. La burguesía agraria encolumnó detrás suyo, inmediatamente, a otros sectores de la burguesía con intereses en la producción agropecuaria o agroindustrial. En particular, varias entidades patronales importantes (y miembros influyentes de la UIA), como la Coordinadora de las Industrias de Productos

---

[64] Véanse, en este caso, las declaraciones de Buzzi (*Clarín*, 31/3/08) frente a los reintegros de retenciones, compensaciones de costos diferenciales de fletes, apertura de las exportaciones de trigo, incentivos a las producciones de mayor valor agregado, créditos blandos y creación de una subsecretaría anunciados por Lousteau el 30 de marzo (y parcialmente implementados mediante las resoluciones 284 y 285 anunciadas el 17 de abril).

Alimenticios (la COPAL), la Cámara de la Industria Aceitera de la República Argentina (CIARA) o la Cámara Argentina de Fabricantes de Maquinaria Agrícola (CAFMA), respaldaron a esa burguesía agraria.[65] Pero también arrastró a buena parte de los sectores medios de las ciudades y pueblos del interior. Y también este fenómeno tenía un sustento. La modernización del capitalismo en el campo involucra, por una parte, la consabida creciente integración de los procesos de producción agrarios dentro del proceso de reproducción capitalista en su conjunto. La producción extensiva de cereales y oleaginosas de la pampa húmeda de nuestros días implica así la producción, transporte y comercialización de semillas genéticamente modificadas y de fertilizantes, herbicidas, pesticidas y otros agroquímicos, el empleo de maquinaria agrícola cada vez más vasta y compleja, asistencia técnica y variados servicios especializados, nuevos modos de almacenamiento y de transporte de su producto y el procesamiento agroindustrial de ese producto (para un panorama, véanse, por ejemplo, Pizarro y Cascardo, 1991 y Bisang, 2007).

El crecimiento de esa producción de cereales y oleaginosas, particularmente intenso durante esta década que combinó los procesos de innovación tecnológica y de expansión de la frontera agraria que venían de largo plazo con un tipo de cambio y precios internacionales favorables a corto plazo, acarreó, por otra parte, la recuperación económica e incluso cierta prosperidad para muchos pueblos y ciudades del interior. Un interior que, además, venía ampliándose junto con la extensión de la frontera agraria. Las mejoras en los niveles de consumo de los sectores medios de esos pueblos y ciudades ya se habían evidenciado, por ejemplo, en los mercados inmobiliarios o en los parques automotores locales. Desde lue-

---

[65] La manera más sencilla de apreciar esta trama es revisando las 40 entidades que integraban el Foro de la Cadena Agroindustrial Argentina (www.foroagroindustrial.org.ar), que incluían a las citadas SRA, CRA y cámaras industriales, entre otras varias, pero también asociaciones de bancos (ABA y ADEBA), bolsas de cereales y comercio (Rosario, Santa Fe), y otras. Un informe de este foro de fines de 2007 extraía las siguientes conclusiones: "De esa investigación surge que la eliminación de los derechos de exportación permitiría: crear 300.000 puestos de trabajo en forma directa e indirecta; contribuiría a reducir el 6,9% de la pobreza; a la vez que se reduciría la recaudación en $2.580 millones, cifra que podría ser recuperada por mayores ingresos de otros impuestos y por una actividad agroindustrial creciente" (Porto y Nogués, 2007). Y esta era la posición de la SRA: "Ha llegado la hora de eliminar totalmente las retenciones", había vuelto a reclamar Miguens en su discurso en la 141° Exposición Rural a mediados de ese año (*La Nación*, 5/8/07).

go que la mayor parte de las rentas y ganancias generadas por aquella producción de cereales y oleaginosas no "se derraman" en esos pueblos y ciudades del interior. Los ingresos provenientes de las 150.000 ha explotadas por Los Grobo no se quedan en Carlos Casares. Pero alcanza con una parte menor de esas inmensas rentas y ganancias para incitar la movilización de amplios sectores medios de esos pueblos y ciudades detrás de la burguesía agraria. Digamos que no todas las 4x4 de los piquetes eran de los productores sojeros y que, simultáneamente, también había algunos rastrojeros desvencijados. La masividad que revistieron las asambleas, cortes, marchas, cacerolazos y demás acciones que tuvieron lugar en muchas ciudades de la región pampeana mostraron que las demandas de la burguesía agraria gozaron de amplio consenso entre sus habitantes.[66] Y este consenso explica, a su vez, el apoyo que recibirían también de varios gobernadores, encabezados por Binner, de Santa Fe, y Schiarretti, de Córdoba, y de la mayoría de los intendentes y consejales del interior de Buenos Aires, Santa Fe y Córdoba.

La burguesía agraria seguramente también logró arrastrar en sus acciones a algunos trabajadores. El prolongado conflicto golpeó inmediatamente a sectores de la clase empleados en la producción agropecuaria y agroindustrial, el transporte de cargas, el comercio de alimentos. Y esto dejó una impronta en las posiciones adoptadas por algunos gremios vinculados con esa producción agropecuaria y agroindustrial, como la Unión de Trabajadores Rurales y Estibadores (la UATRE) y la Federación Gremial del Personal de la Industria de la Carne (la Federación de la Carne).[67] Sin embargo, otros gremios no menos vinculados con esa producción agropecuaria y agroindustrial y perjudicados por el conflicto, como la Asociación de Trabajadores de la Industria Lechera de la República Argentina (ATILRA), la Federación Argentina Unión Personal de

---

[66] Véanse apenas estos tres ejemplos. El tractorazo y cacerolazo en Suipacha (Buenos Aires) en repudio al discurso presidencial del 25 de marzo (*Página, 12* 25/3); el masivo acto, con cerca de 8.000 personas, en Jesús María (Córdoba) del 19 de abril (*Perfil*, 20/4) y la asamblea reunida en Gualeguaychú (Entre Ríos) cuando la detención de Alfredo De Angeli el 14 de junio (*Clarín*, 15/6). "Todos vivimos del campo y no pueden robarles más", disparaba un vecino del lugar frente a las cámaras de TV. "Voy a defender al campo porque trabajo de ellos, vivo de ellos", se sumaba a viva voz un lugareño dedicado a la industria metalúrgica" (*Página, 12* 20/4). Testimonios como estos fueron usuales en estas acciones.

[67] Véanse las posiciones de sus secretarios generales, Gerónimo *Momo* Venegas y Alberto *Beto* Fantini en *La Nación* (26/3 y 13/6, respectivamente).

Panaderías y Afines (FAUPPA) o la Unión Obrera Molinera Argentina (UOMA), apoyaron más o menos decididamente al gobierno, junto con los restantes gremios de la CGT. Y en la CTA, cuyos gremios no guardaban relación alguna con la producción agropecuaria y agroindustrial, el sector dirigido por Hugo Yasky (junto con la FTV de D´Elía) se encolumnó activamente con el gobierno, mientras que el dirigido por Claudio Lozano intentó mantenerse a distancia. Los posicionamientos de los distintos gremios durante el conflicto parecen explicarse, entonces, más por los alineamientos políticos previos de los sectores de la burocracia sindical ante el kirchnerismo que por los intereses económico-corporativos inmediatos de los trabajadores que agremian. Resumiendo, la alianza dirigida por la burguesía agraria no contó con un respaldo significativo de la clase trabajadora organizada, pero dejando de lado acciones puntuales como las encabezadas por Moyano o D´Elía, tampoco fue especialmente activo el respaldo que esa clase trabajadora brindó al gobierno. Los trabajadores asistieron más bien como "convidados de piedra" (Sartelli, 2008; véase asimismo Sartelli *et alii*, 2008) a este conflicto entre burguesía agraria y gobierno.

La alianza dirigida por la burguesía agraria logró extenderse, en cambio, hacia una porción importante de los sectores medios de las grandes ciudades, cuyos intereses en principio eran ajenos a los de aquella, y alcanzó así una masividad social y un impacto político que en las pequeñas y medianas ciudades del interior no hubieran podido alcanzar.[68] Las dos manifestaciones más contundentes de esa masividad y ese impacto fueron las grandes concentraciones convocadas por la Mesa de Enlace ante el Monumento a la Bandera (de Rosario), el 25 de mayo, y ante el Monumento a los Españoles (de Buenos Aires), el 15 de julio. En ambas, la burguesía agraria reunió mucho más apoyo que el reunido por el gobierno en las que había convocado simultáneamente ante el Monumento a Güemes (de Salta) y ante el Congreso (Buenos Aires): unas 200 y 230.000 personas, contra unas 50 y 100.000, respectivamente (*Clarín* y *La Nación*,

---

[68] Aquí conviene recordar que la de "sectores medios" no es una categoría de clase, sino una categoría sociocultural, que suele abarcar lo que tradicionalmente el marxismo concibió como "pequeña burguesía" (pequeños propietarios no liberados del trabajo de ejecución) más dos conjuntos de asalariados: aquellos que algunos marxistas llamaron "nuevas clases medias" (mandos medios de empresas) y capas de asalariados puros asimilados a la pequeña burguesía por sus hábitos y representaciones mentales.

25/6 y 16/7/08). Por cierto, el saldo arrojado por estas dos grandes mediciones de relaciones de fuerza respondió en parte a un retroceso de la capacidad de convocatoria del kirchnerismo, pero mucho más significativa fue la sorprendente capacidad de convocatoria entre los sectores medios urbanos demostrada por las organizaciones de la burguesía agraria. Estas concentraciones habían sido precedidas por una serie de cacerolazos y movilizaciones de sectores medios acomodados (véanse los cacerolazos realizados en Palermo, Recoleta, Barrio Norte, Belgrano y Caballito entre el 25 y el 27 de marzo, después del primer discurso de la presidenta; *La Nación,* 26/3/08), e incluso, hasta cierto punto habían sido impulsadas y encabezadas por individuos y organizaciones situados en la ciudad aunque vinculados con el campo (véase el cacerolazo en Santa Fe y 9 de Julio del 12 de mayo; *Clarín,* 13/5/08). Pero la magnitud alcanzada por esas concentraciones del 25 de mayo y el 15 de julio impide explicarlas a partir de estos restringidos antecedentes. Volvieron a demostrar más bien la capacidad de convocatoria de la que pueden gozar ciertos representantes y organizaciones no-partidarios de la burguesía entre los sectores medios, cuyo antecedente más inmediato se encuentra en las concentraciones contra la inseguridad que había convocado Juan C. Blumberg desde abril de 2004.[69] Puede afirmarse, en este sentido, que la crisis del sistema de partidos políticos que había culminado en diciembre de 2001 no solamente impulsó la organización de nuevos movimientos sociales por parte de los trabajadores, sino también de la burguesía. Y adviértase que esta movilización de los sectores medios de las grandes ciudades detrás de los estancieros y no de los piqueteros, es decir, este viraje hacia la derecha de estos sectores medios, puede interpretarse como su propia declaración de que el proceso de recomposición de la acumulación y la dominación posterior a la crisis de 2001 había concluido. Pero más adelante volveremos también sobre este punto.

---

[69] Movilizaciones contra la inseguridad venían realizándose ya desde la segunda mitad de 2002, pero las que sucederían al asesinato del hijo de Blumberg en marzo de 2004 implicarían un salto cualitativo por su masividad y su impacto político a escala nacional. Blumberg convocó su mayor concentración (150.000 personas) ante el Congreso el 1/4/04 (*Clarín,* 2/4/08) y, a partir de entonces, otras cuatro (22/4/08, 26/8/04, 2/6/05 y 31/8/06), pero cada vez más espaciadas y menos masivas.

Esto nos lleva a la tercera característica distintiva de la respuesta de la burguesía agraria a las retenciones móviles. El comunicado del 12 de marzo anunció un *lock-out* por 48 horas, que se prolongaría durante 15 días y sería reimplantado en otras dos ocasiones, en abril y mayo. El *lock-out*, naturalmente, es la medida de fuerza burguesa por excelencia: consiste en el empleo por parte de los capitalistas de su propiedad privada sobre los medios de producción como arma suya en la lucha de clases. Pero la burguesía agraria, también, tomó algunas armas prestadas. Los piquetes y asambleas en las rutas y en los accesos a empresas agroindustriales, así como los mencionados cacerolazos y movilizaciones de masas, son prácticas populares en las luchas sociales.[70] Estas prácticas, desde luego, fueron encaradas mayoritariamente por los productores más pequeños de la FAA o autoconvocados, pero esto no desmiente que, a través de ellas, la burguesía agraria haya asimilado estas prácticas populares de lucha social y que esta sea otra de las características distintivas del conflicto.

Veamos, ahora, la manera en que la administración de Fernández de Kirchner enfrentó este embate de la burguesía agraria. Virtualmente, no hubo respuesta alguna que el kirchnerismo no ensayara y, absolutamente, no hubo ninguna en la que acertara. La presidenta intentó ignorar sin más la ofensiva de la burguesía agraria durante las dos primeras semanas del conflicto, hasta que ya no pudo seguir haciéndolo (desde el anuncio de las retenciones móviles el 11 de marzo hasta su discurso del 25 del mismo mes). El kirchnerismo midió fuerzas con la burguesía agraria en las calles, pero fue superado en su capacidad de convocatoria (en los citados actos del 25 de mayo y del 15 de julio). El gobierno intentó reprimir las acciones de la burguesía agraria, mediante el empleo tanto de fuerzas de seguridad regulares como de organizaciones sociales y sindicales afines como fuerzas de choque (despeje de ruta por la Prefectura

---

[70] El pacato Miguens había declarado el 31/7/04, en la inauguración de la 138° Exposición Rural, que "es hora de terminar con la confusión entre el derecho de peticionar y el delito de extorsionar". El 20/3/08, en cambio, reconocía ante *Radio 10* que "el piquete está de moda. Es la medida que más duele" (*Página 12*, 20/3/08). El Centro de Estudios Nueva Mayoría contabilizó 5.608 cortes de ruta en 2008, cifra que supera ampliamente los cortes piqueteros de 2001 (1.383) y 2002 (2.336).

en San Pedro, el 29 de marzo; represión y detenciones por la Gendarmería en Gualeguaychú, el 14 de junio; ataque del Movimiento Evita y la FTV a los manifestantes de Plaza de Mayo, el 25 de marzo; presiones de los camioneros de Moyano sobre los cortes de ruta, desde el 20 de marzo) rodeándolas así, involuntariamente, de un mayor consenso. Algunos funcionarios del gobierno se sentaron a negociar con la mesa de enlace mientras otros saboteaban y dilataban dichas negociaciones (ambas cosas durante la tregua de 30 días de abril, en la que convivieron concesiones de Lousteau con presiones de Moreno, promesas de Fernández con desautorizaciones de Kirchner, y así sucesivamente). La presidenta anunció sobre la marcha un plan social de construcción de hospitales, caminos rurales y viviendas populares solventado con una porción de las retenciones (el 9 de junio, por cadena nacional) sin que nadie le creyera. Y finalmente, el ejecutivo envió el asunto al Parlamento sin contar de antemano con una mayoría segura y, el 16 de julio, fue derrotado en el senado gracias al voto de senadores propios y de su propio vicepresidente. Esta increíble ineptitud política demostrada ante el primer desafío importante que enfrentó desde su ascenso al poder vino así a revelar las limitaciones políticas que escondía el kirchnerismo.

Analicemos, ahora, la naturaleza de este conflicto agrario. El conflicto planteó un desafío complejo para el análisis y para el posicionamiento político porque constituyó una disputa entre un gobierno burgués y un sector de la propia burguesía o, más precisamente, una disputa entre distintas fracciones de la burguesía alrededor de la apropiación de la renta agraria que se desenvolvió como un conflicto entre la fracción agraria de dicha burguesía y el gobierno. Ahora bien, la renta es una relación de explotación, puesto es plusvalor remanente por encima de la tasa media de ganancia que se origina en la apropiación privada monopólica de la tierra, en su calidad de condición social de la producción, por parte de una fracción de la burguesía (véase Astarita, 2010). La disputa por la renta es, en consecuencia, una disputa interburguesa por la apropiación de porciones de plusvalor. La fracción agraria de la burguesía y sus aliados pugnaban, sencillamente, por apropiarse de la mayor parte posible de dicha renta en desmedro de otras fracciones. Es importante advertir aquí que no estamos hablando de una vieja aristocracia terrateniente, sino, reestructuración capitalista del agro pampeano mediante, de una moderna burguesía agraria. Esta aclaración es importante porque uno de los lugares ideológicos populistas más comunes durante el conflicto fue la contraposición entre unas presuntas esforzadas ganancias de los capitalistas y unas igualmente presuntas parasitarias rentas de la oligarquía terrateniente.[71] Sin embargo, el desarrollo capitalista tiende a subsumir crecientemente a la producción agraria a sus propias leyes, es decir, a convertir a la renta diferencial de tipo II en la modalidad dominante de renta y a otorgar una mayor centralidad a la ganancia. Tiende así a convertir en la modalidad dominante de renta a la renta proveniente de las sucesivas inversiones de capital incorporadas de manera permanente en la tierra y usufructuadas por el terrateniente, en desmedro de la renta proveniente de las diferencias naturales de productividad entre las tierras y de la renta absoluta proveniente de una menor composición orgánica del capital agrario —sustraído de la tendencia a la nivelación— respecto de la composición orgánica media de la economía. La producción agraria pampeana argentina no es una excepción a esta regla. El agro pampeano había atravesado desde mediados de los sesenta, y con especial intensidad durante los noventa, un intenso proceso de reestructuración. El aumento del monto de la inversión de capital en relación con la tierra y el trabajo empleados, la reducción absoluta del número de trabajadores asalariados y el aumento continuo de la productividad del trabajo eran componentes de esta reestructuración desde sus inicios (véase Bocco, 1991) y habían intensificado durante la última década.

A propósito del sector de la burguesía agraria que había liderado esta reestructuración (unos 1.000 grandes propietarios del 60% de la tierra, con 2.500 a 5.000 ha cada uno), Pucciarelli y Castellani (1998: 69) ya habían afirmado a fines de los noventa que "las nuevas inversiones, los cambios tecnológicos y la adopción de la agricultura deben haber generado un sustancial aumento del valor de la producción en los grandes establecimientos. Aumento del valor que, si tenemos en cuenta la evolución del mercado, obedece mucho menos a la elevación de precios que al aumento de los rendimientos físicos y económicos. Aumentos que han modificado seguramente el papel que la renta había jugado tradicionalmente en la composición del beneficio global del productor. La ganancia

---

[71] Mediante la siguiente jerga radicalizada, por ejemplo, realizaba por entonces su legitimación de la burgesía el futuro ministro de economía Kicilloff: "Los dueños de las mejores tierras (como las de la Argentina) se quedan con esa diferencia que no se debe a la inversión ni al esfuerzo sino a condiciones naturales" y concluía que "Es falso entonces que las retenciones impliquen una confiscación de la ganancia legítimamente obtenida por los inversores, como en cualquier negocio" (*Página 12*, 30/3/08). La asimilación de la burguesía agraria a la vieja oligarquía que subyace a esta apología de la burguesía (y que subyace también a análisis del conflicto como el de Basualdo y Arceo, 2009) sería la base del discurso kirchnerista durante el conflicto (para una interesante crítica, véase Giarracca, 2010).

se halla ahora mucho más estrechamente asociada a la innovación de métodos y a la inversión de capital que a la renta de la tierra, en un contexto que ya no premia como antaño con mejores precios las ventajas naturales del suelo pampeano". Los *pools de siembra*, que alcanzarían el estrellato durante el conflicto agrario de 2008, no son sino el resultado más acabado de las empresas capitalistas agrarias resultantes de ese proceso de reestructuración.

Pero este análisis de la naturaleza del conflicto agrario de 2008 sería incompleto si no revisáramos las principales posiciones adoptadas ante él. El gobierno intentó presentar esta disputa entre distintas fracciones de la burguesía alrededor de la apropiación de la renta agraria como una disputa sobre la distribución de la riqueza entre el pueblo y la oligarquía, mediante el argumento de que el aumento de las retenciones apuntaba a contener el aumento de los precios de los alimentos porque los desvinculaba de los precios internacionales.[72] Y además, empleó subsidiariamente otros tres argumentos: que la movilidad de las retenciones reducía la incertidumbre que afectaba a la inversión agraria a raíz de las grandes fluctuaciones de los precios internacionales, que la diferencialidad de las retenciones reducía el incentivo a producir soja y revertía la *sojización* y que el incremento en la recaudación derivado del cambio del régimen de retenciones se destinaría a gastos sociales. En principio, ninguno de estos argumentos era disparatado desde un punto de vista técnico-económico, pero todos eran no menos falsos desde un punto de vista político.[73]

---

[72] Los considerandos de la resolución 125/08 solo contenían "que los precios internacionales de cereales y oleaginosas han registrado un significativo aumento en los últimos años, con una elevada volatilidad de sus tasas de variación interanual" y "que la persistencia de un escenario semejante podría repercutir negativamente sobre el conjunto de la economía a través de mayores precios internos, menor equidad distributiva y una creciente incertidumbre en lo que respecta a las decisiones de inversión del sector agropecuario". Pero durante su anuncio Lousteau agregó un tercero: "Se pretende un mayor equilibrio hacia el interior de la actividad agropecuaria", es decir, revertir la denominada *sojización* (*La Nación*, 12/3/08). Y la presidenta agregó un cuarto argumento cuando anunció la creación por Decreto 904/08 del "Programa de Redistribución Social" para la construcción de hospitales, viviendas y caminos con la recaudación extra aportada por las retenciones móviles (*La Nación*, 10/6/08).

[73] En este sentido, es interesante recordar que un grupo de conocidos economistas "comprometidos con la reindustrialización y un modelo de crecimiento con empleo, distribución equitativa de la riqueza e inclusión social" avaló estos argumentos en una solicitada sintomáticamente titulada *Los economistas rechazamos el lock out*. Véase *economistascontralockout.blogspot.com* (véanse también los artículos de los economistas del CENDA de la UBA en *Le monde diplomatique* 107 y en el citado dossier del Suplemento Cash de *Página 12*, 30/3/08).

En efecto, un aumento de las retenciones hubiera podido desvincular en mayor medida aún algunos precios internos respecto de los internacionales y, en consecuencia, tendido a desacelerar el aumento de esos precios. Pero esta no era la finalidad perseguida por el aumento de las retenciones. Las retenciones inciden mucho más escasa e indirectamente sobre los precios de los productos que componen la canasta familiar que otros instrumentos antiinflacionarios. La producción de soja y girasol y sus derivados está decididamente orientada hacia la exportación: se exportaban 6,3 de los 7,2 millones de toneladas del aceite de soja y 1,4 de las 1,7 millones de toneladas del aceite de girasol que se producían. La soja, el girasol y sus derivados no son productos importantes dentro de la canasta familiar doméstica. Más aún, dentro del alza generalizada de los precios internacionales de los alimentos que venía registrándose desde mediados de la década, los precios del trigo y el maíz, que son productos mucho más importantes dentro de la canasta familiar, habían aumentado en mayor proporción que los precios de la soja y el girasol y, sin embargo, el gobierno aumentó las retenciones a las exportaciones de aquellos mientras que redujo (aunque levemente) las retenciones a las exportaciones de estos últimos.[74] El componente exógeno, además, es solo un componente de la inflación doméstica, junto con otros endógenos mucho más determinantes. La privilegiada ubicación de la tasa de inflación doméstica de entonces entre las dos o tres más altas del mundo no se explicaba, en otras palabras, por los aumentos de los precios internacionales de los alimentos. Y, en cualquier caso, hay otros instrumentos que actúan mucho más directamente sobre el alto costo de la canasta familiar, como la desgravación de los productos y servicios de consumo masivo.

Sin embargo, los otros tres argumentos eran mucho más endebles aún. Algunos analistas afirmaron que la supresión de la volatilidad de los precios internacionales hubiera incidido sobre los mercados de futuros y los sistemas de comercialización y acopio. Esto es probable, pero en cualquier caso, la burguesía agraria dejó en claro que prefería seguir rigiendo sus decisiones de inversión por rentas mayores aunque fluctuantes, a

---

[74] Entre 2005 y 2008, los precios internacionales del trigo y del maíz aumentaron el 28,6% y el 25,7% contra un aumento del 24,8% del precio del aceite de soja y un descenso del precio del aceite de girasol del 7% (según datos del *World Economic Outlook* del FMI). La 125/08 aumentó las retenciones a la soja del 35% al 44,1% y al girasol del 32% al 39,1% promedio, mientras que redujo las del trigo del 28% al 27,1% y del maíz del 25% al 24,2%.

pesar de la incertidumbre, que por rentas fijas aunque menores. Y el argumento pronto fue archivado. Nadie consideró en serio la repentina preocupación del gobierno por la ecología o la soberanía alimentaria amenazadas por la *sojización*, dejando de lado el hecho de que incentivar la producción de trigo y maíz reduciendo las retenciones a su exportación hubiera resultado contradictorio con aquella supuesta intención de contener los precios de la canasta familiar. Y mucho menos creible resultó la ocurrencia de último momento de que la recaudación derivada del cambio del régimen de retenciones se destinaría a gastos sociales.

Algunas fuerzas progresistas o incluso de izquierda, ciertamente, se alinearon detrás del presunto gobierno popular en su disputa con la presunta oligarquía. Sin embargo, en los hechos, la dicotomía entre el *campo* y el *gobierno* no hizo sino invisibilizar el hecho de que ninguno de los dos bandos en pugna estaba dispuesto a cuestionar el agronegocio sojero y sus consecuencias sociales y ambientales, de cuya extraordinaria rentabilidad era beneficiaria inmediata la burguesía agraria, pero de cuyas exportaciones dependían los equilibrios cambiarios y fiscales del gobierno. Teubal y Palmisano señalaron corectamente, en este sentido, que "ninguno de los protagonistas del conflicto cuestionó seriamente el modelo sojero en sí, esto es, el modelo de la soja transgénica impulsado por intereses asociados a grandes empresas que conforman el sistema de los agronegocios del país (2010: 194).

En cambio, otras fuerzas provenientes del espectro progresista o de izquierda se sumaron a las fuerzas de la oposición de derecha, en una mancomunada defensa de los ingresos de la burguesía agraria. Algunas, en nombre de presuntos campesinos; otras, en nombre de los peones rurales y los chacareros.[75] Sin embargo, los campesinos realmente existentes, que sobreviven en las economías regionales extrapampeanas, en el mejor de los casos, eran ajenos a esta producción extensiva de cereales y oleaginosas para la exportación y, en el peor, eran sus primeras víctimas, en la medida en que venían perdiendo sus tierras con la expansión de la frontera agraria que dicha producción impulsaba. Y, en los hechos, una serie de movimientos campesinos venían enfrentando esta expansión de la frontera agraria desde los noventa (véanse Giarraca, 2008 y Domínguez

---

[75] Nos referimos, respectivamente, a fuerzas provenientes del maoísmo (como el PCR, véase *Hoy* 1208, 19/3/08) y del trotskysmo (como el MST, véase *Alternativa Socialista* 472, 3/4/08).

y Sabatino, 2008).[76] Los pequeños y medianos productores pampeanos de cereales y oleaginosas, por su parte, no eran campesinos sino granjeros que logran vivir de rentas y/o ganancias integrándose de manera subordinada a la moderna producción capitalista agraria pampeana, o se arruinan cayendo afuera de ella.[77]

La invocación de los peones tampoco venía a cuento, pues en ningún momento sus intereses habían estado en juego durante el conflicto y, ciertamente, ni la burguesía agraria grande ni la pequeña, que clamaban por su renta, había sumado sus demandas a las suyas. Esto a pesar de que los aproximadamente 1.300.000 trabajadores asalariados rurales (un 10% de ellos en la región pampeana) integran uno de los sectores más castigados de la clase en cuanto a precariedad (75% de empleo en negro) y salarios ($1.500 promedio, en marzo de 2008) (Neiman, 2008). En cambio, la invocación de los chacareros de la FAA venía más a cuento porque, como ya dijimos, estos desempeñaron un papel relevante durante el conflicto: el papel de la infantería al mando de los generales de la SRA. Pero menos a cuento venía que fuerzas de izquierda convocaran a apoyar a esta infantería. No hay razón estratégica alguna que prescriba a fuerzas de izquierda apoyar las demandas de apropiación de plusvalor en concepto de renta o ganancia de estos sectores pequeños o medianos de la burguesía agraria (ni de ninguna otra de las fracciones de la burguesía), aún cuando estuvieran disputando dicho plusvalor con los grandes. Y para peor, en el conflicto que nos ocupa, estos sectores pequeños y medianos de la burguesía agraria ya se habían subordinado a los grandes en su demanda conjunta de apropiación de una porción mayor de plusvalor frente al estado y otras fracciones de la burguesía, de manera que ni

---

[76] Véanse los comunicados "Algunas memorias ante las protestas del 'campo argentino'", del Movimiento Campesino de Santiago del Estero, y "A propósito del paro agropecuario", del Movimiento Campesino de Córdoba, del 20/3. Ambos son integrantes del Movimiento Nacional Campesino Indígena, aunque también el Frente Nacional Campesino se pronunció en contra de la burguesía agraria. Las posiciones de estos movimientos también se plasmaron parcialmente en el comunicado del Frente Popular Darío Santillán "Tierra, trabajo y soberanía alimentaria para todo el pueblo", del 25/3, aunque mezcladas con posiciones de la FAA.

[77] Las características de la estructura agraria pampeana fueron motivo de controversia. Para una reseña de los debates sobre concentración y centralización de la tierra (particularmente entre O. Barsky y A. Pucciarelli, por una parte, y E. Basualdo y M. Khavisse, por otra) puede consultarse Barsky (1997).

siquiera podían esgrimirse razones tácticas. La única razón que quedaba era un penoso oportunismo.[78]

Ahora bien, hasta el 9 de junio de 2008, el kirchnerismo narró un originalísimo relato alrededor del primer impuesto de la historia que un gobierno aumentaba sin fin recaudatorio alguno; pero ese día, la presidenta corrigió el relato por cadena nacional: en realidad, se recaudarían unos USD 1.300 millones extra, que supuestamente serían destinados a hospitales, viviendas y caminos (*Clarín*, 10/6/08). Y también el expresidente se sinceró, unos días después: "Si se suspenden las retenciones, ¿con qué vamos a pagar la salud, los hospitales, las obligaciones externas de los argentinos?" (*La Nación*, 4/7/08). A la luz de los montos a los que ascendían los vencimientos de deuda externa para 2008 y 2009, así como de los anuncios de pago de la deuda con el Club de París y de renegociación con los *hold-outs* realizados antes del recrudecimiento de la crisis financiera mundial, acaso el expresidente se había sincerado demasiado. En efecto, los vencimientos de deuda para 2008 y 2009 ascendían entre USD 15 y 16.000 millones anuales.[79] Y se estimaba, a mediados de año, que el gobierno solo pagaría una parte de esos montos, mientras que intentaría refinanciar otra parte en el mercado financiero doméstico (vendiendo compulsivamente bonos a la ANSES y las AFJP) y otra parte en los internacionales. Esta necesidad de regresar a los mercados financieros internacionales condicionaba a su vez los anuncios de pagar la deuda pendiente con el Club de París (con USD 6.700 millones de reservas de

---

[78] Hay que reconocer, sin embargo, que no todas las fuerzas de izquierda cayeron en estos errores. Algunas organizaciones sociales y políticas sostuvieron posiciones que, con múltiples matices, apuntaron a preservar la independencia política de la clase trabajadora, como algunos otros partidos trotskystas (PO, PTS, MAS), el FPDS, etc. Y hubo dos solicitadas con cierta circulación, "Ni con el gobierno ni con las entidades patronales 'del campo'" (en *Página 12*, 23/5/08) y "Otro camino para superar la crisis" (en varios sitios web y extractos en *Página 12*, 30/5/08), firmadas por varios intelectuales, militantes y organizaciones sociales y políticas, en el mismo sentido.

[79] Más precisamente USD 11.341 y 11.202 millones por amortizaciones, 4.287 y 3.960 por intereses y 503 y 207 por cupones atados al PBI, respectivamente, para ambos años (*Infobae*, 4/8/08). Barsky afirma en este sentido, correctamente, que "la intencionalidad de las medidas era exclusivamente fiscal, ya que se aspiraba a incorporar fondos importantes para financiar años futuros con fuertes vencimientos y carencia de financiamiento internacional" (2013: 348).

libre disponibilidad del BCRA, como se había cancelado la deuda con el FMI en diciembre de 2005; véase *Clarín,* 3/9/08) y de volver a negociar con los *hold-outs* (los USD 31.000 millones que no habían entrado en canje realizado a comienzos de 2005; véase *La Nación,* 22/9/08). El recrudecimiento de la crisis financiera mundial en octubre, de todas maneras, modificaría este escenario. La ANSES no dejaría se ser saqueada. Pero esa colocación compulsiva de deuda en las quebradas AFJP se revelaría como inviable, de manera que estos fondos de pensión serían estatizados para someter a sus fondos al mismo saqueo que los restantes fondos de la ANSES. Y también la colocación de deuda en los mercados financieros internacionales se revelaría como inviable, de manera que lo único que el estado acabaría colocando en esos mercados financieros internacionales serían las aleccionadoras palabras de su presidenta.

Pero es importante no perder de vista que estos vencimientos de deuda no eran las únicas presiones ejercidas sobre el presupuesto y, por ende, sobre la recaudación pública. En realidad, esos vencimientos de deuda de 2008 y 2009 no representaban un porcentaje creciente del producto. Después de concluida la mayor parte de la reestructuración de la deuda en manos privadas, a fines de 2005, los servicios de la deuda siempre oscilaron entre un 6% y un 8% del PBI. En cambio, los subsidios económicos, la partida más dinámica del gasto, venían duplicándose en términos absolutos año tras año desde 2005 y venían aumentando en términos relativos su peso sobre el producto.[80] Señalamos esto para evitar que se interprete aquella intención recaudatoria involucrada en el conflicto agrario, de una manera reduccionista, en términos de una intención de redistribuir ingresos desde la fracción agraria hacia la fracción financiera de la burguesía. En realidad, en esa puja por la apropiación de la renta agraria, era la capacidad del estado de arbitrar entre los intereses de las distintas fracciones de la burguesía en su conjunto la que estaba en juego. Una capacidad que comenzaba a verse erosionada por la pérdida de

---

[80] Los subsidios habían ascendido de $3.478 millones en 2005 a $6.486 millones en 2006, $14.626 millones en 2007 y ascenderían a $30.908 millones en 2008, a $33.305 millones en 2009, y seguirían ascendiendo desde entonces. Desde 2005, mientras el peso del servicio de la deuda externa sobre el producto no tendió a aumentar (9,4% en 2005, 8% en 2006, 7,9% en 2007, 6% en 2008, 7,5% en 2009, y así sucesivamente), el peso de los subsidios económicos sobre el producto tendió claramente a aumentar (0,7% en 2005, 1% en 2006, 1,8% en 2007, 3% en 2008, y así sucesivamente, según datos del IERAL).

los superávits fiscales iniciales. Los superávits fiscales primarios, que se habían ubicado en promedio en un 3,3% entre 2003 y 2008, ya se habían convertido en déficit en 2009, si descontamos el financiamiento de la ANSES y el BCRA.[81] Ni este déficit fiscal ni los subsiguientes eran alarmantes. Pero si atendemos a la centralidad que reviste ese arbitraje entre intereses dentro del modo de dominación propio del kirchnerismo durante la década y, a la vez, a la dependencia de dicho arbitraje respecto de los recursos fiscales, podemos entender la importancia que tiene esta erosión de los superávits fiscales iniciales que se registraba. Más adelante, en la segunda parte, volveremos sobre este punto. Asumamos provisoriamente, por ahora, que esta disputa por la apropiación de la renta, en la medida en que cuestionaba su capacidad de arbitrar entre los intereses de las distintas fracciones de la burguesía, representó un desafío político decisivo para el kirchnerismo. Y examinemos, a continuación, sus consecuencias a corto y mediano plazo.

---

[81] En 2009, ya el superávit primario del 1,5% se convierte en un déficit del -0,4% restando dicho financiamiento. Y vale aclarar que este déficit no fue un resultado de la recesión, sino de una tendencia previa: en 2010, con un 9,2% de crecimiento del PBI, el superávit primario del 1,7% se reduciría a un déficit de -0,3%; en 2011, con un crecimiento del 9,2%, el superávit primario del 0,3% se reduciría a un déficit de -0,9%; y en 2012, con un crecimiento del producto del 8,9%, el déficit primario de -0,2 se incrementaría a un 1,1% sin aquel financiamiento interno (según datos del IERAL).

Capítulo 5. La crisis política de 2008-2009

Analicemos ahora las consecuencias del conflicto agrario de 2008. Recordemos que estamos ante una disputa entre distintas fracciones de la burguesía alrededor de la apropiación de la renta agraria. Pero como ya dijimos, esto no quiere decir que se haya tratado de un enfrentamiento entre una fracción agraria (representada por las organizaciones corporativas de la burguesía agraria) y otra fracción financiera (representada, por caso, por los organismos financieros internacionales). El arbitraje entre las distintas fracciones de la burguesía que la administración de Kirchner había intentado sostener durante el lustro anterior y que entró en crisis en el conflicto con la burguesía agraria era más complejo. Esto es así, en primer lugar, porque las fracciones de la burguesía realmente existentes se definían de una manera más compleja (la agroindustria e, incluso, parte de la banca se alinearon con la burguesía agraria, las empresas privatizadas o concesionadas solían a su vez alinearse con la burguesía financiera, etc.).[82] Y, en segundo lugar, más importante aún en este contexto, porque los intereses del agro y las finanzas no eran los únicos en juego en el conflicto (los vencimientos de deuda externa presionaban sobre el presupuesto, como dijimos, pero también los subsidios económicos y otros factores). El conflicto interburgués de 2008 involucró, en este sentido, la primera desarticulación generalizada del bloque en el poder que se había rearticulado a la salida de la crisis económica y

---

[82] Y esto es así, no solo por las transformaciones del aparato productivo resultantes del proceso de reestructuración capitalista de los noventa, que modificaron las posiciones de los capitales en la competencia que constituyen a su vez el sustrato económico de la formación de fracciones y de la emergencia de conflictos entre dichas fracciones, sino también por los alineamientos políticos de estas fracciones ante el estado (para una conceptualización de esta problemática, véase Bonnet, 2012).

política que había culminado a fines de 2001.[83] Más adelante, en el capítulo once, volveremos sobre la unidad y los conflictos de este bloque en el poder.

La otra precisión que debemos añadir es que, si bien en un comienzo la decisión del gobierno de cambiar el régimen de retenciones persiguió básicamente un objetivo recaudatorio, como también dijimos, a partir de cierto momento del desarrollo de su conflicto con la burguesía agraria la insistencia del gobierno en su decisión pasó a responder a razones predominantemente políticas. La diferencia entre ambos regímenes de retenciones hubiera involucrado, a los precios internacionales de las oleaginosas de ese momento, un aumento de la recaudación de unos USD 1.500, digamos, contra vencimientos de deuda de unos USD 16.000 o un gasto público total de unos 60.000 millones para 2008. Esa cifra, aunque significativa, no compensaba ni los costos económicos ni los costos políticos del conflicto. La insistencia del gobierno en su decisión de imponer las retenciones móviles, a partir de cierto momento, pasó a responder a su objetivo de imprimir una suerte de derrota aleccionadora al *lock out* agrario.[84] Pero incluso dejando de lado el fracaso que coronó esta insistencia, su decisión era disparatada desde el punto de vista de la propia política burguesa. El gobierno kirchnerista intentó imponer, no una derrota política aleccionadora a la clase trabajadora con amplio respaldo de la burguesía (como en el caso del gobierno menemista, por ejemplo, cuando la huelga ferroviaria de 1990-92), sino una derrota política aleccionadora a una fracción de la burguesía sin apoyo significativo alguno de las restantes fracciones de esa burguesía y en su propio beneficio político. Y la burguesía en su conjunto, en particular aquellas fracciones que inicialmente habían apoyado las retenciones móviles, como otros sectores de la burguesía industrial representada por la UIA, que ya a fines de marzo comenzaron a distanciarse del gobierno (véase Coviello, 2014), acabó condenando este exceso de autonomía y exigiendo una y otra vez que el gobierno se sentara en la mesa de negociaciones.

---

[83] Nos referimos a la rearticulación del bloque en el poder después de los conflictos interburgueses registrados durante los últimos años de la convertibilidad, conflictos popularizados en su momento como pugnas entre *dolarizadores* y *devaluadores* (aunque esta conceptualización era inadecuada: véanse, en este sentido, los trabajos reunidos en la segunda parte de Bonnet y Piva, 2009 y Salvia, 2012).

[84] Un diario puso en boca del expresidente una frase que sintetizaba este objetivo: "Los voy a poner de rodillas" (*Crítica de nuestro tiempo*, 4/5/08). El resultado fue la genuflexión del expresidente.

Veamos, ahora sí, las consecuencias del conflicto agrario. La propia ruptura del bloque en el poder, con la defección de las fracciones burguesas vinculadas directa o indirectamente con la producción agraria y agroindustrial (ante una actitud, insistimos, más bien pasiva de sus restantes fracciones), es la primera dimensión de la crisis política que desencadenó el conflicto. Aunque, como veremos, esta ruptura del bloque no alcanzó a expresarse plenamente en la organización de una alternativa política al kirchnerismo, se expresó como una profunda crisis política suya. El conflicto, en primer lugar, impactó duramente en las propias filas del gobierno. Desató una crisis de Gabinete que cargó sucesivamente con el ministro de Economía de entonces, Lousteau, el ministro de Interior, Fernández, que había sido un hombre clave de ambas administraciones kirchneristas, y el secretario de Agricultura, Javier de Urquiza.[85] Enfrentó además a varios gobernadores provinciales justicialistas con el gobierno nacional (a Schiarretti, pero también, menos ruidosamente, a Uribarri, Colombi, Jaque, Gioja, Brizuela del Moral, Herrera, Das Neves) y muchos de los intendentes y consejales justicialistas del interior de las provincias de Buenos Aires, Córdoba y Santa Fe. Y partió los bloques parlamentarios oficialistas. Las retenciones se impusieron entre los diputados por una ajustada mayoría de 129 contra 122 votos, para caer entre los senadores tras un empate en 36. En ambos casos, el kirchnerismo no contó con los votos de varios representantes del PJ e incluso del Frente para la Victoria (15 diputados y 13 senadores) y de varios de sus aliados (del Frente Cívico y Social de Catamarca, de la Concertación, del Movimiento Popular Neuquino y del Frente Cívico de Santiago del Estero) (*Perfil*, 5 y 16/7/08). La coalición de gobierno, para finalizar, se rompió después del voto en contra del vicepresidente Cobos, en el Senado.

---

[85] El conflicto agrario originó la primera crisis de Gabinete del gobierno de Fernández de Kirchner: además de estas renuncias, en noviembre de 2008 se creó el Ministerio de Producción y se designó a su cargo a Débora Giorgi. Este ministerio reunía las Secretarías de Agricultura, Ganadería y Pesca y de Industria, Comercio y de la Pequeña y Mediana Empresa, ambas provenientes del Ministerio de Economía; y de Turismo, proveniente de la presidencia. Pero en octubre de 2009, la primera alcanzaría el rango de ministerio (con Julián Dominguez a cargo) y en julio de 2010 sucedería lo mismo con esta última (con Enrique Meyer a cargo), el remanente Ministerio de Industria quedó a cargo de la citada Giorgi.

El conflicto, en segundo lugar, abonó el terreno para la organización de alguna alternativa de recambio del kirchnerismo, desde afuera o desde adentro del justicialismo. Tanto las oposiciones peronistas como las no-peronistas llevarían desde entonces la impronta del conflicto agrario.[86] El mencionado voto en contra de Cobos abrió la posibilidad de cierta recuperación de la alicaída y dividida UCR y de su integración en una coalición opositora de centroizquierda con el Partido Socialista, de Binner, y la Coalición Cívica, de Carrió. Y más probable aún era la integración de una coalición opositora de derecha, pues el hecho de que no hubiera sido un ascenso de las luchas de la clase trabajadora, sino una avanzada reaccionaria de ciertas fracciones de la burguesía el factor desencadenante de la crisis del kirchnerismo pugnaba por expresarse como un giro hacia la derecha dentro del sistema de partidos. Finalmente, la crisis política parecía anunciar un escenario característico dentro de la historia política argentina reciente en el que, después de años a cargo, un gobierno desgastado parecía comenzar a perder iniciativa y consenso y encaminarse hacia una derrota en las siguientes parlamentarias y un recambio en las posteriores presidenciales. Y todas estas posibilidades se materializarían parcialmente durante los meses que se extendieron entre mediados de 2008 y fines de 2009 o comienzos de 2010 y, particularmente, en los resultados de las elecciones parlamentarias de junio de 2009. Pero a mediano plazo, las cosas sucederían de otra manera.

En efecto, en las elecciones parlamentarias realizadas en junio de 2009, es decir, a un año de concluido en conflicto agrario, parecieron comenzar a materializarse esas posibilidades. Las elecciones fueron precedidas por un creciente deterioro de la imagen del gobierno, constatado en todas las encuestas, mientras que tanto la oposición como el propio gobierno asumían las elecciones por venir como un plebiscito sobre su

---

[86] El impacto político más inmediato del conflicto agrario en el plano electoral fue, en realidad, el acceso de cuadros representativos de la burguesía agraria al Parlamento. En efecto, después de la derogación de las retenciones móviles, la burguesía agraria impulsó nuevos paros y actos (octubre de 2009, febrero-marzo de 2009) e intensificó sus contactos con diversas fuerzas políticas de la oposición peronista y no-peronista, ubicando candidatos en las listas radical-socialistas, macristas y peronistas-disidentes de diversas provincias, obtuvo 13 diputados y una senadora propia (véase Castro García, Comelli y Palmisano 2010). Pero aquí nos interesan más sus impactos a mediano y largo plazo.

gestión cuyo resultado podría forzar incluso un recambio anticipado.[87] Este clima indujo dos maniobras preelectorales. Por una parte, algunos dirigentes opositores en cargos ejecutivos anunciaron un adelantamiento de las parlamentarias en sus distritos para consolidar dicho clima y, a su vez, el gobierno respondió adelantándolas a nivel nacional de octubre a junio. Así, Brizuela del Moral, el gobernador *radical k* convertido en opositor durante el conflicto agrario, adelantó las elecciones en Catamarca para marzo y sus candidatos ganaron cómodamente. Luego, Macri anunció el adelantamiento de las elecciones en la Ciudad de Buenos Aires para junio, y las encuestas descontaban que sus candidatos se impondrían en ellas. Y Binner se preparaba para adelantarlas en Santa Fe. Entonces, el gobierno respondió adelantándolas a nivel nacional, también para junio.[88] Y, por otra parte, se lanzaron las denominadas *candidaturas testimoniales*. Algunos dirigentes de la oposición renunciaron a sus cargos para poder presentarse como candidatos en las elecciones, como Gabriela Michetti, que renunció a su cargo de vicejefa de gobierno de Macri para ser candidata a diputada del PRO en la Ciudad de Buenos Aires; y Felipe Solá, que renunció a su cargo de diputado para volver a presentarse como candidato a diputado de la provincia de Buenos Aires, pero del peronismo antikirchnerista. Pero el gobierno volvió a responder generalizando la maniobra: el expresidente Kirchner, el gobernador de Buenos Aires, Scioli, el jefe de Gabinete, Massa y una cohorte de intendentes kirchneristas, especialmente, del Gran Buenos Aires, decidieron encabezar sus respectivas listas de legisladores.

---

[87] La ocasión sería aprovechada por el kirchnerismo para insistir en su chantaje de una elección entre el orden kirchnerista y el caos del 2001 (entre quienes "habían sacado a la Argentina del infierno" y la "vuelta al infierno" que acarrearía un "triunfo de la máquina de impedir", en palabras de Kirchner en el acto realizado en La Plata el 14/5/09; véase Pascual, 2009). La asimilación de la situación de 2001 al mero caos no era nueva (recuérdense, por ejemplo, las referencias al "abismo" y al "infierno" de los anteriores discursos de Kirchner en los inicios de sesiones de 2006 y 2007), pero a la vez, era precisamente la profundidad de esta crisis política la que operaba como condición de posibilidad de esta recuperación del discurso de la gobernabilidad. Más adelante volveremos sobre este punto.

[88] Esta última maniobra consistió en la suspensión (mediante la Ley 26.495, aprobada en el Congreso en marzo) de un artículo del Código Electoral que había impulsado el propio Kirchner en 2004 y que fijaba la realización simultánea de todas las elecciones parlamentarias el cuarto domingo de octubre.

El resultado de las elecciones fue adverso al gobierno, aunque ciertamente no alcanzó la dureza que habían tenido las sanciones contra el gobierno menemista en las parlamentarias de 1997 (47% para la Alianza contra 36% para el PJ) ni contra el alfonsinista en las de 1987 (41% para el PJ contra 37% para la UCR) debido a la dispersión del voto opositor. El resultado fue, prácticamente, un empate entre dos principales minorías. El Frente para la Victoria se impuso con un 31,2% de los votos contra un 30,7% del Acuerdo Cívico y Social. El PRO y el PJ opositor se ubicaron en el tercer lugar con un 18,7% y el PJ disidente en el cuarto con un 8% y el centro-izquierda restante en el quinto con otro 5,2% (según cifras de *Clarín*, 30/6/09). Este empate, sin embargo, consistía en un resultado desfavorable para el gobierno. El oficialismo había perdido unos 15 puntos respecto de las presidenciales de 2007. Sus candidatos perdieron en todos los principales distritos (en la Ciudad y en la provincia de Buenos Aires, en Córdoba y en el empate ajeno de Santa Fe) y en la mayoría de los restantes (incluida Santa Cruz).[89] Entre las ocho provincias en las que se eligieron senadores, en particular, sus candidatos solo pudieron imponerse en tres (Tucumán, Chubut y La Pampa, véase *Página 12*, 29/06/09). No pudo entonces conservar 4 de las bancas que renovaba en Senadores ni 20 de las que renovaba en Diputados, y perdió la mayoría en ambas cámaras.

La crisis política del kirchnerismo, iniciada en el conflicto agrario, se expresó así como un retroceso suyo en las urnas. Y también, se expresó la tendencia, disparada por dicho conflicto, hacia la organización de alternativas de recambio ante el kirchnerismo, tanto desde afuera como desde

---

[89] El kirchnerismo fue derrotado en Buenos Aires por el peronismo antikirchnerista (34,7 contra 32,2%), fue desplazado al cuarto lugar en la Ciudad de Buenos Aires (donde se impuso el macrismo con un 31,2%) y quedó diluido en medio de una disputa entre distintas fuerzas hostiles en Córdoba (donde los seguidores de Juez se impusieron con un 30,65% sobre los seguidores de De La Sota y los radicales) y en Santa Fe (donde peronistas no kirchneristas y socialistas empataron con un 40%, cada uno). El informe post electoral de Nueva Mayoría se detenía en este punto: "El oficialismo perdió en 6 de los 7 principales distritos, que equivalen, los 6 juntos, al 71% del padrón electoral nacional" (Nueva Mayoría, 29/06/09; los distritos en cuestión incluyen los cuatro antes citados más Mendoza, Tucumán y Entre Ríos). Agreguemos que estas elecciones generales de 2009 fueron las primeras precedidas por la realización de las elecciones primarias abiertas, simultáneas y obligatorias (PASO) en los distintos partidos previstas por la Ley Electoral 26.571/09, pero sus resultados no incidieron significativamente en los resultados generales (véase D'Alessandro, 2013).

adentro del justicialismo. Los dos espacios políticos en ascenso, el Acuerdo Cívico y Social (la CC de Carrió, el PS de Binner, el sector de la UCR liderado por Cobos), por una parte, y Unión-PRO (el acuerdo entre el PJ opositor y el PRO) fueron expresión de esa tendencia. Pero también en este punto, este proceso de organización de una alternativa de recambio era menos avasallador que, por ejemplo, el proceso de conformación de la Alianza entre la UCR y el FrePaSo contra el menemismo en 1997. El oficialismo alcanzó aquel empate y no fue abiertamente derrotado a escala nacional gracias, precisamente, a la división de la oposición.[90] Y, si bien la orientación predominantemente conservadora del voto opositor permitía imaginar ciertas afinidades dentro de esa oposición, la incapacidad del Acuerdo Cívico y Social y de Unión-Pro de integrarse en una alianza opositora única e incluso de arrastrar detrás suyo al conjunto de las oposiciones no-peronista y peronista, respectivamente, seguía siendo un dato relevante. En verdad, el sistema de partidos nunca se había recuperado de la crisis de representatividad de 2001 y, en particular, el arco partidario opositor nunca había logrado erigirse en una alternativa desde las presidenciales de 2003. Pero más adelante, en el último capítulo, volveremos sobre este punto. Digamos, por ahora, que este resultado de las elecciones de 2009 puso en evidencia tanto el retroceso del kirchnerismo como las dificultades de la oposición para erigirse en una alternativa.

Ahora bien, este resultado de las parlamentarias de 2009 y, en términos más amplios, esta coyuntura de 2008-2009 de pérdida de consenso del kirchnerismo combinada con incapacidad de la oposición de plantearse como alternativa, podía conducir a distintos desenlaces. La recuperación del consenso alrededor del kirchnerismo era uno de esos desenlaces, un desenlace acaso improbable, pero no imposible. Y sabemos que, a mediano plazo, fue precisamente este el desenlace de la crisis política del kirchnerismo. Sin embargo, ninguna crisis política genera por sí misma su propio desenlace. Recordemos, por un momento, el caso extremo de la profunda crisis política que acabó con el alfonsinismo. La radical modificación de las relaciones de fuerza sociales impuesta a través de los procesos hiperinflacionarios de 1989-90 clausuró el alfonsinismo y

---

[90] Esto permitió al expresidente Kirchner sostener que en estas elecciones "no hubo grandes ganadores" (*Clarín,* 29/6/10), aunque sí hubo en los hechos un perdedor: el kirchnerismo (véase, en este sentido, Pascual, 2009).

estableció las condiciones de posibilidad para la constitución de una nueva hegemonía neoliberal. Sin embargo, la articulación de esta hegemonía neoliberal por parte del menemismo no puede entenderse como un resultado automático de aquella alteración de las relaciones de fuerza o, en otras palabras, aquellos procesos hiperinflacionarios de 1989-90 podían haber desembocado en una salida política muy distinta y, en los hechos, otros procesos hiperinflacionarios latinoamericanos desembocaron en salidas políticas muy distintas. Tenemos que explicar entonces cómo, en nuestro caso, la crisis política de 2008-09 desembocó en una recuperación del consenso alrededor del kirchnerismo. Pero para hacerlo, es necesario detenerse un momento en las características que había revestido el propio deterioro de ese consenso, que se había expresado privilegiadamente en las parlamentarias de 2009.

Esa pérdida de consenso fue el resultado, fundamentalmente, de tres procesos interdependientes (véase Belkin y Piva, 2009). En primer lugar, del agotamiento desde 2007 del período inicial en el que un acelerado proceso de acumulación de capital había sido compatible con incrementos del empleo, del salario real y del consumo. Y este agotamiento, originado en una serie de restricciones impuestas por el modo de acumulación vigente sobre las que volveremos en los capítulos nueve y diez, confluyó poco después con las consecuencias, aunque moderadas, de la crisis financiera internacional sobre los niveles internos de actividad económica y de empleo, y afectó particularmente a los trabajadores más pobres. El agotamiento en cuestión comenzó a insinuarse ya a fines de 2006 y se volvió evidente en 2007, junto con los mencionados aceleramiento de la inflación e intervención del INDEC. Durante 2007, los salarios nominales aumentaron en promedio un 22,7%, mientras que las mediciones alternativas disponibles de la inflación mostraron un aumento de precios de entre un 22% y un 26%. Es decir que estaríamos ante un estancamiento o incluso una caída de los salarios reales. Durante 2008, los salarios nominales se incrementaron en promedio un 22,4%, mientras que las mediciones de inflación se situaron entre un 21% y un 24%.[91] Estaríamos,

---

[91] La inflación en 2007 y 2008 fue, según el IPC 7 Provincias del CENDA, del 25,8% y el 22%, respectivamente (según el IPC de San Luis, del 22% y 21%; según el IPC UBA (de Bevacqua y Salvatore), del 26% y 23%; según ECOLATINA, del 23,9% y 23,5%).

nuevamente, ante una caída o, en el mejor de los casos, un estancamiento de los salarios reales. Peor aún: los aumentos de los precios de las mercancías que integran las canastas que determinan las líneas de pobreza e indigencia fueron aún mayores que esos aumentos generales de los precios al consumidor, de manera que los índices de pobreza e indigencia comenzaron a aumentar.[92]

Estas tendencias al estancamiento del salario real y al aumento de la pobreza se mantendrían con posterioridad, lo que pondría en evidencia, retrospectivamente, que el año 2007 había sido un punto de inflexión en el período. Pero aquí hay que tener en cuenta, además, el mencionado agravamiento coyuntural de esta situación derivado del impacto de la crisis mundial sobre los niveles de actividad y de empleo, especialmente, desde fines de 2008. Según los datos difundidos por el INDEC, la tasa de desempleo ascendió al 8,8 % en el segundo trimestre de 2009 y al 9,1% en el tercero, es decir, registró aumentos de 0,8 y de 1,3 puntos respecto de iguales trimestres de 2008. Y este crecimiento fue enteramente atribuible a la destrucción de empleo, puesto que la tasa de actividad no sufrió variaciones entre ambas mediciones. La tasa de subempleo, a su vez, aumentó a un 10,6% en esos mismos dos trimestres de 2009, con aumentos de 2 y 1,4 puntos respecto de iguales trimestres de 2008. El desempleo y subempleo volvían a crecer así después de seis años consecutivos de caída.[93] Y también, estos desempleo y subempleo, como la inflación, golpearon especialmente los ingresos de los trabajadores más pobres: los empleados en el sector informal y los empleados en negro.

Esto parece explicar, en parte, el retroceso del kirchnerismo en las parlamentarias de 2009 y, en particular, su derrota en la provincia de Buenos Aires. Es decir, su derrota más significativa, debido no solo al peso de la provincia en el padrón electoral nacional, sino además al hecho de que la lista oficialista de candidatos a diputados había sido encabezada por el propio Kirchner, cuya estrategia electoral había sido transformar esas legislativas en un plebiscito sobre la política del gobierno

---

[92] Sobre el impacto de la inflación en el salario real, véase Fernández *et alii* (2010); sobre su impacto en la pobreza e indigencia, véase Garcette (2010).

[93] La relación entre este fenómeno y la crisis mundial puede observarse a través de la evolución de la inversión. La Inversión Bruta Fija (IBF) experimentó en el último trimestre de 2008 una caída interanual del 2,6%, la primera desde el cuarto trimestre de 2002, y en el primer trimestre de 2009 tuvo una segunda caída consecutiva, esta vez del 14,2%.

nacional. Después del conflicto agrario, dirigentes y analistas esperaban una pronunciada merma en el desempeño electoral del kirchnerismo en los distritos agropecuarios de la provincia, en los cuales había tenido una buena performance en las anteriores elecciones presidenciales. Pero la significativa novedad que selló la suerte del expresidente fue la pérdida a manos de la derecha de votos de los sectores más empobrecidos del conurbano bonaerense, que habían votado masivamente al FPV en las presidenciales de 2007.

En segundo lugar, contribuyó a aquella pérdida de consenso la tendencia a la ruptura de los sectores medios con un kirchnerismo que, como vimos, en sus primeros años en el poder había intentado articular el apoyo tradicional del peronismo en la clase trabajadora con el apoyo de los sectores medios urbanos. En efecto, desde fines de 2006 y, sobre todo, desde 2007, los sectores medios iniciaron un camino de alejamiento del gobierno. Este alejamiento se puso de manifiesto a propósito de varias iniciativas puntuales del gobierno, como su intento de introducir la reelección indefinida mediante la reforma constitucional misionera en octubre de 2006 y su citada intervención del INDEC de enero de 2007, que sembraron dudas en los sectores medios acerca del compromiso del gobierno con de denominada *calidad de las instituciones*.[94] Y, más tarde, se expresaría en el amplio triunfo de Macri en las elecciones para jefe de gobierno de la Ciudad de Buenos Aires de junio-julio de 2007 y en las derrotas sufridas por el Frente para la Victoria en varias de las principales ciudades del país, incluida esa misma ciudad capital, en las elecciones presidenciales de octubre del mismo año.[95]

Aunque no vamos a extendernos aquí sobre este punto, no podemos dejar de advertir acerca de los puntos de continuidad existentes entre

---

[94] El intento reeleccionista en cuestión consistió en la convocatoria a elecciones de convencionales por parte del entonces gobernador de Misiones, Carlos Rovira, para modificar la constitución provincial para poder introducir la reelección indefinida. Esta maniobra, apoyada por Kirchner, repercutió a nivel nacional porque era la punta de lanza para desencadenar un proceso semejante en las restantes provincias y, eventualmente, a escala nacional. Pero el gobernador fue derrotado en las elecciones.

[95] Macri se impuso con un 45,6% sobre un 23,7% de Filmus en la primera vuelta en junio y con un 64,25% sobre un 35,7% en la segunda vuelta en julio. Esta derrota kirchnerista en la ciudad fue particularmente significativa ya que en 2003, en alianza con el entonces jefe de gobierno Ibarra, se había impuesto con un apoyo electoral inédito para un candidato peronista: la confluencia de una porción del voto de los sectores medios con el voto peronista tradicional. Fenómenos como este, ciertamente, ponen en evidencia el alto grado de volatilidad del voto y de la propia opinión pública (véanse, en este sentido, Latinobarómetro y Mora y Araujo, 2011).

este distanciamiento de los sectores medios respecto del kirchnerismo y sus demandas, puestas de manifiesto con claridad durante el conflicto agrario, y la conducta de dichos sectores entre 1996 y 2001. Durante aquellos años de resistencia contra el menemismo, un conjunto de demandas comunes en materia de educación, justicia, transparencia de las instituciones, etc., tendieron a reunir a este conjunto heterogéneo y a incentivar su movilización colectiva. Sin embargo, muchas de esas demandas carecían de un significado político más o menos preciso –eran *significantes flotantes*, dirían Laclau y Mouffe (2006: 177 y ss.)– y su articulación con otras demandas podía darles tanto un carácter progresista como uno conservador. La disputa entre significados, implícita, se desarrollaría en el interior de los sectores medios y tendría como escenario, especialmente importante, a fines de 2001 a sus propias acciones de protesta. La persistencia de aquellas demandas compartidas, con su impreciso significado político, y el recurso a modalidades de protesta empleadas en aquellos años, como los cacerolazos, establecen puentes entre esta ruptura de los sectores medios con el kirchnerismo y aquella resistencia suya al menemismo. Pero en este caso, el giro hacia la derecha de estos sectores medios era indiscutible.

El conflicto agrario, en tercer y último lugar, fue decisivo en esta pérdida de consenso del kirchnerismo. Dicho conflicto, como vimos, quebró la unidad de la burguesía, movilizó a esos sectores medios urbanos detrás de su fracción agraria y conformó momentáneamente una unión de hecho de la oposición política dirigida por la derecha. En efecto, la burguesía agraria no solo logró movilizar en su apoyo a los sectores medios de los pueblos del interior, dependientes de la actividad agropecuaria, sino también a una porción considerable de los sectores medios de las grandes ciudades. El significado político de esta movilización de los sectores medios durante el conflicto, si bien en el discurso y en las manifestaciones de los *caceroleros* y de la mesa de enlace predominaron los cuestionamientos al estilo político del gobierno, estuvo determinado de hecho por la disputa interburguesa alrededor del excedente de la producción agropecuaria. La importancia que tuvo la articulación específica de las demandas de ambos grupos sociales en la definición del significado político de estas protestas se pone de manifiesto si volvemos a compararlas con las protestas de esos sectores en aquellas de las jornadas de diciembre de 2001. En aquella oportunidad, el *corralito* fue percibido como un "robo" a los ahorristas por parte del gobierno y la Banca. Y, en el contexto de los saqueos y las movilizaciones contra el estado de sitio y a través de una incipiente articulación con la lucha del movimiento piquetero, la lucha de los sectores medios contra ese *corralito* tendió a asumir, aunque no sin tensiones, el carácter progresivo de un enfrentamiento de los pequeños ahorristas contra el gobierno y la Banca. Durante los primeros meses de 2008, el establecimiento de retenciones móviles también fue denunciado por los "productores rurales" como un "saqueo" de sus bolsillos por parte del gobierno, pero la lucha de los sectores medios junto con estos "productores" no podía sino adoptar el carácter reaccionario de una colaboración en la defensa del derecho de propiedad de la burguesía sobre la tierra y el producto agrarios.[96]

Ahora que ya analizamos las características que revistió el deterioro del consenso alrededor del kirchnerismo durante la crisis política de 2008-09, pasemos a analizar de qué manera recuperó dicho consenso y alcanzó la reelección de la presidenta a fines de 2011.

---

[96] La defensa irrestricta de la propiedad privada de la tierra y por extensión del denominado producto de la tierra, es decir, del plusvalor apropiado en concepto de renta, es el principio ideológico supremo de la burguesía agraria argentina (véanse, por ejemplo, los estudios sobre las organizaciones corporativas de la burguesía agraria de Palomino, 1988 y 1989).

Capítulo 6. La recuperación y la nueva crisis: de 2010 en adelante

Decíamos antes que la coyuntura de 2008-09, caracterizada por una pérdida de consenso del kirchnerismo combinada con una incapacidad de la oposición de consolidarse como una alternativa, podía conducir a distintos desenlaces. Y también que su desenlace inmediato fue, en los hechos, una recuperación de ese consenso alrededor del kirchnerismo. Esto último constituyó un acontecimiento inédito en la historia política argentina reciente. En efecto, el kirchnerismo recuperó la iniciativa política, recompuso el consenso alrededor de su administración y terminó imponiendo la reelección de Fernández de Kirchner en las presidenciales de 2011. Ni la administración de Alfonsín ni siquiera la segunda administración de Menem habían podido recuperarse después de ser derrotadas, respectivamente, en las parlamentarias de 1987 y 1997. Debemos explicar este desenlace y, para hacerlo, debemos tener en cuenta esas características de la pérdida del consenso del kirchnerismo que acabamos de analizar.

A juzgar por la evolución de la imagen presidencial informada por diversas encuestas, la administración de Fernández de Kirchner comenzó a recuperar consenso entre fines de 2009 y comienzos de 2010, y esta recuperación se sostuvo hasta que se impuso en las elecciones de octubre de 2011 con el mayor porcentaje de votos obtenido por candidato presidencial alguno desde la recuperación de la democracia (esto es, un 54,1%, casi diez puntos por encima del 45,3% que había obtenido en las presidenciales de 2007).[97] Esta recuperación respondió, fundamentalmente, a

---

[97] Poliarquía indica que, a partir de su peor momento (en junio de 2008, con unos 20 puntos) la imagen presidencial ascendió levemente (entre julio de 2008 y febrero de 2009 rondó entre unos 28 y 30 puntos) y volvió a retroceder a partir de las legislativas (pasando de unos 27 a unos 19 puntos entre junio y noviembre de 2009). Pero luego, comenzó a recuperarse

que se revirtieron en cierta medida los mencionados mecanismos que
habían erosionado el consenso alrededor del kirchnerismo. En primer
lugar, 2009 había cerrado con un aumento del producto de apenas un
0,9% según cifras oficiales (o una caída de un -3%, según cifras alternativas más ajustadas a la inflación vigente), pero durante 2010 y 2011
volverían las altas tasas de crecimiento, no las *tasas chinas* del 9,2% y
8,9% oficiales, pero sí las igualmente altas tasas resultantes de restarles
unos 3 puntos a esos guarismos. Esta recuperación se cerraría ya en 2012,
donde el 2,2% de crecimiento del producto informado oficialmente volvería a indicar en realidad una nueva caída, pero después de las mencionadas presidenciales de octubre de 2011.

Esta recuperación, propiamente hablando, no revirtió el citado agotamiento de aquel período inicial en el que un acelerado proceso de acumulación había sido compatible con incrementos del empleo, del salario
real y del consumo, agotamiento registrado desde 2007, pero ayudó a
morigerar sus consecuencias para la clase trabajadora. Los salarios reales
continuaron estancados. Pero la recuperación del nivel de actividad volvió a reducir los niveles de desempleo y subempleo a los niveles previos
a la recesión. La tasa de desempleo comenzó a descender nuevamente, y
se situó ya en el primer trimestre de 2010 en un nivel inferior al de igual
trimestre de 2009: un 8,3%. Y la tasa de subempleo también descendió,
alcanzando en el segundo trimestre de 2010 un nivel inferior al de igual
trimestre de 2009: un 9,9%. Ambas tasas continuarían descendiendo desde
entonces unos trimestres más hasta alcanzar sus más bajos niveles a fines
de 2011 y comienzos de 2012, con un 6,7% y un 7,4%, respectivamente.

Pero la recuperación del consenso alrededor del kirchnerismo no fue
solamente un efecto de esta recuperación de la economía. El gobierno de
Fernández de Kirchner también supo recuperar la iniciativa política que
había perdido durante el conflicto agrario y adoptar una batería de me-

---

al calor de los actos del bicentenario (32 puntos en mayo de 2010) y la muerte de Néstor
Kirchner (55 puntos en noviembre de 2010). La imagen presidencial siguió mejorando
sostenidamente durante 2011 (aunque, después de asumir en diciembre de 2011 su segundo mandato, la perjudicarían una serie de acontecimientos: escándalos como el caso
Ciccone, conflictos como los de la minería y la docencia, el Proyecto X, las quitas de
subsidios y aumento de tarifas y, especialmente, la tragedia de Once). Otras encuestadoras,
como OPSM, Römer y Rosendo Fraga coinciden con esta evolución.

didas de corte más decididamente progresista (véase Varesi, 2011) que ayudaron a revertir esos mecanismos que habían erosionado su consenso entre los trabajadores y los sectores medios. Las principales medidas en cuestión fueron las estatizaciones de Aerolíneas Argentinas y Austral y de las AFJP; el lanzamiento de una artillería de medidas expansivas anticíclicas; la adquisición de los derechos de transmisión televisiva del futbol de primera y segunda división mediante el programa Futbol para Todos; la sanción de una nueva Ley de Medios Audiovisuales; la implementación de una Asignación Universal por Hijo y de un plan de entrega de computadoras a alumnos y docentes, denominado Conectar Igualdad; la sanción de la Ley de Matrimonio Igualitario y la organización de la Fiesta del Bicentenario. Todas estas iniciativas, adoptadas en los escasos dos años que transcurrieron entre mediados de 2008 y mediados de 2010, contribuyeron en mayor o menor medida a la recuperación del consenso alrededor del kirchnerismo, de manera que conviene detenerse un momento en ellas.

La Asignación Universal por Hijo (AUH), seguro social pagado mensualmente a los desocupados y a los trabajadores en negro por hijo en gestación, menor de 18 años o discapacitado, establecido por Decreto 1602/09 en octubre de 2009, fue quizás la medida más importante. Su implementación implicó una suerte de retorno de aquella política social cuasi universalista que había sido el Plan Jefes y Jefas a comienzos de la década y se convirtió enseguida en la principal política social implementada por el gobierno. Esta medida concretaba en los hechos una serie de propuestas más o menos semejantes que se habían planteado durante la crisis social de fines de los noventa (como el seguro de empleo y formación impulsado por la CTA y el FreNaPo, que había sido respaldado por unos 2,7 millones de votos en un plebiscito realizado en diciembre de 2001) e impactó sensiblemente en los niveles de indigencia e incluso de pobreza de los sectores más postergados de la clase trabajadora.[98] El plan Conec-

---

[98] La AUH, fijada inicialmente en $180, a fines de 2012 ascendía a $340, era cobrada por unos 3,6 millones de niños e insumía unos $11.700 millones de fondos provenientes de la ANSES. Según un estudio de Agis, Cañete y Panigo (2010), su implementación acarreó una reducción de los indicadores de indigencia del 54% y de pobreza del 13% (con datos de inflación del IPC 7 Provincias; véase *Página 12*, 8/5/10) y, además, mejoró los indicadores de salud y educación vinculados con los requisitos para percibirla. Sin embargo, es importante indicar que la AUH no redistribuye ingresos entre clases sino entre sectores al interior de la clase trabajadora, en la medida en que son los propios trabajadores, a través de sus aportes jubilatorios, quienes la financian.

tar Igualdad, iniciado por Decreto 459/10 de abril de 2010, consistía por su parte en la entrega gratuita de computadoras tipo *netbook* a alumnos y docentes de las escuelas públicas secundarias, de educación especial y de institutos de formación docente, y marchaba en un sentido semejante.[99]

La estatización de las aerolíneas y del sistema jubilatorio también ayudó a la recuperación del consenso alrededor del kirchnerismo, aunque por razones distintas y entre sectores sociales distintos. En efecto, a diferencia de las anteriores, la adopción de estas dos medidas fue impuesta por las circunstancias. La reestatización de Aerolíneas Argentinas y la estatización de Austral fue una respuesta al vaciamiento al que habían sido sometidas ambas empresas por parte del Grupo Marsans desde mediados de la década. Este grupo español había realizado una serie de maniobras, entre ellas la transferencia de aviones e incluso de combustible de Aerolíneas y Austral hacia sus controladas Air Comet y Air Comet Chile, que las condujo a una crisis irreversible hacia fines de 2007. En respuesta a esta crisis, a mediados de 2008, se anunció la estatización de ambas empresas, que se convertiría en ley para fines de año. Desde entonces, ciertamente, las pérdidas y las deficiencias en el servicio de ambas aerolíneas siguieron reiterándose como antes, pero la decisión de estatizarlas en sí misma parece haber sido apoyada por algunos sectores de la sociedad en su momento. A favor de este apoyo, desempeñó un papel importante la capacidad de los trabajadores aeronáuticos de activar los sentimientos nacionalistas que medidas de esta naturaleza siguen despertando en dichos sectores de la sociedad. En efecto, un ingrediente fundamental de esa crisis terminal de fines de 2007 fueron los conflictos protagonizados por los gremios del sector, la mayoría de los cuales reclamaba precisamente la estatización de las aerolíneas. Y estos gremios, aunque representaban en su conjunto apenas unos 9.000 trabajadores, contaban con una capacidad privilegiada de activar el apoyo de algunos otros sectores de la clase obrera y de la clase media.[100]

---

[99] El plan preveía la entrega de 3,5 millones de *notebooks* durante 3 años, de las cuales ya se habrían entregado unas 2,5 millones, e insumía otros $4.000 millones de fondos de la ANSES.

[100] Recuérdese el apoyo que había cosechado la campaña *Todos somos Aerolíneas* diez años antes: el discurso de Fernández de Kirchner en el que anunció la estatización (del 21/7/08) y la posterior campaña oficialista retomaron esta expresión. Algo semejante ocurriría más tarde con la reestatización parcial de YPF, pero no vamos a detenernos en ella ahora porque cae afuera del período que estamos considerando.

Algo semejante puede decirse de la reestatización de los fondos de jubilaciones privados. El sector privatizado en manos de las Administradoras de Fondos de Jubilaciones y Pensiones (AFJP) heredado de los noventa atravesaba entonces una profunda crisis. El sector ya había desnudado su vulnerabilidad durante la crisis financiera originada en el sudeste asiático de 1997-98 y ya había entrado en crisis y había comenzado a discutirse una nueva reforma previsional después de que la pesificación de 2002 redujera sus fondos a menos de la mitad (véase *Clarín*, 16/5/02). Pero el golpe de gracia para las AFJP fue la nueva crisis financiera internacional desatada en las hipotecas *subprime* norteamericanas en 2007, que redujo las cotizaciones de los títulos de deuda pública y los contratos de futuros y opciones en los que estaba invertida buena parte de los fondos de sus carteras.[101] Y, ante esta situación, en noviembre de 2008, el Congreso aprobó por amplia mayoría la Ley 26.425 de estatización del sistema de AFJP. El sistema jubilatorio resultante seguiría siendo a su vez un sistema de expropiación de ingresos de los trabajadores: la ANSES, como hemos visto, se convertiría desde entonces en una caja a la que el gobierno recurriría cada vez más asiduamente para los más diversos gastos. Pero en aquella coyuntura, la estatización fue bienvenida por amplios sectores de la sociedad, puesto que el anterior sistema privatizado en crisis estaba profundamente desprestigiado. Entre los trabajadores indecisos, que desde inicios de 2007 pasaron a ser asignados compulsivamente al sistema estatal de reparto, y los que voluntariamente optaban por este sistema de reparto, las AFJP venían perdiendo cientos de miles de nuevos afiliados (*Página 12*, 25/10/07). Y las movilizaciones contra la estatización realizadas durante noviembre de 2008, que ciertamente reprodujeron la composición social y la orientación política de las movilizaciones convocadas poco antes por la burguesía agraria en su conflicto con el gobierno, no resultaron masivas.

La denominada Ley de Matrimonio Igualitario 26.618/10, ley modificatoria del Código Civil y de algunas otras leyes que extendió el matrimonio, con todos sus derechos y obligaciones, a las parejas homosexuales, fue aprobada ajustadamente en el Congreso en mayo-junio de 2010. Esta ley coronó en los hechos la campaña que venía desarrollando el movimiento

---

[101] El sector privado del sistema contaba con unos 9,5 millones de afiliados, de los cuales aportaban menos de 3 millones, y el 75% de sus fondos se encontraban invertidos en títulos de deuda pública pesificados. El sector estatal, por su parte, estaba muy desbalanceado entre la cantidad de jubilados (3,4 millones) y de afiliados (2 millones, de los cuales solo aportaban unos 700.000).

LGBT local desde hacía un lustro.[102] Y tuvo un profundo impacto, no solo para las parejas homosexuales que deseaban casarse y no podían hacerlo, sino para el conjunto de la comunidad gay-lésbica, porque significaba un amplio reconocimiento de la diversidad sexual por parte del estado. Este reconocimiento de la diversidad sexual gozaría de un amplio consenso dentro de esa comunidad gay-lésbica y dentro de los sectores medios progresistas de las grandes ciudades, en general. El kirchnerismo volvía así a interpelar a estos sectores medios. Los festejos del bicentenario, que culminaron en las actividades desarrolladas en la Avenida de Mayo entre el 21 y el 25 de mayo de 2010 y acompañadas por millones de asistentes, apuntaron en un sentido semejante. En estos festejos, el nacionalismo más rudimentario tendió a ceder su lugar a una reivindicación más pluralista de la Nación entendida como una comunidad definida por su diversidad étnica, cultural e ideológica; quedó así como saldo una suerte de bicentenario multiculturalista a medida de esos sectores medios progresistas.

Finalmente, debemos considerar la sanción de la ley de medios audiovisuales, la transmisión gratuita de los partidos de futbol y algunas otras iniciativas vinculadas con el manejo de los medios de comunicación de masas. La llamada Ley de Servicios de Comunicación Audiovisual 26.522/09 fue promulgada en octubre de 2009. Tuvo como antecedentes más inmediatos varios encuentros y un documento realizado por un conjunto de organizaciones vinculadas con el sector de los medios de comunicación.[103] Y apuntaba a reemplazar a la vieja ley heredada de la última dictadura (la Ley de Radiodifusión 22.285/80) y a su autoridad de aplicación (el COMFER, que venía siendo una y otra vez intervenido desde entonces). La nueva ley reconocía tres tipos de administradores de medios audiovisuales: el estado, las empresas y las organizaciones socia-

---

[102] El primer proyecto de ley de matrimonio igualitario había sido diseñado después de un encuentro realizado por el movimiento LGBT en Rosario en septiembre de 2005; un año más tarde, la comunidad se había organizado en la Federación Argentina de Lesbianas, Gays, Bisexuales y Trans (FAGLBT), que desde entonces encabezaría la campaña en favor de su aprobación (véase www.lgbt.org.ar/home.php).

[103] La Coalición por una Radiodifusión Democrática (integrada por sindicatos de prensa, dependencias universitarias, organizaciones sociales, radios comunitarias, radios comerciales pequeñas y organismos de derechos humanos) se conformó en 2004 y adoptó un documento (los llamados *21 puntos*) que reivindicaba el derecho a la comunicación y establecía criterios para la asignación de frecuencias radioeléctricas, para la distribución de los medios entre los sectores público, privado y comunitario, para el diseño de la programación, etc. Esta coalición había impulsado, durante un año, la realización de una serie de foros en las provincias para discutir los contenidos de la nueva ley a sancionarse.

les, y reservaba a cada uno un tercio del espectro radioeléctrico y de los canales de televisión. Y esto iba a contramano de la tendencia al predominio de los medios de comunicación comerciales y de la oligopolización del mercado que venía registrándose. La adquisición a la Asociación del Futbol Argentino (AFA) de los derechos de transmisión del futbol de primera y segunda división mediante el programa *Futbol para Todos* de la televisión abierta y pública, desde agosto de 2009 y agosto de 2011, respectivamente, iría en el mismo sentido, en la medida en que previamente dicha transmisión estaba a cargo de canales privados de televisión por cable. Esta ampliación del acceso a los partidos de futbol, seguramente, fue bienvenida entre amplios sectores de la población. Es menos evidente, en cambio, el saldo en materia de consenso que el gobierno obtuvo de su prolongado conflicto, azuzado por aquella ley de medios, con el Grupo Clarín y otros grandes multimedios.[104]

Pero antes de detenernos en este conflicto, revisemos el efecto de conjunto de todas estas medidas adoptadas por el gobierno entre mediados de 2008 y mediados de 2010 en la recuperación del consenso alrededor del kirchnerismo. Desde luego, es imposible determinar con exactitud en qué medida cada una de estas iniciativas contribuyó a esa recuperación de consenso, pero pueden realizarse algunas consideraciones. En primer lugar, es evidente que, a través de ellas, el gobierno recuperó la iniciativa que había perdido durante su conflicto con la burguesía agraria. En segundo lugar, estas medidas apuntaron, en algunos casos muy manifiestamente, a recuperar el consenso entre aquellos sectores sociales que habían alejado del kirchnerismo durante la crisis política de 2008-09, es decir, los sectores más marginados de la clase trabajadora y los sectores medios. Y, en tercer lugar, estas medidas parecen haber resultado relativamente exitosas, acaso más exitosas entre esos sectores de la clase trabajadora que entre estos sectores medios y en el corto que en el largo plazo, pero en cualquier caso, suficientemente exitosas como para que el kirchnerismo comenzara a acercarse en mejores condiciones a las presidenciales de 2011. La intervención del azar, es decir, el infarto de Néstor Kirchner del 27 de octubre de 2010, hizo el resto. El fallecimiento y los tres días de funerales del expresidente en la Casa Rosada, que se convirtieron en un nuevo acto de masas, y la posterior conversión de su esposa en la

---

[104] Una encuesta reciente de Poliarquía muestra que el apoyo al gobierno aumenta entre quienes ven partidos de futbol los domingos (*La Nación*, 27/1/13), aun cuando la mayoría rechace a la vez el empleo del programa como medio de propaganda oficial.

presidenta y candidata en luto eterno, contribuyeron con otros 20 puntos, según las encuestas, a esa recuperación del consenso alrededor del kirchnerismo.

Volvamos por un momento, finalmente, a ese conflicto entre el gobierno y el Grupo Clarín porque nos permite identificar otras características del kirchnerismo emergente de la crisis política de 2008-09. A diferencia de su relación con *La Nación*, la relación del gobierno de Kirchner con *Clarín* fue cercana y, en los hechos, el grupo había sido un abierto opositor a Menem durante casi todo su segundo mandato y había seguido siéndolo en el escenario de una eventual segunda vuelta de 2003 (véase Mochkofsky, 2011). Pero a lo largo de 2007, esta relación comenzó a tensarse y, en 2008, se rompió definitivamente. Las causas que originaron esta ruptura siguen siendo motivo de controversia, pero parecen haberse superpuesto dos órdenes de causalidad distintos. Por un lado, la estrategia empresaria del grupo parece haber chocado con los intereses de otros empresarios del sector más vinculados con el gobierno. Así, Montenegro (2011) sitúa el origen del conflicto en la aprobación de la fusión de las prestadoras de televisión por cable Multicanal (del Grupo Clarín) y Cablevisión a fines de 2007 y en el ingreso del Grupo Clarín en el mercado de la telefonía, a través de la compra de una parte del paquete accionario de Telecom, para acceder al llamado triple play (telefonía + Internet + televisión por cable), a comienzos de 2008. Pero por otro lado, la ruptura definitiva entre el grupo y el gobierno no se registró sino hasta su conflicto con la burguesía agraria, que se desarrolló entre marzo y junio de 2008. En efecto, durante el conflicto, el Grupo Clarín respaldó abiertamente las demandas de esa burguesía agraria en su disputa con el gobierno, acaso no por su compromiso con los intereses de esa fracción de la burguesía en particular, sino como una manera de presionar al gobierno para arrancarle concesiones a propósito de aquellos negocios y de acompañar la adopción de esa misma posición por sus clientes de los sectores medios. En este sentido, esta posición del Grupo Clarín, viraje mediante de los sectores medios hacia la derecha, resulta más coherente de lo que puede parecer a simple vista con su oposición previa al segundo gobierno menemista.

En cualquier caso, desde entonces, este conflicto entre el gobierno y el grupo no haría sino profundizarse. El grupo conduciría su discurso opositor hasta un extremo en el que se desdibujaría completamente su carácter periodístico, y el gobierno conduciría su persecución al grupo hasta un extremo en el que pondría en cuestión la libertad de prensa. Y en octubre de 2009, la sanción de la citada ley de medios, diseñada para desguasar al Grupo Clarín, acabó desencadenando una querella jurídica que se prolongaría hasta nuestros días.[105] Esta nueva ley sería acompañada además por el también citado *Futbol para Todos*, que desde mediados de 2009 privó al grupo de la exclusividad en la televisación de muchos partidos y a la vez se convirtió en una pieza decisiva de la infatigable máquina de propaganda oficialista; por el intento de expropiar a *Clarín* (y a *La Nación*) de la papelera Papel Prensa, iniciado en mediados de 2010 mediante un juicio alrededor de la compra de la empresa en tiempos de la última dictadura y continuado desde fines de 2011 con la declaración de la producción, distribución y comercialización de papel para la prensa como una actividad de interés público con la finalidad de regularla y eventualmente estatizarla; por la reactivación del caso de sustracción de menores de Marcela y Felipe Noble Herrera durante 2010; y otras varias medidas menores.

Sin embargo, aquí no nos interesa detenernos tanto en un análisis detallado del origen y el desarrollo de este conflicto como en un análisis de sus consecuencias para la dinámica política del kirchnerismo durante este período inaugurado por la crisis política de 2008-09. A propósito del proceso de recuperación del consenso después de dicha crisis, como ya adelantamos, el conflicto entre el gobierno y el grupo parece haber sido perjudicial para ambos, en la medida en que una parte importante de la sociedad parece ser consciente tanto de los intereses monopólicos que se esconden detrás de las acciones del grupo como del interés en acallar a la oposición que se esconde detrás de las acciones del gobierno. Sin embargo, no debemos limitar el análisis a la mera constatación de este hecho porque, aunque este conflicto no hubiera contribuido para nada a ampliar las bases de apoyo al gobierno, contribuyó ciertamente a delinear el perfil político del kirchnerismo y a cerrar filas entre sus partidarios. Y esta no es una contribución menor. La recuperación del kirchnerismo después de la crisis política de 2008-09 no consistió solamente en aquella recuperación del consenso alrededor suyo que veníamos analizando, sino también en esta recuperación de la identidad y la cohesión de sus partidarios.

---

[105] Apenas se aprobó la ley, *Clarín* presentó una demanda de inconstitucionalidad contra sus artículos 41 (intransferibilidad de autorizaciones y licencias), 45 (cantidad de licencias por licenciatario) y 161 (plazo de adecuación a la nueva ley) y obtuvo una medida cautelar en diciembre de 2009. Esta medida cautelar se prorrogó, postergando así la aplicación de la ley, hasta que la Corte Suprema declaró su constitucionalidad en octubre de 2013.

Detengámonos un momento en esta distinción entre consenso, por una parte, e identidad y cohesión, por la otra. El conflicto entre el gobierno y el Grupo Clarín no es, estrictamente hablando, el único conflicto que contribuyó a dotar de identidad y de cohesión al kirchnerismo durante este período: el otro, simultáneo y relacionado, fue naturalmente el propio conflicto con la burguesía agraria. Este conflicto puso en evidencia mucho más claramente esa diferencia entre el consenso social alrededor del kirchnerismo, por un lado, y la identidad y la cohesión de sus partidarios, por el otro. Dijimos que el conflicto agrario representó para el kirchnerismo, en términos del consenso alrededor suyo, una derrota. Más aún, puesto que el grado de consenso de una fuerza política en la sociedad no puede separarse completamente del grado de identidad y cohesión de sus miembros, el conflicto agrario también acarreó para el kirchnerismo, como dijimos, una serie de enfrentamientos entre sectores internos y una sangría de sectores enteros de su dirigencia hacia la oposición. Pero a la vez, el conflicto agrario ayudó a mediano plazo a consolidar la identidad y la cohesión de quienes permanecieron en sus filas, así como a engrosar dichas filas con partidarios que se sumaron a ellas a partir del propio conflicto. Es particularmente importante resaltar, en este sentido, el aporte que hicieron a esta consolidación de la identidad y la cohesión entre los partidarios del kirchnerismo la confluencia de un contingente de nuevos cuadros intelectuales provenientes de los sectores medios progresistas así como la mayor consolidación de una fuerza específicamente kirchnerista.[106]

---

[106] Es sintomática, respecto del primer punto, la conformación del colectivo de intelectuales Espacio Carta Abierta y su evolución posterior. La primera *Carta Abierta* (presentada en la inauguración de la Feria del Libro y publicada en *Página 12* el 15/5/08) fue precisamente una intervención en defensa del gobierno durante el conflicto agrario. El entusiasta colectivo publicaría a continuación innumerables cartas y quien se atreva a sumergirse en esta suerte de *guerra de las galaxias* narrada entre las cuatro paredes de una cátedra de Ciencias de la Comunicación de la UBA que constituye este conjunto de cartas encontrará muchos rasgos de la identidad política en cuestión (para una crítica, véase Gutierrez y Maiello, 2008). Y también es sintomático, respecto del segundo punto, la posterior oficialización de Unidos y Organizados (en un acto encabezado por la presidenta en el Estadio Vélez Sarsfield el 27/4/12), espacio que reúne a unas treinta pequeñas fuerzas, entre las cuales se encuentran algunas que ya integraban desde el comienzo el Frente para la Victoria (el Frente Grande, Partido Comunista o el Partido Intransigente) y otras fuerzas más nuevas (La Cámpora, Movimiento Evita, Nuevo Encuentro o KOLINA), pero en todos los casos no identificadas con el peronismo en general, sino más específicamente con el kirchnerismo.

El conflicto entre el gobierno y el Grupo Clarín también contribuyó en buena medida a consolidar la identidad y la cohesión de los partidarios del kirchnerismo. Pero entre ambos hay una diferencia decisiva, sobre la que tendremos que volver más adelante: aquel fue un conflicto con una de las fracciones fundamentales de la burguesía doméstica, mientras que este fue un conflicto con un grupo empresario que, si bien tiene una posición clave dentro del sector de los medios masivos de comunicación, sigue siendo un grupo en particular. La naturaleza de ambos conflictos es diferente. El conflicto con la burguesía agraria constituyó una disputa interburguesa que desencadenó una profunda crisis política. Si, a mediano plazo, el conflicto acabó empujando a algunos a las filas del kirchnerismo y ayudando a consolidar la identidad y la cohesión de quienes se habían quedado en ellas, esto fue un beneficio político secundario para el kirchnerismo en comparación con el enorme costo que había pagado en términos de consenso social a corto plazo. En el caso del conflicto con el Grupo Clarín y algunos otros conflictos con otras empresas particulares, sobre los que volveremos más adelante, esta relación entre costos y beneficios no fue tan evidente. Quizás el costo pagado por el kirchnerismo en materia de consenso social, en su conflicto con el Grupo Clarín, no sea mayor al beneficio que obtuvo en materia de identidad y cohesión de los suyos.

En efecto, *Clarín* fue, metafóricamente hablando, el judío del kirchnerismo. Luego, en el capítulo once, volveremos sobre las características del dispositivo de personalización ideológica de las relaciones sociales involucrado en esta judaización. Por ahora, asumamos que perseguir alguna personalización de todos los males siempre resultó conveniente para mantener unidas y organizadas a las huestes propias. En este episodio histórico en particular, un oscuro supervillano que maneja su corporación entre las sombras, Magnetto, tramaba una siniestra conspiración política con fines destituyentes. La dinámica política en su conjunto quedó, entonces, convenientemente reducida al duelo entre el gobierno nacional y popular y esta conspiración destituyente de *la corpo*. Aunque conflictos como este no hayan contribuido a ampliar el consenso social alrededor del kirchnerismo, aunque puedan haberlo restringido, incluso, no debe subestimarse la importancia que revistieron para reforzar la identidad y la cohesión de sus partidarios.

La recuperación del kirchnerismo tras la crisis política de 2008-09 consistió entonces, en resumidas cuentas, tanto en la recuperación de aquel consenso social alrededor suyo como en la recuperación de esta identidad y cohesión de sus partidarios. Pero ahora debemos añadir que esta recuperación fue, en realidad, más bien una recreación de ese consenso y esa identidad y cohesión. El kirchnerismo emergente de esta recreación fue en gran medida diferente del kirchnerismo previo a la crisis política. Más exactamente: el kirchnerismo como tal es el emergente de esa recreación. "El kirchnerismo está comenzando a estructurarse como significante" fue la precisa expresión que Laclau empleó, en medio del conflicto agrario, para referirse a esta emergencia (*Debate*, 14/4/08). También sobre este punto volveremos más adelante. Por ahora, insistamos en el hecho de que la iniciativa política recobrada por el gobierno a través de medidas adoptadas entre mediados de 2008 y mediados de 2009, como las citadas estatizaciones de las aerolíneas y los fondos jubilatorios, las modificaciones de las legislaciones sobre los medios y el matrimonio, la implementación de la asignación universal, etc., combinada con la reactivación de la economía durante 2010 y 2011, acarreó una recuperación muy amplia del consenso alrededor del kirchnerismo.

En la coyuntura de fines de 2011 y comienzos 2012, coincidente con el punto culminante de ese proceso de recuperación de consenso y con el momento en que se realizaron las presidenciales, Fernández de Kirchner parecía casi haber recobrado la popularidad de la que había gozado Kirchner en sus primeros meses de gobierno.[107] Los resultados alcanzados en esas presidenciales de 2011 parecieron, en ese contexto, augurar una nueva era. El triunfo del Fernández de Kirchner en ellas fue aplastante. La presidenta fue reelecta con una mayoría absoluta de un 54% de los votos, es decir, con el mayor porcentaje obtenido por candidato presidencial alguno desde el retorno de la democracia. La oposición, para peor, concurrió a las elecciones dividida entre las candidaturas de Hermes Binner (por el Frente Amplio Progresista, que obtuvo un 17%), Ricardo Alfonsín (por la radical Unión para el Desarrollo Social, con un 11%) y Alberto Rodríguez Sáa y Eduardo Duhalde (por la Alianza Compromiso Federal y la Unión Popular, respectivamente, dos listas peronistas disidentes que obtuvieron sumadas otro 14% de los votos). Esto significó que la primera fuerza, el FTV, quedó a unos 37 puntos de

---

[107] Siempre según encuestas de Poliarquía (*La Nación*, 24/5/13), Fernández de Kirchner arrancó su segundo mandato en aquellos meses con casi un 70% de imagen positiva, cercana al 76% con el que había arrancado Kirchner el suyo en 2003. Pero ya desde comienzos de 2012, este consenso comenzaría a deteriorarse, cayendo hasta un 20% a mediados de 2014.

distancia de (o que conquistó más del triple de los votos que) la segunda, el FAP. El oficialismo y sus aliados obtuvieron además dos tercios de las bancas de senadores y la mitad de las bancas de diputados que se renovaban en las elecciones en cuestión. Una nueva era en la que se *profundizaría el modelo* parecía iniciarse.

Y, sin embargo, la recuperación del consenso alrededor del kirchnerismo que permitió esa reelección de Fernández de Kirchner resultó ser, a su vez, un fenómeno muy pasajero. Ya durante los primeros meses de 2012, la imagen del segundo gobierno de Fernández de Kirchner comenzó a caer en las encuestas. La economía volvió a desacelerarse. El producto, según los cálculos alternativos del Congreso, solo aumentó un 0,3% en 2012 y, aunque se recuperaría un 2,9% en 2013, comenzaría a caer nuevamente durante la primera mitad de 2014. La tasa de desempleo se mantuvo relativamente estable durante estos años, pero en realidad, esta estabilidad escondió una caída simultánea de las tasas de actividad y de empleo, particularmente en el sector privado. Y el salario real, que ya se encontraba estancado, comenzó a retroceder. Se inició entonces un nuevo ciclo de conflictividad obrera. Las cantidad de conflictos registrados en 2012 ya superó la registrada en los tres años anteriores (véase Cotarelo, 2013) y durante este período, ruptura mediante entre un sector importante de la burocracia sindical y el gobierno, también se registraron las dos primeras huelgas generales contra el kirchnerismo.[108] Y nuevas iniciativas encaradas por el gobierno que parecían atentar contra la calidad de las instituciones (como la denominada *democratización de la justicia* impulsada a comienzos de 2012 o el intento de instalar la re-reelección de la presidenta archivado después de las parlamentarias de octubre de 2013), el descubrimiento de nuevos actos de corrupción mucho más

---

[108] Se trata de las huelgas generales del 20/11/12 y del 10/4/14 encabezadas por la CGT ahora opositora de Moyano junto con la CGT Azul y Blanca de Barrionuevo y el sector de la CTA liderado por Micheli. Los reclamos de estas huelgas generales, sin embargo, eran compartidos por el conjunto del sindicalismo: recomposición del salario mínimo, no aplicación del impuesto a las ganancias sobre el salario, universalización de las asignaciones familiares, modificación de la legislación de riesgos de trabajo, elevación de las jubilaciones al 82% móvil y, ya en esta última, prohibición de suspensiones y despidos. Más adelante, en el último capítulo, volveremos sobre las relaciones entre burocracia sindical y kirchnerismo.

graves (como los que involucraron a allegados del expresidente Kirchner y al vicepresidente en ejercico Boudou desde mediados de 2013) y acaso especialmente las restricciones cambiarias, cada vez más enmarañadas e inconducentes, que venía imponiendo el gobierno desde fines de 2011 (en un contexto donde la moneda ya no cumplía la función de reserva de valor) fueron una serie de factores que recrudecieron la oposición de los sectores medios al kirchnerismo. Esto se pondría de manifiesto, palmariamente, en los masivos cacerolazos realizados a fines de 2012 y comienzos de 2013.[109]

Este nuevo deterioro del consenso alrededor del kirchnerismo se expresó ya en el retroceso del oficialismo en las parlamentarias de octubre de 2013. El FPV volvió a ser la primera minoría, pero su 33% de los votos equivalía a una pérdida de unos veinte puntos respecto de las anteriores elecciones presidenciales. La oposición no peronista (UCR, PS y otras fuerzas menores, a través de diversas alianzas) obtuvo un 25% de los votos, la oposición peronista (ahora encabezada por el Frente Renovador de Sergio Massa) otro 17% y la derecha (el PRO y sus aliados) otro 9%. El kirchnerismo fue derrotado en la estratégica provincia de Buenos Aires (donde obtuvo un 32% contra un 44% del Frente Renovador) y relegado al tercer lugar en los siguientes tres distritos más importantes (la Ciudad de Buenos Aires, con un 22% contra el 34,5% del PRO y el 32% de UNEN, Córdoba , con un 15% contra un 27% de Unión por Córdoba y 23 % de la UCR y Santa Fe, con un 23% contra un 42% del Frente Cívico y Social y un 27% de Unión-PRO), todos distritos en los cuales se había impuesto en las presidenciales de 2011. Esta derrota electoral de 2003 fue mucho más contundente que la sufrida en aquellas parlamentarias posteriores al conflicto agrario en 2009 y originó una segunda crisis de Gabinete: Juan M. Abal Medina, quien había reemplazado a Alberto Fernández como jefe de Gabinete tras la reelección de la presidenta, fue

---

[109] Los primeros cacerolazos de esta coyuntura —es decir, sin considerar los realizados durante el conflicto entre el gobierno y la burguesía agraria— tuvieron lugar en algunos barrios acomodados de la Ciudad de Buenos Aires a mediados de 2012 (31/5 y 1/6, 7 y 14/6), pero los más masivos fueron los realizados en Plaza de Mayo y replicados en otras grandes ciudades del interior del 13/9/12, 8/11/12 y 18/4/13. Los siguientes (8/8, 8/11, 30/12/13) fueron menos masivos. Los motivos de las protestas fueron nuevamente muy diversos, pero muchos de ellos muy sensibles a la política del gobierno, como el control de cambios, la corrupción, la inseguridad, la rereelección, la reforma de la justicia, etc.

reemplazado por Jorge Capitanich, y Hernán Lorenzino, quien había reemplazado a Boudou como ministro de Economía cuando este asumió como vicepresidente, fue reemplazado por Axel Kicillof, entre otros cambios.

Pero ya estamos ante acontecimientos actuales. Detengámonos entonces y volvamos sobre la dinámica política del kirchnerismo en su conjunto para entender su cambiante suerte política durante este último período. Dijimos antes que la crisis política de 2008-09 podía haber conducido a distintos desenlaces pero que, en los hechos, condujo a esa recuperación del consenso alrededor del kirchnerismo y que el kirchnerismo emergente de este proceso de recuperación del consenso ya no era idéntico al kirchnerismo previo. En efecto, dicha crisis política puso a la presidenta ante la posibilidad, para valernos de aquella frase consagrada por Lincoln, de decidir *to change horses in midstream*. Pero tomar esta decisión era peligroso. Hacia 1987-88, por ejemplo, en medio de una altísima inflación que amenazada con erosionar cualquier consenso político y después de perder las parlamentarias, Alfonsín intentó cambiar de caballo a mitad de su río. El caballo al que quiso saltar se llamaba *modernización* y su cuidador era Rodolfo Terragno. Pero Alfonsín acabó arrastrado por el río, como sabemos, y el caballo en cuestión pasó al cuidado de Menem. Fernández de Kirchner no quiso arriesgarse a cambiar de caballo en 2008-09 (ni siquiera se atrevía a nombrarlo por su nombre, mucho más vulgar, que era *ajuste*) y optó por seguir adelante, simplemente, espoleando más duro a su caballo en medio de la corriente. El kirchnerismo presentó esta decisión de espolear más duro a su caballo con la expresión más pomposa de *profundizar el modelo*, pero esta expresión puede resultar engañosa porque, aunque pretendiera efectos retroactivos, estaba inventando en ese mismo momento el modelo que convocaba a profundizar. Pero no hay paradoja alguna en este hecho porque esa decisión suya de insistir en su rumbo, en las nuevas condiciones vigentes desde fines de 2007, involucraba en los hechos un cambio de rumbo. El viejo caballo, más cansado y más espoleado, era en los hechos un caballo nuevo.

Ahora bien, a fines de 2011 o comienzos de 2012, la presidenta parecía capaz de avanzar sin pausa a través de la corriente. El problema era, sencillamente, que para su caballo ya no había orilla alguna que alcanzar y, en consecuencia, tarde o temprano, volvería a ser arrastrado por la corriente. El problema, dicho en pocas palabras, era que este kirchnerismo ya no desempeñaba papel alguno dentro del desarrollo de la lucha de clases. Este es el punto que nos permite entender su cambiante suerte política durante este último período (y cerrar así este capítulo) y también la manera en que está cerrándose la dinámica política del kirchnerismo durante la década entera (y cerrar entonces esta primera parte en su conjunto).

En efecto, recordemos que habíamos partido de la afirmación de que la dinámica política del kirchnerismo había estado determinada desde el comienzo por el proceso de recomposición de la acumulación y la dominación capitalistas después del ascenso de las luchas sociales y la crisis que culminaron en diciembre de 2001. Esta afirmación vale de manera inmediata para el período de la salida de la crisis propiamente dicha (entre 2002 y 2005) y vale también, aunque de una manera más laxa, para el posterior período de estabilización (entre 2006 y 2007). Pero la crisis política de 2008-09 puso fin a esa dinámica y, puesto que el kirchnerismo sobrevivió a dicha crisis, hay que precisar en qué sentido esa afirmación sigue valiendo para el kirchnerismo posterior a esa crisis (de 2010 en adelante). El primer kirchnerismo (del sexenio 2002-2007) pudo sobrevivirse a sí mismo como un segundo kirchnerismo (en el sexenio 2010-2015). Pero el éxito de ese primer kirchnerismo en su empresa de restauración del orden impidió al mismo tiempo que dicha empresa restauracionista pudiera seguir manteniendo con vida a este segundo kirchnerismo. Y, sin embargo, los genes de este segundo kirchnerismo siguen determinados por aquella empresa de restauración del orden que había impulsado la vitalidad del primero. Entonces, ya no debe restaurar el orden, pero tampoco puede administrar el orden restaurado.[110]

Algo semejante había ocurrido, en cada caso a su manera, con el alfonsinismo y con el menemismo. El alfonsinismo resultó exitoso en su empresa de encauzar las relaciones de fuerzas entre clases y fracciones de clases heredada de la última dictadura dentro de una restauración del

---

[110] En este sentido, la muletilla de que "a la izquierda del kirchnerismo está la pared" contiene un elemento de verdad. En un sentido literal, desde luego, es falsa, pues a la izquierda del kirchnerismo esta sencillamente la izquierda. Pero en un sentido menos literal, es verdadera porque, efectivamente, el kirchnerismo quedó ubicado en la posición más izquierdista dentro del orden burgués que él mismo restauró —esto es, justamente, lo que viene impidiéndole administrar dicho orden—. Una expresión como la empleada por el periodista Eduardo Aliverti en su programa de radio a mediados de 2011, "a la izquierda del kirchnerismo, con vocación de poder, está la pared", es un poco más precisa porque la vocación de poder en cuestión no es sino vocación de inclusión en ese orden burgués.

régimen democrático. Y después, se murió. El menemismo resultó igualmente exitoso en su empresa de profundizar una reestructuración capitalista que se había estancado durante la década anterior y que implicaba cristalizar nuevas relaciones de fuerzas entre clases y fracciones de clases mucho más desfavorables para los trabajadores. Y después, también se murió. El primer kirchnerismo, como vimos, no resultó menos exitoso en su empresa de recomponer la acumulación y la dominación capitalistas tras el ascenso de las luchas sociales y la crisis que había culminado en diciembre de 2001, es decir, a partir de una relación de fuerzas entre clases y fracciones de clases mucho más favorable a los trabajadores. Pero esta vez, después, no se murió, sino que se sobrevivió a sí mismo en un segundo kirchnerismo. La genética, sin embargo, siempre impone ciertos límites. La capacidad de cualquier gobierno de reciclarse a sí mismo siempre es más o menos limitada. Y este segundo kirchnerismo no puede sino continuar expresando, en alguna medida, las relaciones de fuerzas entre clases y fracciones de clases que se encuentran en su origen. Estas relaciones de fuerzas son, naturalmente, las emergentes del ascenso de las luchas sociales que había derribado la hegemonía neoliberal vigente en los noventa. La pervivencia de dichas relaciones de fuerzas en el segundo kirchnerismo es, en este sentido, el modo perverso en el que la insurrección de diciembre de 2001 insiste en seguir existiendo en la restauración del orden.

Pero esto no explica la razón por la cual esa existencia de la insurrección como restauración impide hoy la administración del orden restaurado. La razón es sencilla. Este orden, sin cambios, ha ido convirtiéndose desde 2007-08 en un orden cada vez más insostenible. Y la burguesía ha venido exigiendo que, para sostenerlo, se imponga un paquete de ajuste que incluya la unificación y la liberalización del mercado cambiario, el ajuste de los precios de los combustibles y las tarifas de los servicios públicos, la reducción del gasto público, la imposición de una política antiinflacionaria contractiva. Pero paralelamente, aquellas relaciones de fuerzas, más favorables a los trabajadores, han ido convirtiéndose a su vez en un obstáculo cada vez más problemático ante esa exigencia de la burguesía de imponer un ajuste. La pervivencia de estas relaciones de fuerzas explica, naturalmente, el hecho de que el primer kirchnerismo haya optado por salir *por izquierda* de la crisis política de 2008-09. Y explica las dificultades que enfrentó desde entonces el segundo kirchnerismo en sus diversos intentos de imponer por sí mismo medidas de ajuste. Pero explica también las desventuras de la oposición al kirchnerismo, un superpoblado espacio derechista en el que incontables fuerzas peronistas y no-peronistas disputan entre ellas alrededor de un mismo programa de ajuste.

Este ajuste por venir implicará una ofensiva más de la burguesía contra la clase trabajadora. Pero para entender sus especificidades, comparemos por un momento la coyuntura actual con la de fines de los ochenta. El ajuste impuesto por la burguesía en aquella coyuntura fue el inicio de una profunda reestructuración capitalista; el ajuste que la burguesía intenta imponer en esta coyuntura, en cambio, consistirá precisamente en un ajuste de una serie de variables macroeconómicas que dejará intacto un modo de acumulación y dominación que goza de amplio consenso dentro de esa burguesía. Pero a la vez, la relación de fuerzas entre clases y fracciones de clases vigente en aquella coyuntura de los procesos hiperinflacionarios era mucho más favorable a esa burguesía que la vigente en esta. Dicho en pocas palabras: hoy, el ajuste exigido por la burguesía es más pequeño, y la capacidad de la clase trabajadora de resistirlo es más grande. La restauración del orden durante la pasada década kirchnerista es un proceso concluido, ciertamente, pero la clase trabajadora no salió de dicho proceso cargando sobre sus espaldas con una derrota semejante a las que sufrió en otros procesos anteriores de la lucha de clases. La insurrección de diciembre de 2001 no solo sigue existiendo *en* la restauración del orden de aquel modo perverso, pasivo, que ya indicamos, sino que también existe activamente *contra* dicho orden. Esta existencia activa se pone de manifiesto hoy en la resistencia al ajuste que requiere la administración de este orden.

Segunda parte

Capítulo 7. La crisis de la forma neoliberal de estado

Analicemos con mayor profundidad, en esta segunda parte, un conjunto de cuestiones especialmente importantes que apenas si rozamos superficialmente en nuestro anterior análisis de la dinámica del kirchnerismo, comenzando por los cambios y las continuidades registrados en la forma del estado.[111] Pero, antes de empezar, conviene presentar algunos conceptos que nos permitirán precisar nuestro problema y encuadrar nuestro análisis. El concepto decisivo para el análisis de la evolución del estado es precisamente el de *forma de estado*, concepto que rinde cuenta de las características que reviste el estado capitalista en determinado período histórico y en determinados territorios nacionales. Estas características están asociadas a su vez con un conjunto de instituciones que constituyen los *aparatos* de estado y con un conjunto de actividades que constituyen las *funciones* de ese estado. Es imprescindible distinguir, en este sentido, entre el *estado como forma* y las *formas de estado*, es decir, entre el estado capitalista en general, como modo de existencia de las relaciones sociales capitalistas, y las características que el estado capitalista reviste en determinadas condiciones históricas y geográficas particulares (véase Bonnet, 2014a).

A propósito del estado como forma de las relaciones sociales capitalistas digamos que, en la sociedad capitalista, las relaciones de dominación se separan de las relaciones de explotación (es decir, se particularizan en tanto relaciones impersonales en el estado) porque las relaciones

---

[111] Ya propusimos, junto con Adrián Piva, varios análisis preliminares de estas transformaciones del estado así como de otros tópicos vinculados con las características de la dominación política durante la década en una serie de artículos previos (Piva, 2011a; Bonnet y Piva, 2011; Bonnet, 2012; Bonnet y Piva, 2013).

de explotación (el capital) no son relaciones de subordinación inmediata, sino que están mediadas por la libertad (en particular la libertad del trabajador como propietario y vendedor de su fuerza de trabajo).[112] Aunque esas relaciones de dominación y explotación, naturalmente, siguen siendo dos dimensiones diferenciadas de una misma relación de clase. La resultante separación-en-la-unidad entre lo político y lo económico es, por consiguiente, condición de posibilidad y rasgo constitutivo del estado capitalista en general.

Las características que este estado reviste en determinado período histórico y determinados territorios nacionales se estructuran, a su vez, a partir de la modalidad específica que adoptan las relaciones de dominación en su seno (las relaciones entre los distintos poderes del estado, en un sentido amplio) y de la manera específica en que estas relaciones de dominación se articulan con las relaciones de explotación, (las relaciones entre el estado y el mercado, también en un sentido amplio) o, en otras palabras, a partir de la manera específica en que se articula esa unidad-en-la-separación entre lo político y lo económico en el propio estado. Las transformaciones del estado deben abordarse, entonces, como procesos de *metamorfosis* entre distintas formas de estado, entendidas de esta manera. Es imprescindible, sin embargo, no considerar estas metamorfosis de una manera determinista. Se trata de metamorfosis de relaciones de explotación y de dominación, es decir, de relaciones antagónicas. Y, en consecuencia, estas metamorfosis del estado, e incluso la propia reproducción de las relaciones de dominación como estado y de su articulación con las relaciones de explotación vigentes en el mercado, son procesos que se desarrollan a través de la lucha de clases y que nunca se encuentran garantizados de antemano.

Ahora bien, las características que revistió el estado argentino durante la década kirchnerista estuvieron determinadas por la profunda crisis de dominación que culminó a fines de 2001, así como por un conjunto de políticas públicas implementadas como respuestas, más o menos forzadas según los casos, ante dicha crisis. La década kirchnerista contrasta,

---

[112] Nos referimos, sencillamente, a esa "libertad en un doble sentido" que Marx identifica lógicamente como la condición de posibilidad para la constitución de la fuerza de trabajo en mercancía y que a la vez analiza como resultado histórico de la acumulación primitiva en el tomo I de *El Capital*.

en este sentido, con la década menemista. En efecto, el menemismo había impulsado en los noventa un proceso de reforma del estado que había arrojado como resultado una auténtica metamorfosis: la instauración de una nueva forma de estado, que podía definirse acabadamente como una forma neoconservadora o neoliberal de estado. No puede decirse lo mismo, en cambio, respecto del kirchnerismo. Aunque ciertamente no porque esa forma neoliberal de estado de los noventa se haya mantenido incólume durante la década siguiente. En realidad, como enseguida veremos, varios aspectos importantes de esa forma neoliberal de estado entraron efectivamente en crisis en aquella crisis de dominación que culminó a fines de 2001 y debieron ser modificados a través de las políticas públicas implementadas a partir de 2002 para salir de ella. Pero el resultado de este proceso de crisis y recomposición de la dominación no fue la instauración de una nueva forma de estado, propiamente hablando, sino más bien una desordenada reconstrucción del estado a partir de los escombros dejados por el derrumbe del estado neoliberal de los noventa.

La diferencia entre ambas cosas, para valernos de una metáfora arquitectónica, se asemeja a la diferencia existente entre una construcción diseñada y realizada por una firma arquitectónica y una construcción amateur levantada a partir del empleo de diversos materiales de demolición. La firma arquitectónica de la reforma del estado de los noventa fue el *Washington Consensus,* y su resultado fue la construcción de un estado neoliberal que se ajustaba bastante adecuadamente a sus planos.[113] La reconstrucción del estado durante la década siguiente se realizó aprovechando los escombros dejados por el derrumbe de este estado neoliberal, y su resultado fue un pastiche arquitectónico. Por cierto, nada asegura nunca la consistencia entre las diversas dimensiones de una forma de estado. La concepción del estado como una suerte de entidad monolítica y coherente es mistificadora simplemente porque, como modo de existencia de una relación antagónica entre clases, el estado está atravesado por la lu-

---

[113] En realidad, el análisis de los procesos de reforma del estado no puede circunscribirse al nivel nacional, sino que debe desenvolverse a nivel del sistema internacional de estados y, en los hechos, en otros estados latinoamericanos se registraron procesos de reforma neoliberal del estado muy semejantes al argentino. El recetario del Consenso de Washington no fue, en este sentido, sino la expresión político-ideológica privilegiada de estos procesos latinoamericanos de reforma estatal.

cha de clases y nada puede garantizar de antemano ni su unidad ni la funcionalidad entre sus distintas dimensiones. La lucha de clases suele expresarse en el estado, precisamente, como contradicciones internas al propio estado. Sin embargo –o mejor: por esta misma razón– las inconsistencias entre las diversas dimensiones de aquella forma neoliberal de estado instaurada en los noventa era notoriamente menor que las inconsistencias que, como veremos enseguida, caracterizarían al estado resultante de su crisis.

Antes de pasar al análisis del estado en el kirchnerismo, conviene añadir aún dos dificultades que enfrenta de antemano este análisis. En primer lugar, el análisis de los cambios sufridos por el estado durante la década presupone, naturalmente, un análisis adecuado de la forma neoliberal que revistió ese estado en la década previa. Y algo nos veremos obligados a decir sobre esta forma neoliberal de estado en este capítulo. Pero nuestro análisis descansará, en su mayor parte, sobre un análisis de la constitución de esa forma neoliberal de estado que desarrollamos en trabajos anteriores y que estará supuesto en estas páginas.[114] En segundo lugar, el análisis de los cambios sufridos por el estado durante la década pasada requiere distinguir entre aquellos procesos políticos que afectaron más profundamente la forma de estado vigente y aquellos que, aún cuando en algunos casos hayan sido importantes, no cristalizaron en grandes cambios en la forma de estado. Y esta distinción es muy compleja. Pero siguiendo nuestro criterio antes indicado de que las características de una forma de estado se estructuran a partir de la modalidad específica que adoptan las relaciones de dominación en su seno y de la manera específica en que estas relaciones de dominación se articulan con las relaciones de explotación, vamos a centrarnos en los procesos políticos que afectaron las relaciones entre los distintos poderes y modificaron las características internas de esos poderes (como, por ejemplo, la reorganización del Poder Ejecutivo y su relación con el Poder Judicial) en este capítulo y en los procesos políticos que afectaron las relaciones entre el estado y el mercado (como las medidas encaradas ante las empresas de servicios públicos privatizadas o concesionadas) en el siguiente. Y complementaremos este análisis de la forma de estado vigente mediante un

---

[114] Un análisis minucioso de esta forma neoliberal de estado de los noventa se encuentra en Bonnet (2008, especialmente capítulo 5) y en Piva (2012, especialmente capítulo 6).

análisis de algunos rasgos sobresalientes de la evolución del aparato y de las funciones del estado, pues los cambios en la forma de estado siempre decantan en cambios en este aparato y estas funciones del estado.

Pasemos, ahora sí, al análisis de los cambios en el estado durante la década. Y comencemos con los cambios que afectaron a las relaciones entre los distintos poderes y a las características internas de esos poderes, aspectos decisivos para el análisis de la forma de estado en cuestión. Recordemos en este sentido la posición privilegiada de la que gozaba, en la forma neoliberal de estado de los noventa, la autoridad económica y monetario-financiera dentro del Poder Ejecutivo. Este privilegio respondía al hecho de que la hegemonía articulada por el menemismo durante la década pasada, como sucede en todos los casos de hegemonías neoliberales, descansaba sobre el disciplinamiento de mercado de los trabajadores a través de políticas monetarias y financieras; en este caso, la política enmarcada en la convertibilidad del peso. Esa posición se materializó en el aparato de estado a través de la conversión del entonces Ministerio de Economía y Obras y Servicios Públicos (MEyOSP) en una suerte de *megaministerio* con mayor presupuesto disponible, atribuciones más amplias, personal más numeroso y capacitado y mayor independencia que ninguno de sus pares. A la cabeza de este *megaministerio* desde 1991, el ministro Domingo Cavallo y sus *técnicos*, en su mayoría provenientes de la Fundación Mediterránea y representantes de los sectores de la gran burguesía industriales y exportadores, supieron imponerse sobre los *políticos* de la administración menemista en muchos asuntos políticos decisivos e incluso cotizar más alto que el propio presidente Menem en muchas encuestas del período. El peso de este *megaministerio* de economía dentro del Poder Ejecutivo fue reforzado además por la independencia alcanzada por el Banco Central (BCRA) desde la modificación de su Carta Orgánica de 1992. Este BCRA, en manos de hombres del CEMA relacionados con la banca privada, como Roque Fernández y Pedro Pou, es decir, de representantes del sector financiero de esa gran burguesía, se convirtió así en una suerte de cuarto poder dentro del aparato de estado que colaboró con el MEyOSP en su tarea de imponer aquella disciplina de la convertibilidad.[115]

---

[115] Para un análisis más detallado de esta y las restantes características de esta forma neoliberal de estado abordadas en este capítulo volvemos a remitir a Bonnet (2008, cap. 5) y Piva (2012, cap. 6); para la relación entre técnicos y políticos en su seno, en particular, véase Thwaites Rey (2005).

Ahora bien, la autoridad económica y monetario-financiera comenzó a perder esa posición privilegiada a partir de la desarticulación de aquella hegemonía menemista en medio de la crisis política que culminó en diciembre de 2001. Sintomáticamente, la fugaz administración provisional de Rodríguez Sáa, en diciembre de 2001, redujo la jerarquía de ese MEyOSP a una mera Secretaría de Hacienda, Finanzas e Ingresos Públicos.[116] La administración provisional de Duhalde, entre enero de 2002 y mayo de 2003, restableció su jerarquía de ministerio a la dependencia a cargo del área económica, aunque también de una manera sintomática, y lo desdobló en un Ministerio de Economía y Finanzas Públicas y un Ministerio de Producción. Todavía más importante fue el reemplazo, ya por parte de la administración de Kirchner, de ese Ministerio de Producción duhaldista por el Ministerio de Planificación Federal, Inversión Pública y Servicios, cartera que absorbió las áreas de Energía y Comunicaciones (que pertenecían al Ministerio de Economía), las de Obras Públicas, Recursos Hídricos, Desarrollo Urbano y Vivienda y Energía Atómica (provenientes de la Presidencia de la Nación) y las áreas dedicadas al Sector Minero y al Transporte (que ya eran parte del disuelto Ministerio de la Producción; véase Decreto 1283/03 del 24/5/03) y que permaneció durante todo el período a cargo de Julio De Vido. Esta reorganización ministerial redujo en mayor medida aún el peso político, ya sea medido en presupuesto, atribuciones o personal, del remanente Ministerio de Economía y Producción, entre mayo de 2003 y diciembre de 2007.[117]

El peso de este Ministerio de Economía se vio menguado, además, por la mayor importancia alcanzada por el Ministerio de Trabajo, Empleo y Seguridad Social, a cargo de Carlos Tomada durante todo el período, gracias a las convocatorias a paritarias y negociaciones colectivas y a

---

[116] Rodríguez Sáa, en realidad, solo dejó en pie tres ministerios en su Gabinete (Interior, Relaciones Exteriores y Trabajo), degradando el resto al rango de secretarías (en la de Economía en particular había designado a Rodolfo Frigeri; *La Nación*, 23/12/01).

[117] El Ministerio de Planificación, de De Vido, pasaría a gozar así de una posición privilegiada semejante a aquella de la que había gozado antes el Ministerio de Economía, de Cavallo: eran de su incumbencia las obras públicas, la vivienda, las concesiones viales y portuarias, los transportes automotor, ferroviario y aéreo, la energía eléctrica, los combustibles, etc. y, aunque no participaba de una manera determinante dentro del conjunto del personal de la Administración Pública Nacional (APN) (con alrededor de un 4%), contaba con numerosas dependencias (4 secretarías, 9 subsecretarías y unos 26 organismos descentralizados a cargo, entre los que se destacaban los Entes Reguladores y las nuevas sociedades del estado) y con uno de los mayores presupuestos (un 12,6% del total, solo superado por el Ministerio de Trabajo, que está a cargo de la seguridad social) de esa APN.

su intervención en temas conflictivos y de impacto económico como la reforma de la Ley de ART, la Reforma Laboral o la reestatización del sistema de AFJP. El crecimiento de la estructura y del peso de este Ministerio de Trabajo, así como los del Ministerio de Desarrollo Social a cargo de Alicia Kirchner, fueron en verdad una sedimentación institucional de la estrategia de normalización de la conflictividad de los sindicatos y las organizaciones sociales desarrollada por el kirchnerismo (véase Piva, 2011b), estrategia sobre la que volveremos más adelante. La administración de Fernández de Kirchner, finalmente, profundizó la división de las dependencias a cargo del área de economía agregando dos nuevos ministerios en octubre de 2009: los de Industria y Turismo (que en julio de 2010 se desdoblaría, a su vez, en sendos Ministerios de Industria y Ministerio de Turismo) y de Agricultura, Ganadería y Pesca. El remanente Ministerio de Economía y Finanzas Públicas, naturalmente, fue perdiendo más importancia política aún en cada una de estas reorganizaciones de Gabinete.

Esta pérdida de peso de la autoridad económica y monetario-financiera puede confirmarse recordando los cuadros que la ejercieron. El ministro Lavagna, de la administración provisional de Duhalde, había sido un reconocido representante de la gran burguesía industrial, vinculado con los equipos de la UIA, y un cuadro que había gozado de importantes cuotas de poder y prestigio porque había sido designado (en abril de 2002, después del breve ministerio de Remes Lenicov) para enfrentar las críticas secuelas de la crisis económica que había culminado a fines de 2001. Y, como vimos en los primeros capítulos, la administración de Duhalde, con Lavagna como ministro clave, había resultado exitosa en su tarea de morigerar las consecuencias más catastróficas de esa profunda crisis. Pero quedaría en manos de la nueva administración electa de Kirchner la tarea de terminar de revertir esas consecuencias de la crisis y Kirchner mantendría inicialmente en su puesto al ministro Lavagna. El pedido de renuncia a Lavagna por parte de Kirchner en noviembre de 2005 fue, en este sentido, también un acontecimiento importante dentro de este proceso de pérdida de peso político de la autoridad económica y monetario-financiera que estamos analizando.

Lavagna ya había concluido esa tarea de revertir las consecuencias más catastróficas de la crisis mediante su reestructuración de las ¾ partes de la deuda en manos de tenedores privados. Y Kirchner, por su parte, ya había construido ese amplio consenso alrededor suyo que no había logrado construir antes de las elecciones presidenciales de abril de 2003, pero que acababa de confirmar en las parlamentarias de octubre de 2005.

Kirchner se independizaba entonces de quien había apadrinado su candidatura, Duhalde, y se deshacía de su ministro, Lavagna (véase *La Nación*, 29/11/05). A todo esto ya nos referimos en el segundo capítulo. Pero en un nivel más profundo de análisis que aquí nos interesa, la caída de Lavagna significó también un cambio en la relación entre la presidencia y el Ministerio de Economía dentro del Poder Ejecutivo. Lavagna, dentro del Ejecutivo, jugaba su propio juego: enfrentaba las políticas de otros ministros importantes, como las obras públicas y contrataciones De Vido, su rival desde la mencionada consolidación de la división del Ministerio de Economía, y las propuestas de modificación de la ley de riesgos de trabajo de Tomada, su otro rival del Ministerio de Trabajo. Y, además, se inclinaba por una contención de los aumentos de salarios y un enfriamiento de la economía ante una inflación que, recordemos, en 2005 ya había alcanzado un 9,6% y seguía acelerándose.[118]

A partir de ese momento, el Ministerio de Economía se convertiría en un mero apéndice de la presidencia. El propio Kirchner explicitó este significado de la caída de Lavagna cuando declaró: "Yo no puedo permitir que se dé un doble juego como ocurrió con Menem y Cavallo. La dirección del gobierno debe ser una sola" (*Clarín*, 29/11/05; véase Piva, 2011a). Los nombres que se sucedieron a la cabeza del Ministerio de Economía desde entonces confirmaron este cambio: Felisa Miceli hasta julio de 2007, Miguel Peirano hasta diciembre de 2007, Martín Lousteau hasta abril de 2008, Carlos Fernández hasta julio de 2009, Amado Boudou hasta diciembre de 2011, Carlos Lorenzino hasta noviembre de 2013 y Axel Kicillof hasta el presente. Digamos en pocas palabras que, si Lavagna había sido un reconocido cuadro de la gran burguesía industrial, una ministra como Miceli era una especie de oxímoron ("una economista del campo nacional y popular", en *La Nación*, 4/10/05) y uno como Fernández ya sencillamente no era nada ("un tipo serio, tranquilo, responsable", en *Clarín*, 25/4/08).

---

[118] Los detonantes de la renuncia fueron precisamente sus declaraciones en dos ocasiones: la 53° convención anual de la Cámara Argentina de la Construcción el 21/11/05, en la que había denunciado la cartelización del sector y el pago de sobreprecios en las obras públicas por parte del estado (un cuestionamiento indirecto a De Vido) y el 41° Coloquio Anual de IDEA el 25/11/05, en el que había vinculado la inflación a los aumentos de salarios (un cuestionamiento indirecto a Tomada, y también al propio Kirchner, que venía de enfrentarse con las cadenas Coto y Cencosud por este motivo).

La pérdida de independencia del Banco Central, finalmente, confirmó esta pérdida de peso de la autoridad económica y monetario-financiera. Ya caída la convertibilidad con la devaluación de la moneda, la administración de Duhalde reformó la carta orgánica del BCRA (Ley 25.562/02, promulgada junto con la ley de emergencia en febrero de 2002), devolvió al Banco Central sus funciones, vedadas por la convertibilidad, de emitir billetes sin mantener ninguna relación con su nivel de reservas, de actuar como prestamista en última instancia de la banca privada, de asistir al tesoro y de intervenir en el mercado cambiario. Ciertamente, esta reforma respondía, por un lado, a la necesidad de adecuar las funciones del Banco Central a un tipo de cambio libre y bajo un esquema de flotación sucia y, por otro lado, al reclamo de la banca privada de que el central interviniera en el salvataje de las entidades en peligro de quiebra que analizamos en el segundo capítulo. Pero aquí importa más bien remarcar que esta reforma también terminaba en los hechos con la independencia de ese Banco Central, y lo subordinaba más estrechamente a un Ministerio de Economía que había recuperado su capacidad de desarrollar políticas cambiarias y monetarias activas.

Durante casi toda la década siguiente, el BCRA seguiría siendo dirigido, sin que se suscitaran mayores conflictos, por dos hombres provenientes de la gran banca privada (Alfonso Prat Gay y, desde septiembre de 2004, Martín Redrado). Pero en diciembre de 2009, se inició un enfrentamiento entre la presidencia y el BCRA a raíz de la negativa de este último de aportar las reservas requeridas por Fernández de Kirchner para pagar deuda externa.[119] En consecuencia, en enero de 2010 la presidenta destituyó por decreto y denunció judicialmente a Redrado, lo que desencadenó un conflicto que atravesó la división de poderes en su conjunto: el presidente del Banco Central se acantonó en la autarquía que le garantizaba su carta orgánica, el Poder Judicial avaló inicialmente su posición, el arco completo de la oposición parlamentaria respaldó la independencia del Banco Central y exigió la resolución del conflicto en una

---

[119] La presidencia había creado el Fondo del Bicentenario para el Desendeudamiento y la Estabilidad (DNU 2010/09 del 15/12/09), que consistía en USD 6.500 millones y representaba un 37% de las reservas de libre disponibilidad (de USD 18.000) y un 14% de las reservas totales (de USD 47.000), a cambio de una Letra del Tesoro a 10 años, para pagar deuda externa.

bicameral e, incluso, una de las provincias inició acciones legales contra el gobierno nacional. Pero desempató la propia banca: tanto ADEBA como ABAPPRA, en medio del derrumbe de las cotizaciones de los bonos de deuda y las acciones, ya a comienzos de enero habían solicitado a Redrado que renunciara a su cargo en beneficio de "la institucionalidad y la estabilidad del sistema financiero" (*Ámbito Financiero*, 8/1/10).[120] Y terminó renunciando a fin de mes. El reemplazo de Redrado por Mercedes Marcó del Pont confirmaría poco después aquella pérdida de peso de la autoridad económica y monetario-financiera.

Detengámonos ahora un momento en el significado de esta pérdida de peso de la autoridad económica y monetario-financiera dentro del Poder Ejecutivo. Estamos pues ante una huella en la forma de estado, materializada a su vez en el aparato de estado, del pasaje de un modo de ejercicio de la dominación política a otro diferente. Se trata del pasaje desde un modo de ejercicio de la dominación política que descansaba en el disciplinamiento de mercado de la clase trabajadora, disciplinamiento que requería que la autoridad económica y monetario-financiera gozara de una posición privilegiada dentro del Poder Ejecutivo, hacia un modo de ejercicio de la dominación política que descansa en el arbitraje activo entre intereses, arbitraje que requiere en cambio la subordinación de esa autoridad económica y monetario-financiera a la presidencia. En aquel modo de ejercicio de la dominación política característico del neoliberalismo, ciertamente, el presidente también realizaba un arbitraje, pero era un arbitraje diferente. La presidencia desempeñaba, dentro del Poder Ejecutivo, una función de arbitraje en la mencionada disputa entre *técnicos* y *políticos* –facilitando, normalmente, la imposición de los primeros–. Y esta función de arbitraje se perdería más tarde, junto con la propia posición privilegiada de la autoridad económica y monetario-financiera dentro de ese Poder Ejecutivo. Pero esto no suprimiría sin más ni la importancia de la presidencia ni su función de arbitraje: la presidencia seguiría siendo una instancia muy importante y seguiría arbitrando, pero pasaría a arbitrar directamente entre los intereses de las distintas clases y

---

[120] La Asociación de Bancos Públicos y Privados de la república Argentina (ABAPPRA, sucesora de la ABAPRA de 1959) es la organización que nuclea fundamentalmente a los bancos públicos, mientras que la Asociación de bancos Privados de Capital Argentino (ADEBA, sucesora de la ABA de 1972) nuclea a los bancos privados domésticos. En 1999, ambas organizaciones habían confluido en la ABA junto con los bancos privados extranjeros, pero desde 2003 volverían a separarse.

fracciones de clases. La diferencia, en pocas palabras, es la siguiente. Menem arbitraba entre los *técnicos* y los *políticos* dentro de su propio gobierno para hacer que estos últimos gestionaran políticamente el disciplinamiento de mercado impuesto por los primeros. Y solo muy marginalmente Menem se veían en la necesidad de arbitrar de manera directa entre los intereses de las distintas clases y fracciones de clase, porque ese mismo disciplinamiento impuesto por la convertibilidad alcanzaba en buena medida para sustentar la dominación –e, incluso, un modo de ejercicio de la dominación de características hegemónicas–. Kirchner, en cambio, no arbitraba entre distintos sectores de su propio gobierno, sino que tendía a subordinarlos y, en este sentido, mantuvo e incluso reforzó la importancia de la presidencia dentro del Ejecutivo. Pero Kirchner arbitraba de manera directa en mucha mayor medida que Menem entre los intereses de las distintas clases y fracciones de clase. Ciertamente, si aquel modo de ejercicio de la dominación sustentado en el disciplinamiento de mercado de Menem era típicamente neoliberal, este modo de ejercicio de la dominación sustentado en el arbitraje activo entre intereses está más emparentado con la tradición populista. Pero más adelante volveremos sobre este asunto. Digamos, por ahora, que ambos dejaron sus huellas en la forma y en el aparato del estado.

Ahora bien, la forma neoliberal de estado de los noventa reforzó además el predominio del Poder Ejecutivo sobre los restantes poderes Legislativo y Judicial. Este reforzamiento del predominio del Ejecutivo se evidenció, particularmente, en las prácticas legisladoras del Ejecutivo (los decretos y los vetos) y en sus intervenciones en la práctica jurídica (la ampliación de la Suprema Corte y algunas otras medidas), normalizadas ambas luego en la Constitución de 1994. La administración menemista se valió de decretos de necesidad y urgencia para sancionar muchas de las medidas más importantes de la reestructuración capitalista que encaró. Y la constitucionalidad de estos decretos requería a su vez la convalidación de la Suprema Corte de Justicia. La administración menemista aumentó entonces los miembros de la máxima corte y nombró jueces adictos para ocupar los nuevos cargos; asegurándose de esa manera, una *mayoría automática*. Si bien estos cambios no implicaron una ruptura completa con el pasado, sí implicaron una recuperación y una profundización del predominio del Ejecutivo sobre los restantes poderes preexistente tanto en la norma constitucional como en la práctica política argentina. Y, en este sentido, estos cambios fueron ingredientes de la metamorfosis en curso hacia una nueva forma neoliberal de estado.

A esta subordinación de los poderes Legislativo y Judicial debe aña-
dirse, además, la efectiva subordinación de las Fuerzas Armadas al Poder
Ejecutivo, es decir, al presidente en su calidad de comandante en jefe de
las Fuerzas Armadas. Esto es así simplemente porque, en los hechos, esas
Fuerzas Armadas habían funcionado en la historia argentina previa como
una suerte de cuarto poder en las democracias tuteladas (como las de
Frondizi e Illia) o sin más como un Poder Ejecutivo-Legislativo unificado
en las dictaduras (en la *Libertadora* o el *Proceso*). Y, aunque profundamente debilitadas y deslegitimadas a la salida de la última dictadura,
todavía habían sido capaces de presionar al gobierno alfonsinista en busca de impunidad mediante los levantamientos *carapintadas*. Sin embargo,
la administración menemista logró subordinar a las Fuerzas Armadas al
Poder Ejecutivo, mediante el otorgamiento de la más amplia amnistía
para el genocidio perpetrado por los militares en el pasado a cambio de
su más completa subordinación presente y futura. Esta subordinación ya
se puso a prueba en la represión del levantamiento militar de diciembre
de 1990, que liquidó al movimiento carapintada. Pero fue reforzada más
tarde mediante un cambio en las características, las capacidades y las
orientaciones de las Fuerzas Armadas (en materia de presupuesto, privatizaciones, reclutamiento rentado, nuevas hipótesis de conflicto, etc.).[121]

Finalmente, debemos tener en cuenta también la división jurisdiccional del poder entre los niveles nacional, provincial y municipal, que
complementa aquella otra división funcional entre las instancias del Ejecutivo, el Legislativo y el Judicial. En este sentido, la profundización del
proceso de descentralización de las funciones educativas y sanitarias del
estado (la atención en primera instancia de la salud, la educación en sus
niveles secundario, normal y técnico, la construcción de viviendas, la
provisión de agua, servicios cloacales y electricidad y el mantenimiento

---

[121] Mencionamos aquí a las Fuerzas Armadas porque consideramos que no puede analizar-
se la división de poderes en la Argentina, desde una perspectiva histórica amplia, sin
considerar el papel desempeñado por ellas como esa suerte de *cuarto poder*. Empero, la
reorientación de las políticas de derechos humanos y de defensa por parte de las administraciones kirchneristas no parece haber alterado esa posición subordinada de las Fuerzas
Armadas dentro de la división de poderes heredada de los noventa, de manera que no
volveremos sobre ellas en estas páginas.

de la red vial) desde el aparato estatal central hacia los aparatos provinciales o municipales, por una parte, y cierta tendencia inversa hacia la centralización de la función represiva del estado (intervención creciente de Gendarmería en los conflictos provinciales mediante) también modificaron decididamente la ecuación entre centralización y descentralización del estado durante los noventa.

Ahora bien, a simple vista, esta organización del poder parece haberse mantenido durante la década siguiente; sin embargo, un análisis más minucioso pone en evidencia algunos cambios importantes. El reiterado recurso de las administraciones de Duhalde y Kirchner a la legislación mediante decretos de necesidad y urgencia entre 2002 y 2007 y, más importante aún, las sucesivas prórrogas y, finalmente, la conversión en ley en 2006 de la delegación de facultades del Legislativo en el Ejecutivo, parecieron poner en evidencia un mantenimiento e, incluso, un reforzamiento de la subordinación del Poder Legislativo al Ejecutivo.[122] Sin embargo, hay que introducir ciertos matices. Las prórrogas de los superpoderes en materia presupuestaria y el empleo de decretos de necesidad y urgencia, instaurados o reforzados en los contextos de reestructuración y de crisis de los noventa, adquirieron un carácter distinto en el posterior contexto de recuperación de las políticas monetarias y cambiarias activas

---

[122] Un estudio del Centro de Estudios Nueva Mayoría de marzo de 2009 contabilizó que Alfonsín había firmado 10 DNU (0,1 por mes), Menem 545 (4,4 por mes), De La Rúa 73 (3 por mes), Duhalde 158 (9,3 por mes), Kirchner 270 (5 por mes) y Fernández de Kirchner 29 (0,7 por mes hasta fines de 2011). A su vez, la delegación de poderes del Legislativo al Ejecutivo en materia presupuestaria comenzó como delegación de la capacidad de realizar recortes del gasto público ante la crisis de 1995 (Ley 25.629/96 de Segunda Reforma del estado, art. 8, sancionada en febrero de 1996) y se mantuvo, aunque solo en cuanto a reasignaciones de fondos, en las leyes presupuestarias de 1997-99. La delegación que autorizaba al Jefe de Gabinete a realizar cambios en el presupuesto nacional sin autorización previa del Congreso con fines de recorte de gastos públicos se reforzó en la crisis de 2000-01 (Leyes Presupuestarias 25.237/00 art. 20 y 25.401/01 arts. 19 y 92), siempre modificando la Ley de Administración Financiera vigente (25.156, art. 37). Y esta "delegación ampliada" se combinó con la Ley de Déficit Cero 25.152/01 en 2001. La ley presupuestaria de 2002 volvió a restringir esa delegación, pero las de 2003 y subsiguientes la restauraron y reforzaron, hasta convertirse en ley permanente a mediados de 2006 (*La Nación*, 3/8/06; para un análisis de conjunto, véase Bonvecchi y Rodríguez ,2006).

y de posibilidad de captación de excedentes mediante impuestos sobre un cuantioso superávit comercial (véase Piva, 2011a). Ambos aspectos supusieron una mayor capacidad de arbitraje entre fracciones de la burguesía para un Poder Ejecutivo en el que, como vimos, el ala política había subordinado al ala económica. Las facultades delegadas en materia presupuestaria e impositiva y las posibilidades de legislar por decreto otorgaron al Ejecutivo una amplia discreción para definir políticas sectoriales y se volvieron más controvertidas.

Esto explica, en particular, el hecho de que el eje del conflicto con la burguesía agraria (que, como mencionamos en el cuarto capítulo, se suscitó por una resolución que intentaba imponer un nuevo esquema de retenciones móviles a las exportaciones de cereales y oleaginosas) se desplazara gradualmente desde la impugnación del impuesto mismo hacia una impugnación más amplia de esa subordinación del Poder Legislativo al Ejecutivo, puesta de manifiesto en la modificación de dicho impuesto por decreto, así como hacia una impugnación de la subordinación de las provincias a la Nación, a raíz del carácter no-coparticipable de las retenciones. Digamos que la burguesía agraria actualizó así la prerrogativa histórica del Poder Legislativo, dentro de la división de poderes, de crear, modificar o derogar impuestos y de sancionar el presupuesto –prerrogativa que Weber (1991) había considerado, correctamente, como propia del Poder Legislativo en su función de resguardar la igualdad de los capitales frente al estado ante potenciales arbitrariedades del Poder Ejecutivo. Este conflicto interburgués involucró por primera vez desde 1999-2002, como ya señalamos antes, una importante ruptura del bloque en el poder, con la defección de las fracciones burguesas vinculadas directa o indirectamente con la producción agraria y agroindustrial. La resolución del conflicto en el Senado después de la decisión de la propia presidenta, políticamente derrotada en las calles, de someter al Congreso aquella resolución 125/08 en julio de 2008, sacudió a su vez la subordinación del Poder Legislativo al Ejecutivo. Y la ulterior derrota electoral del oficialismo en las parlamentarias de junio de 2009, que resultó en la pérdida de su mayoría parlamentaria, volvió aún más conflictivas las relaciones entre el Ejecutivo y el Legislativo. El Parlamento pareció por un momento volver a desempeñarse como caja de resonancia de la lucha de clases y mesa de negociaciones entre las distintas fracciones de la burguesía que ejercen su poder de *lobby* o se sientan directamente en sus bancas. Sin embargo, la legislación por decreto (aunque reducida a un promedio de menos de un decreto por mes) y la delegación de poderes (los *superpoderes*, coyunturalmente acotados, se prorrogarían más tarde) seguirían mediando las relaciones entre ambos poderes. [123]

El significado de estos virajes en las relaciones entre los poderes Ejecutivo y Legislativo, como puede apreciarse, es incierto. Durante la crisis política de 2008-09, pareció cuestionada la subordinación del Legislativo al Ejecutivo, pero después, la incapacidad de la fragmentada oposición parlamentaria de articular una estrategia que fuera más allá del bloqueo legislativo combinada con la recomposición del consenso social alrededor del gobierno, que analizamos en el capítulo anterior, parecen haber devuelto su predominio al Ejecutivo. Es posible concluir con certeza, sin embargo, que esta inestabilidad de las relaciones entre poderes constituye en sí misma un índice de la crisis de la forma neoliberal de estado heredada de los noventa.

Mucho más manifiesta fue la menor subordinación del Poder Judicial al Ejecutivo durante la década. La justicia en su conjunto y especialmente la Corte Suprema heredada del menemismo se habían hundido en un profundo descrédito, que se había evidenciado de una manera privilegiada en los *escraches* a los Tribunales que habían convalidado la expropiación de los ahorros realizada mediante el *corralito* de fines de 2001 y comienzos de 2002. Y, como vimos en el tercer capítulo, Kirchner encaró desde el comienzo de su presidencia una profunda depuración de esa corte. El máximo tribunal resultante de este proceso de depuración, compuesto por los jueces Petracchi y Fayt, nombrados por Alfonsín, Maqueda, nombrado por Duhalde, y Zaffaroni, Argibay, Highton de Nolasco y Lorenzetti, jueces nombrados por el propio Kirchner en reemplazo de los cuestionados jueces menemistas renunciantes o destituidos, resultaba de antemano mucho más independiente del Poder Ejecutivo que la vieja *corte de los milagros* de Menem.

Y también, especialmente a partir de la crisis política de 2008-09, esta mayor independencia de la máxima corte se expresó en varios conflictos

---

[123] También, parece haberse registrado una creciente apelación de la presidencia al veto de leyes. Los vetos a las leyes de protección de glaciares en noviembre de 2008 y del 82% móvil para las jubilaciones de octubre de 2010 y el veto parcial a la ley antilavado, en un artículo que había sido acordado por oficialismo y oposición para posibilitar su sanción por unanimidad, en julio de 2011 son los tres casos más importantes.

entre los poderes Ejecutivo y Judicial.[124] Veamos apenas un par de ejemplos de estos conflictos. La mencionada creación por decreto del Fondo del Bicentenario enfrentó un fallo de inconstitucionalidad de la Justicia de San Luís (*Clarín*, 28/12/09) y la creación de su reemplazante Fondo del Desendeudamiento Argentino (*Clarín*, 2/3/10), también por decreto, chocó con medidas cautelares dictadas por la Justicia Federal a instancias de diputados opositores. Estos conflictos, empero, se resolvieron sin que la máxima Corte rompiera abiertamente con el Poder Ejecutivo (esta esquivó, por ejemplo, una intervención directa en el caso de la destitución de Redrado). Pero algo distinto sucedió en el conflicto originado en la decisión de la Corte Suprema de exigir que el gobierno de Santa Cruz repusiera al procurador de la provincia Eduardo Sosa (a quien Kirchner había cesanteado cuando era gobernador, quince años atrás) y en su posterior denuncia penal contra el gobernador kirchnerista Daniel Peralta por incumplimiento de los deberes de funcionario público (que puso a la provincia al borde de la intervención) en septiembre de 2010. En esta ocasión, hubo un enfrentamiento abierto entre el Ejecutivo y la Corte (la propia presidenta, el jefe de Gabinete Fernández y el Secretario Legal y Técnico Zanini salieron en los medios a respaldar al gobernador y a cuestionar a la Corte; *Clarín*, 15/9 y 19/10/10).[125]

La otra institución particular que merece mencionarse a propósito de estos enfrentamientos entre los poderes Ejecutivo y Judicial es el Consejo de la Magistratura. Este organismo de selección de jueces había sido previsto en la Constitución reformada de 1994, pero recién empezó a integrarse entre 1999 y 2001, gracias a la promulgación de la Ley 24.939/98 en 1998, de manera que no fue una de las piezas de la justicia menemista de los noventa. El Consejo perdió protagonismo más tarde, pero lo recuperó a partir de 2003 debido precisamente a los juicios a los miembros

---

[124] No puede pasarse por alto el hecho de que esa escalada se haya desatado especialmente después de que el kirchnerismo enfrentara dicha crisis política. Helmke (2003) habla en este sentido de una "defección estratégica" de las Cortes Supremas cuando los gobiernos pierden consenso y parecen avecinarse recambios.

[125] Desde entonces, el gobierno y la Corte volverían a enfrentarse a raíz del fallo cautelar contra el cierre de Fibertel dictado por un juez platense (*La Nación*, 29/9/10), del fallo de un Juzgado Federal de nulidad de la intervención de Papel Prensa y de remoción de los representantes gubernamentales en su directorio (*La Nación*, 17/9/10), etc.

de la corte menemista y a otras intervenciones de selección, acusación y disciplina. La independencia de este Consejo respecto del Poder Ejecutivo, ciertamente, fue motivo de cuestionamientos, especialmente desde la modificación de su composición mediante la Ley 26.080/06 de 2006.[126] Pero en cualquier caso, las elecciones de representantes de los jueces y los abogados en el Consejo amenazaron la mayoría oficialista.

Esta escalada de conflictos entre los poderes Ejecutivo y Judicial, empero, se radicalizaría durante la primera mitad de 2013. El escandaloso fallo de la justicia tucumana en el caso de Marita Verón, en diciembre de 2012, fue la ocasión escogida por la presidenta Fernández de Kirchner para anunciar su intención de "democratizar la justicia".[127] Unas semanas más tarde, en enero de 2013, ante la decisión de la Cámara Civil y Comercial Federal de otorgar una medida cautelar a la SRA a propósito de la propiedad del predio de La Rural, pero recordando también el otorgamiento previo de las mencionadas cautelares al Grupo Clarín a propósito de la Ley de Medios, la presidenta volvió sobre la reforma de la Justicia en cuestión. Y finalmente, en abril de 2013, anunció el contenido de dicha reforma. Se trataba de seis iniciativas que contemplaban la creación de tres nuevas cámaras federales de casación, la regulación de las medidas cautelares, la reforma del mencionado Consejo de la Magistratura, la publicidad de las decisiones del Poder Judicial y de las declaraciones juradas de bienes de los jueces y funcionarios del Poder Judicial y la regulación del ingreso al Poder Judicial, iniciativas que el Congreso aprobaría a fines de mes (como Leyes 26.853, 26.854, 26.855, 26.856, 26.857 y 26.861/13, respectivamente). La clave de la reforma en cuestión

---

[126] A propósito de esta problemática de la selección de jueces y de la intervención en ella de la presidencia y del consejo, véase Roth (2007) y Llanos y Figueroa Schribber (2008). El Consejo de la Magistratura está compuesto por 13 miembros: 2+1 representantes de mayoría y minoría de senadores, 2+1 de mayoría y minoría de diputados, 1 de presidencia, 3 de jueces, 2 de abogados y 1 académico. La última conformación del Consejo otorgó 6 representantes a la oposición y otros 6 al oficialismo más 1 independiente. Sin embargo, el grueso de las decisiones del Consejo debe ser tomado por una mayoría de dos tercios, que ninguno de los dos bloques posee.

[127] Recordemos que es un caso de trata de mujeres y de prostitución forzada del que había sido víctima la joven María de los Ángeles Verón en Tucumán y La Rioja en 2002. El juicio, realizado durante 2012, acabó en la absolución de los 13 imputados en la causa por la Sala I de la Cámara Penal de Tucumán (aunque la sentencia fue revocada por la Corte Suprema de la provincia en abril de 2014).

estaba en la segunda y la tercera de estas leyes, que restringían el recurso a medidas cautelares contra el gobierno y aumentaba el número de miembros del Consejo de la Magistratura y convertía a los representantes de los jueces, abogados y académicos en ella en representantes electos por voto popular. Sin embargo, la Corte Suprema, en junio de 2013, declaró la inconstitucionalidad de los artículos fundamentales de esta última ley, suspendiendo la elección de nuevos miembros para el Consejo de la Magistratura, prevista inicialmente para las primarias de agosto de 2013, y algunos otros aspectos de la reforma de la Justicia. Este fue, indudablemente, uno de los mayores conflictos entre los poderes Ejecutivo y Judicial del período.

Finalmente, si analizamos la división jurisdiccional del poder entre los niveles nacional, provincial y municipal, la ecuación entre centralización y descentralización del estado característica de la forma neoliberal de estado instaurada en los noventa, parece haberse mantenido desde una perspectiva normativa. Ni el ejercicio descentralizado de las funciones educativas y sanitarias del estado ni (la posibilidad de) un ejercicio centralizado de su función represiva se revirtieron durante la década en curso. Sin embargo, si atendemos al ejercicio efectivo del conjunto de las funciones del estado, se advierten algunas diferencias importantes. El estado nacional parece haber recuperado mayor protagonismo. Una comparación entre la evolución del gasto público del gobierno nacional y de los gobiernos provinciales (y porteño) puede servirnos como aproximación. La descentralización de la década pasada había quedado bien registrada en esta evolución del gasto público: mientras que entre 1991 y 2001 el gasto del gobierno nacional se incrementó un 25% (o, en otras palabras, se redujo 0,2 puntos del PBI), el gasto de los gobiernos provinciales y porteño se incrementó un 84% (4,34 puntos del PBI).[128] Pero la evolución del gasto público parece registrar cierta reversión de esa descentralización durante la década siguiente. En un contexto general de expansión del gasto público, entre 2002 y 2009, el gasto de los gobiernos provinciales y porteño aumentó otro 177% (otros 4,72 puntos del PBI), pero

---

[128] Esta descentralización también puede constatarse si atendemos a la evolución del empleo público: durante la década de los noventa, las provincias pasaron de explicar un 40% a explicar un 65% del empleo público y los municipios de un 14% a un 20%. Estas proporciones, sin embargo, se mantuvieron más o menos constantes desde entonces.

el gasto del gobierno nacional aumentó en mayor medida aún: un 208% (o 8,41 puntos del PBI). Naturalmente, este mayor protagonismo del estado nacional no se registra en materia represiva, sino en materia de asistencia social y, principalmente, de subsidios, como enseguida veremos.[129] Digamos, por ahora, que estos cambios que afectaron la organización jurisdiccional del poder entre los niveles nacional, provincial y municipal, sumados a aquellos otros que afectaron a la organización funcional del poder entre las instancias del Ejecutivo, el Legislativo y el Judicial y dentro de dichas instancias, pusieron en evidencia que varias de las características distintivas de la forma neoliberal de estado que había sido instaurada durante la década de los noventa y había sido impugnada durante la crisis de dominación que había cerrado la década resultaron modificadas por una serie de políticas implementadas como respuestas a dicha crisis.

---

[129] El grado en que el estado ejerce su función represiva no se refleja adecuadamente en datos del gasto público pero, como veremos, las intervenciones represivas del estado nacional en conflictos sociales fueron muy puntuales durante la década en curso. El grado en que ejerce funciones sociales y económicas, en cambio, se refleja mejor y puede constatarse ese mayor protagonismo del estado nacional en la evolución del gasto social (especialmente en asistencia social) y del gasto en servicios económicos (especialmente en los subsidios vinculados con energía y combustibles y con transportes). Los datos son de elaboración propia sobre la base de datos de la Dirección Nacional de Análisis del Gasto Público y Programas Sociales del Ministerio de Economía.

Capítulo 8. Las relaciones entre estado y mercado

Ahora bien, nuestro análisis de los cambios en la forma de estado durante la década no puede limitarse a esos cambios que afectaron a la organización funcional y jurisdiccional del poder, sino que debe incluir también los cambios en las relaciones entre el estado y el mercado. En efecto, la metamorfosis del estado argentino hacia una forma neoliberal de estado en los noventa había involucrado una profunda alteración de las relaciones entre el estado y el mercado. Y esta alteración había afectado a la forma de estado en cuestión. Las políticas de desregulación del mercado doméstico, de apertura al mercado mundial, de privatizaciones y concesiones de empresas públicas modificaron radicalmente las relaciones entre el estado y el mercado durante los noventa. Y algunas de estas políticas entraron en crisis y serían revertidas durante la década siguiente. A continuación, para ordenar nuestra exposición, vamos a desagregar estas relaciones entre el estado y el mercado según involucren a los mercados de capitales, de trabajo o de bienes y servicios.

Las relaciones entre el estado y el mercado de capitales se modificaron drásticamente a partir de la caída en la cesación de pagos de la deuda externa a fines de 2001.[130] Ya nos referimos en los primeros capítulos a la serie de acontecimientos en esta materia que se sucedieron desde la declaración de la suspensión del pago de la deuda externa en manos de

---

[130] La crisis y la estatización del sistema de jubilaciones y pensiones (las AFJP) debe considerarse como un segundo acontecimiento dentro de esta modificación de las relaciones entre el estado y el mercado de capitales, vinculado con esta crisis y cesación de pagos de la deuda externa en varios sentidos, aunque de importancia más acotada. Esto es así porque la implementación de ese sistema en los noventa había apuntado precisamente a posibilitar el fondeo en un mercado de capitales doméstico ampliado, complementario del fondeo en los mercados internacionales. Pero vamos a abordar la estatización de las AFJP un poco más adelante, dentro del análisis de la evolución de las restantes empresas privatizadas y concesionadas en los noventa.

tenedores privados por parte de la efímera administración de Rodríguez Sáa a fines de 2001, pasando por el mantenimiento de esta situación de *default* acompañada por cuantiosos pagos de deuda a los acreedores institucionales entre 2002 y 2004 por parte de las administraciones de Duhalde y Kirchner, hasta las posteriores reestructuración de la deuda externa en manos privadas y cancelaciones adelantadas de deuda en manos institucionales que encararon las administraciones de Kirchner y Fernández de Kirchner desde 2005 en adelante. Y también, señalamos que, más allá de la retórica del *desendeudamiento* con la que el kirchnerismo revistió estos acontecimientos, modificaron efectivamente las relaciones del estado con los mercados y los organismos financieros internacionales. Veamos ahora en qué consiste esta modificación. Buena parte de la capacidad de ejercicio de la dominación política por parte de los estados neoliberales descansa en su capacidad de convalidar políticamente las sanciones que los flujos y reflujos de capital —y, especialmente, de capital-dinero, arbitrados por las tasas de interés— ejercen sobre las condiciones de explotación y dominación vigentes en los distintos rincones del mercado mundial (véase en este sentido Bonnet, 2003). Y los organismos financieros internacionales refuerzan a escala supranacional ese mecanismo de convalidación que los estados neoliberales implementan a escala nacional. Así sucedió, precisamente, en el caso del estado neoliberal argentino durante los noventa. Pero la crisis de este estado neoliberal que cerró la década acarreó una crisis de ese mecanismo de convalidación en la forma de una crisis de la deuda externa, es decir, de las relaciones entre el estado, por una parte, y los mercados y los organismos financieros internacionales, por la otra. Las relaciones entre el estado y el mercado de capitales ya no serían las mismas después de ese momento.

También, se modificaron las relaciones entre el estado y el mercado de trabajo. Ya mencionamos antes la centralidad que adoptó la negociación colectiva desde mediados de la década. En efecto, durante los primeros años, las relaciones entre el estado y el mercado de trabajo estuvieron dominadas por medidas de emergencia ante la crisis, como la devolución del recorte a los salarios del sector público y el otorgamiento de aumentos de suma fija no remunerativa para los salarios del sector privado. Pero desde mediados de la década, comenzó a ganar importancia dentro de dichas relaciones el manejo del salario mínimo, vital y móvil y más tarde, conforme se multiplicaba la firma de acuerdos y convenios colectivos en un contexto de reactivación económica y aumento de la ocupación y la inflación, la intervención del gobierno, aliado con sectores de la burocracia sindical, en el establecimiento de techos salariales a los aumentos pactados en dichas negociaciones.[131] En sentido estricto, la tendencia de las políticas neoliberales a dejar la regulación del mercado de trabajo en manos de sus propios mecanismos de disciplinamiento (aumento del desempleo y de la precarización del trabajo mediante), limitándose en el mejor de los casos a convalidar políticamente la operatoria de esos mecanismos mercantiles (por ejemplo, mediante la vinculación por ley de los aumentos salariales a los aumentos de productividad o la flexibilización de la legislación sobre contratos y condiciones de trabajo), no dejó de operar porque no se revirtió de una manera sistemática la desregulación del mercado de trabajo impuesta en los noventa. La principal iniciativa en este sentido, la sanción de la Ley de Ordenamiento Laboral 25.877/04 de marzo de 2004 (que derogó la Ley de Empleo Estable 25.250/00, la denominada Ley Banelco, de De La Rúa) restituyó la ultra actividad y la preeminencia de la negociación colectiva e incluyó ciertas mejoras en materia de duración del período de prueba, plazos de preaviso e indemnizaciones, pero no implicó una reversión de conjunto de la ofensiva precarizadora impuesta en los noventa. Sin embargo, no es menos cierto que aquellas intervenciones del gobierno en el mercado de trabajo a través del manejo del salario mínimo y del establecimiento de techos en las negociaciones salariales acarrearon cambios para las relaciones entre el estado y el mercado de trabajo.

Las relaciones entre el estado y los mercados de bienes y servicios, finalmente, no sufrieron modificaciones menos importantes. Veamos. La propia devaluación del peso impuesta por la crisis de la convertibilidad acarreó por sí misma cierto grado de desconexión de la formación interna de los precios de las mercancías transables respecto de los vigentes en el mercado mundial, es decir, cierta reversión en los hechos de la apertura externa impuesta en los noventa. Esta desconexión relativa, en la medida en que fue mantenida más tarde mediante una política de intervención en el mercado cambiario orientada hacia el sostenimiento de un tipo de cambio competitivo (combinada con retenciones a las exportaciones) implicó una modificación en las relaciones entre el estado y el mercado. Esa formación interna de precios relativamente desconectada

---

[131] Véase en este sentido el análisis de Marticorena (2010, 2013) de las características y los contenidos de los convenios y acuerdos firmados en la industria manufacturera durante el período.

respecto del mercado mundial se vio sometida a su vez, desde mediados de la década, a creciente presión inflacionaria. Y el resultante aumento del tipo de cambio real fue neutralizando paulatinamente aquella política orientada a mantener un tipo de cambio nominal competitivo. Pero las medidas antiinflacionarias orientadas hacia el control de los precios (y del tipo de cambio) adoptadas a continuación, aunque fueran acotadas y en última instancia ineficaces, involucraron asimismo nuevos cambios para la relación entre el estado y el mercado. Sin embargo, el estado desempeñó un papel especialmente importante a propósito de la formación de los precios y las tarifas de un conjunto específico de bienes (los combustibles y la energía) y de servicios (los transportes, las telecomunicaciones, etc.). Nos referimos, naturalmente, a los precios y las tarifas de las empresas públicas que habían sido privatizadas o concesionadas durante los noventa. La reducción en términos reales de estos precios y tarifas, compensada desde mediados de la década por el otorgamiento de crecientes subsidios, implicó seguramente la intervención más importante del estado en los mercados de bienes y servicios.

En efecto, ese proceso de privatizaciones y concesiones de empresas públicas de los noventa había sido el paso más ambicioso y duradero en el camino hacia la instauración de una forma neoliberal de estado, de manera que conviene analizar su evolución durante la década siguiente por separado y con mayor detalle. El proceso argentino de privatizaciones y concesiones de empresas públicas había sido uno de los más rápidos y amplios de la historia. La Ley 23.696/89 de Reforma del estado inició dicho proceso en 1989; y entre 1990 y 1994, la administración encabezada por Menem privatizó y concesionó activos por unos USD 21.700 millones (según datos del MEyOSP, sumando pagos en efectivo y en títulos, y siempre teniendo en cuenta la subvaluación de esos activos), monto que representaba alrededor del 10% del PBI promedio de esos años.[132] Estas privatizaciones y concesiones de empresas públicas implicaron la apertura a la acumulación capitalista de una serie de espacios antes parcial o totalmente sustraídos de ella. Involucraron, en este senti-

---

[132] "El programa de privatizaciones de la Argentina iniciado en 1989 fue único en su alcance, ya que incluyó a todas las empresas importantes, y en su ritmo, puesto que fue realizado en lo esencial en cuatro años", reconoció el propio Banco Mundial (World Bank 1996). El proceso argentino de privatizaciones y concesiones fue ampliamente estudiado y existe bibliografía sobre cada una de las empresas en juego, pero para una visión de conjunto, puede recurrirse al informe de Azpiazu (2002).

do, una evidente mercantilización de relaciones sociales previamente mediadas por el estado, mercantilización también característica de las políticas neoliberales de disciplinamiento de la clase trabajadora (véase Bonnet, 2007b) y de la forma de estado impuesta por ellas. Y este cambio en las relaciones entre el estado y el mercado fue una de las características definitorias de la forma neoliberal de estado instaurada.

Ahora bien, este proceso de privatizaciones y concesiones desarrollado en la década de los noventa no fue revertido de una manera sistemática durante la década siguiente. La Ley 25.561/02 de Emergencia Pública y Reforma del régimen Cambiario que, como vimos en los primeros capítulos, sancionó la administración de Duhalde a comienzos de 2002, autorizó una amplia renegociación de los contratos vigentes con las empresas beneficiarias de las privatizaciones y las concesiones.[133] Pero tanto la administración provisional de Duhalde como más tarde la electa de Kirchner decidieron limitarse, en la mayoría de los casos, a un manejo de los precios y las tarifas, que experimentaron una tendencia a la caída en términos reales, compensada por el otorgamiento de crecientes subsidios, especialmente, en los sectores de la energía (electricidad y petróleo) y del transporte de pasajeros (automotor, ferroviario y aéreo). Mientras tanto, en los restantes aspectos, contractuales y regulatorios, ambas administraciones prefirieron ceder ante las presiones de las empresas privatizadas, los gobiernos y los organismos internacionales involucrados.[134] Pero esta salida cortoplacista, como también advertimos antes, acarrearía a mediano plazo consecuencias que aún no había acarreado en la coyuntura de la inmediata salida de la crisis. En efecto, una porción importante del sistema de empresas concesionadas o privatizadas heredado de los noventa entraría en crisis y terminaría siendo reestatizado durante la década siguiente. Tales fueron los casos del correo, del servicio de agua y cloacas, del transporte ferroviario y aéreo de pasajeros, de la energía y de las jubilaciones y pensiones. Y estas estatizaciones, forzadas por las circunstancias, acabarían alterando significativamente las relaciones entre

---

[133] Véanse especialmente los artículos 8 (desdolarización de las tarifas) y 9 (renegociación de contratos en términos generales: tarifas, inversiones, calidad y cobertura de los servicios, etc.) del segundo capítulo de dicha ley.

[134] En esto coinciden la mayoría de los estudiosos de las privatizaciones: véanse Aspiazu y Schorr (2003a), Thwaites Rey y López (2004) y especialmente Azpiazu y Schorr (2003b).

estado y mercado. Revisemos esos casos, entonces, para entender las características de esta alteración.

El primer caso importante fue el del Correo Argentino, cuya concesión fue rescindida en noviembre de 2003. Menem había convertido la empresa estatal de correos (ENCOTEL) en una sociedad anónima en 1992 y acabó privatizándola (convertida en Correo Argentino S. A.) a través de su concesión al grupo doméstico Macri en 1997. Esta concesión, por treinta años, preveía el pago de un canon semestral al estado, inicialmente fijado en unos $51,6 millones por período. Pero la concesionaria solo pagó este canon los dos primeros semestres. Hacia 1999, ya iniciada la crisis económica que acabaría con la convertibilidad, la empresa comenzó a enfrentar dificultades y en 2001 entró en concurso preventivo. Finalmente, en noviembre de 2003, el Decreto 1075/03 sancionó que el estado "reasumiera transitoriamente" la operación del correo e instruyó al Ministerio de Planificación Federal, Inversión Pública y Servicios a que convocara a una nueva licitación en el plazo de 180 días. En ausencia de interesados en hacerse cargo del servicio postal básico, este plazo se prorrogó en varias oportunidades, hasta que la intención de concesionar el correo cayó en el olvido. El servicio de correo, que no recibía subsidios directos, aunque venía siendo indirectamente subsidiado mediante esos cánones no cobrados cuya suma ascendería a unos $660 millones, acabó de esta manera volviendo a manos del estado.

El caso del servicio de agua y cloacas fue semejante. También la empresa estatal (OSN) había sido concesionada (convertida en Aguas Argentinas S. A.) por treinta años; en este caso, a un consorcio integrado por el grupo francés Suez, Aguas de Barcelona y empresas locales como el grupo Galicia, ya en 1993. Pero también este consorcio comenzó a enfrentar dificultades durante la crisis económica de fines de la década y, con la pesificación de 2002, entró en *default* y encaró una renegociación de sus contratos. Más tarde, el gobierno de Kirchner impulsó varias demandas en su contra por incumplimiento de contratos y a su vez el consorcio demandó al estado ante el CIADI por unos USD 1700 millones. Finalmente, a fines de 2005, Suez anunció su intención de abandonar la concesión y el gobierno respondió revocándola por decreto, en marzo de 2006 (DNU 304/06, que se convertiría en ley pocos días después). La nueva empresa (AySA), también, quedaría en manos del estado y bajo jurisdicción del ya mencionado Ministerio de Planificación. Tanto esta reestatización de Aguas Argentinas como aquella del Correo Argentino constituyeron, en síntesis, casos típicos de rescate de empresas por parte del estado.

Los casos del transporte ferroviario de pasajeros y de la energía son algo diferentes porque, si bien las empresas involucradas también acabarían entrando en crisis, recibieron desde mediados de la década pasada cuantiosos subsidios estatales destinados a garantizarles un piso de ganancias. Estos subsidios, que adquirirían un peso creciente en el presupuesto y se convertirían en los principales responsables de los posteriores déficits fiscales, desnudaron las exigencias políticas contradictorias a las que se encontraba sujeto el gobierno, a saber, las exigencias del mantenimiento del sistema de concesiones y privatizaciones heredado de los noventa y de la imposibilidad de aumentar los precios y las tarifas sin minar las bases de su consenso.

Las administraciones kirchneristas siguieron ante los concesionarios de los ferrocarriles su política típica ante las privatizaciones y concesiones de los noventa en su conjunto: perpetuaron la "emergencia ferroviaria" heredada de la administración duhaldista, es decir, el trueque entre congelamiento de tarifas por una parte y subsidios combinados con desinversión por la otra, que había sancionado Duhalde mediante el DNU 2075/02 de octubre de 2002, en el marco de su citada Ley de Emergencia 25.561/02. Las tarifas de los trenes y subtes, congeladas durante la mayor parte de la década, se reducirían en términos reales aproximadamente a la mitad, aunque esta caída sería compensada con creces desde mediados de la década por los subsidios otorgados discrecionalmente por los gobiernos kirchneristas a las empresas del sector.[135] La desinversión y el deterioro de los servicios por parte de las empresas y la corrupción por parte del gobierno serían la contrapartida de estos subsidios.

La primera crisis de esta política ferroviaria fue la del Metropolitano. El Metropolitano era un consorcio dedicado al transporte ferroviario

---

[135] Un economista de FIEL (Urbiztondo 2011) estimó que las tarifas de trenes y subtes se redujeron en términos reales a la mitad entre 2001 y 2010, aunque sumándoles los subsidios habrían registrado un aumento real del 130% (esta estimación está hecha sobre la base de un promedio entre la inflación minorista y mayorista registrada por el INDEC durante el período, aunque la conclusión sigue siendo aproximadamente la misma si se toma como base cálculos alternativos de la inflación minorista). Mientras tanto, la calidad del servicio se deterioraba en cuanto a recorridos, cantidad de asientos disponibles, número de pasajeros por tren y por coche, porcentaje de servicios cancelados o retrasados y número de accidentes.

integrado por Transportes Metropolitanos San Martín (TMS), Roca (TMR) y Belgrano Sur (TMB), que había recibido en concesión dichos ferrocarriles por parte del gobierno de Menem en 1994 y que había quedado en manos del grupo doméstico Taselli en 1999.[136] A partir del congelamiento de tarifas de 2002, se inició un proceso de deterioro generalizado de sus servicios, que ya a mediados de 2004 condujo a un primer accidente importante en el que murieron varios pasajeros y a la rescisión de la concesión de Ferrocarril San Martín (Decreto 798/04 de junio de 2004). La línea pasaría desde entonces a manos de una nueva Unidad de Gestión Operativa Ferroviaria (la UGOFE), controlada por las restantes concesionarias ferroviarias (Ferrovías, Metrovías y TBA) y bajo la órbita de la Secretaría de Transporte del citado Ministerio de Planificación Federal. Y también, desde entonces, comenzaría a subsidiarse, no ya la inversión, sino los costos operativos de los concesionarios ferroviarios, los salarios, la energía e incluso, más tarde, los seguros, impuestos y otros gastos de mantenimiento. Sin embargo, el deterioro del servicio brindado por el Metropolitano continuó y desembocó en rebeliones de usuarios, que incluyeron incendios de formaciones, destrucción de boleterías y enfrentamientos con la policía, como los registrados en la estación de Plaza Constitución en septiembre de 2006 y mayo de 2007. Finalmente, el gobierno acabó rescindiendo también las concesiones de los Ferrocarriles Belgrano Sur y Roca (mediante Decretos 591 y 592/07 de mayo de 2007) y entregando su operatoria a la mencionada UGOFE, aunque también en este caso previendo la realización de una nueva licitación. Los subsidios recibidos por el Metropolitano, mientras tanto, habían trepado desde $160.000 diarios en 2004 hasta $400.000 diarios en 2007 (véase *Clarín* y *Página 12*, 16/5/07).

Pero a la crisis del Metropolitano se agregaría a continuación la de Trenes de Buenos Aires. Y esta nueva crisis pondría en evidencia aún

---

[136] Este grupo había participado ampliamente en las privatizaciones y concesiones de los noventa y también controlaba Altos Hornos Zapla, las compañías eléctricas de Formosa EDEFOR y Catamarca EDECAT, los talleres Materfer, los molinos Brunning, Parmalat y otras compañías, virtualmente, todas vaciadas por el grupo. El caso más resonante había sido el de Yacimientos Carboníferos Fiscales, mina concesionada al grupo Taselli en 1994 que entraría en crisis en 2001 y sería reestatizada por Duhalde a mediados de 2002, en medio de un duro conflicto obrero.

más claramente la inconsistencia de la política seguida por el kirchnerismo ante las privatizaciones y concesiones de los noventa. La empresa TBA, de los hermanos Cirigliano, era concesionaria de las líneas Sarmiento y Mitre desde la privatización de los noventa; controlaba además unas 40 líneas de colectivos y ómnibus a través del Grupo Plaza y también venía recibiendo de conjunto otros $400.000 diarios de subsidios cuando, el 22 de febrero de 2012, una formación de la Línea Sarmiento no pudo frenar a tiempo y acabó estrellándose contra la barrera de contención de la estación de Once, lo que dejó como saldo 51 muertos y más de 700 heridos. El accidente era esperable. El deterioro del Ferrocarril Sarmiento ya había sido denunciado en reiteradas ocasiones por usuarios y sindicalistas del sector y ya había sido puesto de manifiesto a través de una larga serie de accidentes, entre los cuales se destaca el choque entre dos formaciones suyas y un colectivo en la estación de Flores, que ya había causado 11 muertos y más de 400 heridos en septiembre de 2011. La responsabilidad política del gobierno nacional por los ferrocarriles y, por consiguiente, por el accidente, iba de suyo. El sistema ferroviario no solamente es un servicio de transporte público, sino que, además, seguía siendo propiedad del estado, de manera que el gobierno nacional tenía sobre su funcionamiento un grado de responsabilidad aún mayor que, por ejemplo, el que tenía el gobierno porteño sobre el funcionamiento de la discoteca de Cromañón, cuyo incendio en diciembre de 2004 le había costado la destitución a Aníbal Ibarra. Más aún, la colusión entre las empresas concesionarias y los funcionarios del gobierno a cargo era patente. Los exsecretarios de Transporte Ricardo Jaime y Juan P. Schiavi y los interventores de la Comisión Nacional de Regulación del Transporte Eduardo Sícaro y Pedro Ochoa Romero, entre otros, acabarían procesados después del accidente. La naturaleza íntima de la política kirchnerista ante las privatizaciones y concesiones heredadas de los noventa se puso en evidencia, de una manera privilegiada, en este crimen contra los trabajadores.[137]

---

[137] Las dos líneas concesionadas a TBA, Sarmiento y Mitre, pasarían a ser controladas por el estado en mayo de 2012 —en este caso, por otra sociedad dependiente de la Secretaría de Transporte, ahora bajo la órbita del Ministerio del Interior y Transporte a cargo de Florencio Randazzo—. Pero esto, naturalmente, no impidió que se multiplicaran los accidentes —como los registrados entre las estaciones de Morón y Castelar en junio de 2013 y nuevamente en Plaza Miserere en octubre del mismo año—.

También la estatización de las aerolíneas, como ya señalamos en el sexto capítulo, fue impuesta por las circunstancias. Menem había convertido Aerolíneas Argentinas en una sociedad anónima (ARSA) para venderla a la española Iberia en 1990. La quiebra de Iberia implicó a su vez el traspaso de Aerolíneas Argentinas a la estatal Sociedad Española de Participaciones Industriales (SEPI) y su fusión con la empresa de cabotaje Austral Líneas Aéreas. Pero en el contexto de la crisis económica de fines de la década, ambas aerolíneas se hundieron en la peor crisis de su historia. A mediados de 2001, Aerolíneas entró en convocatoria de acreedores y, unos meses más tarde, fue adquirida por el consorcio español Marsans. Aerolíneas y Austral parecieron recuperarse durante los siguientes años, pero desde mediados de la década, fueron sometidas a un proceso de vaciamiento por parte del Grupo Marsans que las condujo a una crisis irreversible a fines de 2007. Y fue en respuesta a esta crisis que, en julio de 2008, el gobierno de Fernández de Kirchner anunció la estatización de ambas empresas, que se convertiría en ley en diciembre de dicho año. Ahora bien, las pérdidas de esas aerolíneas ascenderían desde entonces hasta la actualidad a unos USD 3.500 millones, de manera que el transporte aéreo debe considerarse junto con el transporte ferroviario como sectores sostenidos sobre la base de aportes estatales, ya sean en la forma de subsidios en los casos de empresas que siguen en manos privadas o en la forma de déficits operativos en los casos en que dichas empresas fueron reestatizadas.

Y algo semejante puede decirse también de la reestatización parcial de Yacimientos Petrolíferos Fiscales, con la particularidad de que una reprivatización posterior de esta empresa era de antemano mucho más viable que en los casos de otras empresas estatizadas durante el período —reprivatización que, en los hechos, ya comenzó a realizarse a través del reciente acuerdo entre YPF y Chevron—. También YPF había sido privatizada por Menem en 1992 y había quedado casi en su totalidad en manos de Repsol en 1999, aunque en el momento de su reestatización la empresa española compartía la propiedad de la empresa (con 57% de las acciones) con el grupo local Petersen (un 25%) y otros inversores. El trueque entre el retraso en términos reales de los precios de los hidrocarburos por una parte y el otorgamiento de subsidios combinados con desinversión por la otra condujo, en este caso, a una inédita crisis energética. El derrumbe de las reservas de petróleo y especialmente de gas durante la década se combinó con una reducción de los volúmenes producidos en un contexto de creciente demanda.[138] La pérdida del autoabastecimiento fue el inexorable resultado. En 2010, las importaciones de gas, gas oil y fuel oil ya invirtieron el signo de la balanza comercial de hidrocarburos; en 2011, el déficit de esta balanza alcanzó unos USD 3.000 millones, es decir, un monto equivalente al superávit máximo que había alcanzado en 2006; y en 2012 y 2013, siguieron aumentando, mientras los propios pronósticos oficiales auguraban nuevas caídas en la producción de petróleo y gas y, por ende, una presión creciente sobre esa balanza de hidrocarburos para los años venideros. La inconsistencia entre el mantenimiento de la privatización del sector heredada de los noventa y el retraso de sus precios condujo así a un cuello de botella energético que puede acabar ahogando la acumulación. El gobierno de Fernández de Kirchner, ante este panorama, resolvió en mayo de 2012 expropiar el 51% de las acciones de YPF en manos de Repsol, y pasó desde entonces a controlar la empresa. Esta reestatización parcial de la petrolera fue presentada por el kirchnerismo, como era previsible y como ya había sucedido a propósito de la estatización de las aerolíneas, como un acto de redención de la soberanía sin parangón dentro de la historia patria reciente. Pero ya en julio de 2013, el acuerdo firmado por el gobierno con la estadounidense Chevrón para la explotación de los yacimientos de petróleo no convencional (*shale oil*) de Vaca Muerta, Neuquén, desnudaría el verdadera motivo de dicho acto: la imperiosa necesidad de encontrar alguna salida a aquella crisis energética. Los daños socio-ambientales, el precio interno de los combustibles, las exportaciones sin retenciones y con disponibilidad de divisas, la remisión de utilidades, el sometimiento a legislaciones y jurisdicciones de tribunales extranjeros y cualesquiera otras

---

[138] La evolución de las reservas comprobadas de hidrocarburos hasta el final de la vida útil de los yacimientos durante la década, según datos de la Secretaría de Energía, fue la siguiente: las reservas de petróleo cayeron de unos 473 a unos 394 millones de metros cúbicos (-17%); y las de gas, de unos 777 a unos 332 millones de metros cúbicos (-57%) entre 2000 y 2011 (último dato disponible). Y esto a pesar de que la producción de petróleo y de gas se contrajo durante el período, pasando de unos 45 a unos 33 millones de metros cúbicos (-27%), en el primer caso; y de unos de unos 48 a unos 44 millones de metros cúbicos (-9%) en el segundo caso. Esta evolución de las reservas fue ampliamente documentada y debatida, especialmente después de la reestatización parcial de YPF (véanse, por ejemplo, Barneix, 2012 y Barrera, 2013); acerca de la políticas petrolera durante el período puede consultarse Sabbatella (2012).

prebendas que contemplen las cláusulas secretas del acuerdo firmado, todo resultó negociable ante dicha necesidad.[139] "El abrazo de la Sra. Kirchner a Chevrón es una sorprendente demostración de la medida en que algunos gobiernos, desesperados por dinero y compañías energéticas, recorriendo el mundo en busca de nuevas fuentes de petróleo, emularán la revolución del petróleo no convencional de los estados Unidos", resumiría *The New York Times* (22/10/13). Y poco después, en febrero de 2014, el pago acordado por el gobierno con Repsol, que incrementó la deuda externa en unos USD 9.500 millones, pondría de manifiesto a su vez la naturaleza de dicho acto redentor: la compra.[140]

El caso de la reestatización del sistema de jubilaciones y pensiones, como ya señalamos, es algo diferente por la propia naturaleza financiera del sector. El segmento de este sistema que se encontraba privatizado en manos de las Administradoras de Fondos de Jubilaciones y Pensiones (AFJP) desde la reforma previsional de 1993, como también señalamos, atravesaba una profunda crisis. En realidad, las AFJP ya habían desnudado su vulnerabilidad durante la crisis financiera iniciada en el sudeste asiático de 1997-98 y ya habían entrado en crisis y había comenzado a discutirse una nueva reforma previsional después de que la pesificación de 2002 redujera sus fondos a menos de la mitad (véase *Clarín*, 16/5/02). Pero el golpe de gracia para las AFJP fue la nueva crisis financiera desatada por la quiebra de las hipotecas *subprime* estadounidenses en 2007, que derrumbó las cotizaciones de los títulos de deuda pública y los contratos de futuros y opciones en los que estaba invertida buena parte de sus

---

[139] El acuerdo contiene cláusulas confidenciales que la propia legislatura neuquina desconocía cuando lo aprobó en agosto de 2013, en medio de las movilizaciones ambientalistas y de la represión policial, como reconoció el propio gobernador Jorge Sapag (*La Nación*, 29/8/13). El acuerdo requirió, además, el rechazo previo por parte de la Corte Suprema del embargo internacional contra Crevrón planteado por comunidades indígenas ecuatorianas a raíz de los estragos cometidos por Texaco (hoy filial de Crevrón) en la selva amazónica (*La Nación*, 5/6/2013).

[140] El pago en cuestión no se realizaría en efectivo sino en bonos (Bonar X, Discount 33 y Bonar 24) por un total de USD 5.000 millones (más un paquete adicional de títulos por otros USD 1.000 millones, en caso de que el precio de mercado de dichos bonos cayera por debajo de cierto nivel) (ver la transcripción del acuerdo en *La Nación*, 26/2/14). Y a esta suma deben agregarse intereses (a una tasa en dólares del 8,5% en 10 años) que ascenderían a otros USD 3.500 millones (véase *Clarín*, 25/2/14).

fondos.[141] Ante esta situación, en noviembre de 2008, el Congreso aprobó por amplia mayoría la Ley 26.425/08 de estatización del sistema de AFJP. El sistema previsional resultante continuaría siendo un sistema de expropiación de ingresos de los trabajadores, pero la estatización de este sistema de expropiación no dejaría de alterar las relaciones entre estado y mercado.

En efecto, la ANSES, por una parte, se convertiría en una cuantiosa caja a la que el gobierno recurriría cada vez más asiduamente para hacer frente a los más diversos gastos. Ya señalamos antes que los superávit fiscales primarios, que se habían ubicado en promedio en un 3,3% entre 2003 y 2008, ya en 2009 se habían convertido en un déficit del 0,4%, si descontábamos el financiamiento de la ANSES y el BCRA. Agreguemos que en 2012, también por primera vez en la década, ya no se requería descontar este financiamiento de la ANSES y el BCRA para obtener un déficit primario de unos $4.400 millones, pero este déficit primario hubiera alcanzado los $33.150 millones y el déficit secundario los $84.300 millones sin ese aporte de la ANSES y el BCRA (*El Cronista*, 7/7/13, según datos oficiales). Los principales impulsores de estos déficits, parcialmente financiados por el sistema previsional, fueron el pago de intereses de deuda externa en primer lugar y, en segundo lugar, los mencionados déficits operativos de las empresas públicas y los subsidios. La reestatización del sistema de jubilaciones y pensiones contribuyó, de esta manera, a modificar las relaciones entre estado y mercado como fuente de financiamiento del gasto público. Pero esa reestatización del sistema previsional incidió también en las relaciones entre estado y mercado a través de otras vías, en la medida en que una parte de los fondos de la ANSES se encuentran invertidos asimismo en proyectos de producción e infraestructura y en acciones.[142] En el primer rubro, se inscriben una serie de inversiones en materia de generación de energía eléctrica, obras viales e

---

[141] El sector privado del sistema contaba con unos 9,5 millones de afiliados, de los cuales aportaban menos de 3 millones, y el 75% de sus fondos se encontraban invertidos en títulos de deuda pública pesificados. El sector estatal, por su parte, estaba muy desbalanceado entre la cantidad de jubilados (3,4 millones) y de afiliados (2 millones, de los cuales solo aportaban unos 700.000).

[142] Según información oficial, el 64,4% del Fondo de Garantía de Sustentabilidad de la ANSES está invertido actualmente en títulos y obligaciones negociables, pero además un 12,2% en proyectos de producción e infraestructura y otro 7,3% en acciones, siendo el resto depósitos y disponibilidades (http://fgs.anses.gob.ar).

hídricas y construcción de viviendas. En el segundo, la propiedad de acciones de empresas como Telecom, Banco Macro, Siderar, Molinos Río de la Plata, Grupo Galicia, etc., propiedad que en muchos casos habilitó al estado a nombrar miembros de sus directorios e incidir en algunas decisiones de dichas empresas.[143]

La diversidad misma de estas empresas, heredada de la diversificada composición de las carteras de las AFJP, parecía impedir de antemano que las intervenciones del gobierno en ellas pudieran integrarse dentro de cualquier política coherente. Sin embargo, para precisar la naturaleza de dichas intervenciones, quizás convenga recordar por un momento las controversias suscitadas a raíz de las estatizaciones de empresas del grupo Techint por parte del gobierno de Hugo Chávez en Venezuela.[144] En efecto, las fricciones registradas entre las corporaciones empresarias argentinas que, encabezadas por la UIA y la AEA, repudiaron estas estatizaciones, y el gobierno de Fernández de Kirchner, que tenía en el gobierno de Chávez uno de sus principales aliados latinoamericanos, desencadenaron en la coyuntura de crisis política y de elecciones de mediados de 2009 una serie de controversias acerca de una eventual *chavización* del kirchnerismo. Los voceros de la derecha, alarmados, esgrimían como antecedentes de esta presunta *chavización* aquellas reestatizaciones de empresas concesionadas o privatizadas en los noventa antes mencionadas y, especialmente, estas intervenciones en los directorios de empresas privadas, por parte del kirchnerismo. Pero al margen del juicio político que unas y otras merezcan, entre las estatizaciones programáticas encaradas por el gobierno venezolano y las estatizaciones forzadas por las circunstancias de los gobiernos argentinos subsistía una gran distancia. Los críticos de derecha volvían a equivocarse, una vez más, sobre la naturaleza del kirchnerismo. Y fue el propio Kirchner quien se encargó de explicitar esa distancia: "Cada país tiene su propio modelo —aclaró el expresidente. El gobierno venezolano se ha portado muy bien con la Argentina en

---

[143] La lista, de unas 40 empresas, incluye además a Juan Minetti, Central Dique, Solvay Indupa, Consultatio, Gas Natural Ban, Transportadora de Gas del Sur, Endesa Costanera, Distribuidora de Gas Cuyana, Edenor, Grupo Concesionario Oeste, Emdersa, Pampa Energía, Transener, Banco Patagonia, Camuzzi, Petrobras, Aluar, Metrogas y Quickfood. El gobierno, desde 2009, nombró directores en varias de estas empresas.

[144] El gobierno de Chávez ya había estatizado la Siderúrgica de Orinoco (Sidor) en mayo de 2008 y añadió en mayo de 2009 la estatización de otras tres empresas del Grupo Techint: las empresas de tubos de acero sin costura Tausa y de materiales siderúrgicos Matesi y el complejo siderúrgico Comsigua.

reiteradas veces, pero el modelo venezolano no es el modelo argentino"–. Y agregó, un poco más adelante: "Cada vez que nosotros nos tuvimos que hacer cargo de alguna empresa fue porque los empresarios se fueron o la abandonaron quebrada. Somos fuertes defensores de la actividad privada con sentido nacional" (*Clarín*, 8/6/09; *Página, 12* 9/6/09).

Ahora bien, ni el carácter forzado por las circunstancias de estas reestatizaciones realizadas ni el carácter inconsistente de sus resultados niegan el hecho de que, a través de ellas, las relaciones entre estado y mercado se hayan modificado considerablemente durante el período. Hacia el final de este período, en los hechos, numerosas e importantes empresas habían pasado a manos del estado, a saber, las principales empresas de los sectores de hidrocarburos, aeronavegación, servicios de agua y cloacas, ferrocarriles suburbanos, correos y las jubilaciones y pensiones. Y esto alteró las relaciones preexistentes entre estado y mercado, sustrayendo total o parcialmente de la lógica de la acumulación capitalista a sectores que en la década anterior habían pasado a estar sometidos a ella. Sin embargo, es importante no asimilar ingenuamente esta alteración de las relaciones entre estado y mercado con un fortalecimiento del estado. Así como el proceso de privatizaciones y concesiones de empresas públicas registrado durante la década de los noventa no justifica la interpretación de la forma neoliberal de estado resultante como un estado debilitado ante el avance del mercado, como solía hacerse en aquellos años, esta reversión parcial de dichas privatizaciones y concesiones tampoco justifica la interpretación del estado resultante como un estado fortalecido.[145] El estado capitalista no es sino el modo de existencia de las relaciones sociales capitalistas como relaciones de dominación y, en consecuencia, la fortaleza o debilidad de ese estado capitalista se mide con el patrón de medida de su capacidad de dominio sobre la clase trabajadora. Más adelante discutiremos las fortalezas y las debilidades del estado durante la década kirchnerista a la luz de esta capacidad de dominio, pero podemos adelantar que esta serie de reestatizaciones de empresas quebradas, vaciadas o abandonadas por sus titulares que venimos analizado no implica por sí misma ningún fortalecimiento del estado en este sentido.

---

[145] Para la crítica de esa interpretación del estado neoliberal como estado mínimo en particular remitimos, además de los capítulos ya indicados de Bonnet (2008) y Piva (2009), a Ouviña (2002) y Oszlak (2003).

Esta política seguida por el kirchnerismo ante las empresas privatizadas y concesionadas en los noventa –junto con otras políticas que ya hemos mencionado en los capítulos anteriores, pero que en este contexto no nos interesan en la misma medida– se expresó en cambio en un agrandamiento y una modificación del aparato de estado. Revisemos entonces el comportamiento de algunas variables que suelen considerarse como indicadoras de la evolución de este aparato de estado y que, aunque siempre imperfectamente, pueden indicarnos asimismo algo sobre la evolución de la forma de estado que se materializaría en dicho aparato. El gasto público total aumentó tanto en los noventa como en la década siguiente. Aumentó un 45% entre 1991 y 2001 y un 192% entre 2002 y 2009 en pesos constantes o 4,6 y 14 puntos, respectivamente, en relación con el PBI (entre 2009 y 2013 seguiría aumentando, aunque a un ritmo algo menor: otro 70% y otros 7 puntos en relación con el PBI). Es decir que, juzgado desde el punto de vista de su gasto, el estado no dejó de agrandarse durante ambas décadas. Pero durante la última, se registraron dos fenómenos novedosos que merecen remarcarse: una intensa contracción inicial del gasto público tras la crisis de 2001, a raíz del derrumbe de los salarios del sector público y de las jubilaciones causado por la devaluación, y una igualmente intensa expansión desde 2005. Hacia 2006 (en pesos constantes) o hacia 2007 (como porcentaje del PBI), el gasto público recuperó su nivel de 2001 y siguió aumentando desde entonces hasta ubicarse en 2009 un 84% (o 7,5 puntos del PBI) por encima del gasto de 2001 . Es decir que esa tendencia hacia el aumento del tamaño del estado parece haberse intensificado entre ambas décadas: el gasto público ya representaba en 2009 arriba de un 43,2% del PBI (y en 2013 un 50,2% o al menos, tomado un PBI nominal corregido, un 46,4% de él).[146]

Este crecimiento del aparato de estado también puede confirmarse si pasamos a considerar como indicadores el número de dependencias del estado o de empleados públicos. El aparato del estado nacional hoy es al menos tan importante como el aparato de estado previo a la crisis de 2001. La Administración Pública Nacional cuenta con 15 ministerios más

---

[146] Aunque menos importantes para nuestros fines, podemos agregar que los ingresos públicos se recuperaron mucho más rápido que los gastos con la recuperación de la economía posterior a la crisis de 2001 (sin que mediara un cambio sustantivo de la estructura tributaria, salvo con las retenciones desde 2002 y los aportes a la seguridad social desde 2008). Este desfazaje permitió los inéditos superávits fiscales de 2002-07 (3,3% del PBI primario y 1,5% total para el gobierno Nacional), pero estos superávits ya desaparecen desde 2008 (véase CENDA, 2010, cap. 2).

la Jefatura de Ministros, unas 39 secretarías dependientes de esos ministerios y jefatura de ministros y unas 92 subsecretarías. Esta estructura es, en los hechos, mayor que la existente a fines de los noventa. Y cuenta con al menos 20.000 agentes más.[147] Sin embargo, este crecimiento del aparato del estado nacional es insignificante comparado con el crecimiento del aparato del estado en su conjunto. Más adelante volveremos sobre la evolución de la división del poder entre administraciones nacionales, provinciales y municipales que se encuentra detrás de esta diferencia. Adelantemos por ahora que estimaciones recientes registraron, en este sentido, un significativo aumento del empleo en niveles subnacionales. El empleo en el sector público en su conjunto se incrementó en más de 900.000 agentes, o un 40%, de 2002 a 2009 –y prácticamente la totalidad de este incremento se debió a las provincias (un 71%) y a los municipios (otro 23%)–.[148] El empleo en el sector público en su conjunto aumentó así a una tasa superior a la de aumento del empleo en el sector privado, incrementándose en consecuencia la participación del empleo público en el empleo total a un 22%. Estos datos confirman, naturalmente, el mencionado crecimiento del aparato de estado.

Más significativo aún para analizar las transformaciones de este aparato de estado resulta el análisis de la composición del gasto público. El gasto burocrático (administración, justicia, defensa y seguridad) no registró cambios significativos: aumentó 0,6 puntos del PBI entre 1991 y 2001 y 1,7 puntos del PBI 2002 y 2009, ciertamente, pero este aumento

---

[147] La información proviene del organigrama de la Administración Pública Nacional vigente, provisto por el Instituto Nacional de la Administración Pública de la Jefatura de Gabinete de Ministros. Y estamos comparándola con la vigente a fines de la década pasada, es decir, con la APN posterior a la reversión de los efectos racionalizadores de la llamada *Segunda reforma del estado*, pero anterior a la crisis fiscal que clausuró la década (para la evolución de la APN durante los noventa puede consultarse en Corrado, López y Ouviña, 2005). La información acerca de la evolución del empleo corresponde por su parte a López y Zeller, (2010).

[148] La información se refiere al empleo en el sector público consolidado, que incluye a la Nación, las provincias, los municipios, la ANSESS y los bancos y las empresas públicos, y proviene de un informe elaborado por J. L. Bour y N. Susmel ("La evolución del empleo público en la Argentina", publicado en *Informe de Coyuntura* 507, Bs. As., FIEL, marzo de 2010, y recuperado por *La Nación*, 6/7/11). No disponemos, en cambio, de información completa acerca de los organigramas, extremadamente heterogéneos, de las administraciones provinciales y municipales (incluso, esta información sobre empleo público no incluye a algunas provincias).

estuvo por debajo del aumento del gasto público en su conjunto, de manera que su participación dentro de él cayó del 19% promedio al 17,6% promedio entre ambas décadas. El gasto social (educación, salud, asistencia, previsión, subsidios de desempleo), por su parte, acompañó el crecimiento del gasto en su conjunto: aumentó considerablemente, 40% o 2,6 puntos del PBI entre 1991 y 2001 y 158% o 8,1 puntos entre 2002 y 2009, pero representa prácticamente la misma porción del gasto total en ambas décadas, un 64%. Se registraron internamente, sin embargo, cambios en el destino de este gasto social, porque ganó importancia el gasto destinado a la promoción y la asistencia social (260%) y perdió importancia el destinado a los subsidios de desempleo (-33,5%). Esta recomposición del gasto social respondió a la reorientación de las políticas sociales del kirchnerismo, mencionada en el tercer capítulo, que acompañó el descenso en los niveles de desempleo y subempleo.

La mayor diferencia en la composición del gasto público entre ambas décadas, sin embargo, radicó en el gasto en servicios económicos, que incluye los subsidios a los combustibles, la energía y el transporte que acabamos de analizar. La cuenta pasó de representar un promedio de 2,5 puntos del PBI o 7,8% del gasto total entre 1991 y 2001 a representar un promedio de 3,7 puntos del PBI o 11,5% del gasto total entre 2002 y 2009. Y, más importante aún, mientras que se redujo durante la década pasada (-40% o -1,9 puntos del PBI, a causa del proceso de privatizaciones y concesiones de empresas públicas), se incrementó a una altísima tasa durante la presente década (un 710% o 4,2 puntos del PBI, impulsada por la escalada de subsidios a las empresas de energía y transportes en su mayoría resultantes, como acabamos de ver, de ese proceso de privatizaciones y concesiones).[149] Finalmente, el gasto en servicio de deuda pública siguió teniendo una presencia significativa durante la década (pasó de representar 2,8 puntos del PBI o 8,9% del gasto total entre 1991 y 2001 a representar 2,4 puntos del PBI o un 6,8% del gasto total entre 2002 y 2009), pero se interrumpió el acelerado aumento de su incidencia

---

[149] Este espiral de subsidios a las empresas de energía, transporte y restantes siguió su curso después de 2009: según datos del IERAL – Fundación Mediterránea, ascenderían a un 4,6% del PBI en 2012 y un estimado del 5,2% del PBI en 2013, esto es, unos $134.000 millones, un monto que supera todos los gastos en educación, salud, seguridad, ciencia y técnica y asistencia social sumados.

que se había registrado en la segunda mitad de la década pasada: mientras que el gasto en servicio de deuda pública se había incrementado un 237% o 3,3 puntos del PBI entre 1991 y 2001, se incrementó un 94% entre 2002 y 2009, algo equivalente a decir que permaneció estable como porcentaje del PBI. Este comportamiento del gasto en pago de deuda externa respondió a su vez a que dicho pago, como también señalamos antes, no fue acompañado por nuevo endeudamiento.[150]

Para finalizar, podemos extraer tres grandes conclusiones del análisis de los cambios en las relaciones entre estado y mercado que venimos realizando. La primera consiste simplemente en la constatación de que dichas relaciones entre estado y mercado se modificaron significativamente entre ambas décadas. Hubo una clara tendencia hacia una mayor intervención del estado en el mercado, que en nuestro análisis ya se puso de manifiesto como una mayor intervención en la determinación de variables clave como las tasas de interés, los salarios o los precios de la energía y el transporte. Esta mayor intervención del estado en la determinación de estas variables, en desmedro de su fijación dentro de sus respectivos mercados, también se vincula con ese arbitraje más activo por parte del estado entre los intereses de las distintas clases y fracciones de clases que ya habíamos mencionamos antes. El resultante combo de tasas de interés reales negativas, salarios contenidos y energía y transporte subsidiados, ciertamente, no parece haber disgustado demasiado a la mayor parte de burguesía doméstica. Pero el punto que nos interesa remarcar por ahora es que ese arbitraje implicó un cambio en el modo de ejercicio de la dominación política. El disciplinamiento de mercado propio del neoliberalismo, en pocas palabras, cedió terreno ante un arbitraje entre los intereses de las distintas clases y fracciones de clases más asociado con la tradición populista. Y, en los hechos, el kirchnerismo asumió explícitamente este arbitraje como un componente decisivo de su orientación político-ideológica: el estado es, según su propia plataforma electoral, el "árbitro de las relaciones sociales".

---

[150] Todos los datos están calculados sobre la base de las series de gasto público consolidado en pesos constantes de 2001 y en porcentaje del PBI de datos de la Dirección Nacional de Análisis del Gasto Público y Programas Sociales del Ministerio de Economía.

La segunda conclusión consiste en que estos cambios en las relaciones entre estado y mercado, sin ninguna excepción relevante, fueron impuestos por el propio colapso de las relaciones que estado y mercado habían guardado dentro de la forma neoliberal de estado vigente en los noventa. Aunque algunos funcionarios kirchneristas no dejaron de recurrir a una retórica estatista para legitimar muchas de las medidas que adoptaron para formalizar políticamente esos cambios en las relaciones entre estado y mercado, sería erróneo considerar que dichos cambios respondieron a una orientación político-ideológica consecuentemente estatista del kirchnerismo. Sería erróneo por dos motivos. En primer lugar, porque el propio kirchnerismo se cuidó explícitamente de hacer suya esa orientación estatista. "Se torna imprescindible superar la antinomia estado o mercado que ha llevado al país —en forma maniquea- de un extremo al otro, sin advertir la interrelación estructural y funcional de ambos que desde una perspectiva nacional, popular y racional son la clave del desarrollo argentino". La propia declaración de principios del Frente para la Victoria sintetiza adecuadamente la orientación seguida por el kirchnerismo en la materia.[151] Y en segundo lugar, sería erróneo porque implicaría desconocer la manera en que los gobiernos kirchneristas adoptaron en los hechos esas medidas que modificaron las relaciones entre estado y mercado, a saber, forzados por las circunstancias. La política seguida ante las empresas públicas privatizadas o concesionadas en los noventa, como acabamos de ver, no deja dudas en este sentido.

La tercera conclusión que podemos extraer consiste en que la nueva matriz de relaciones entre estado y mercado vigente durante la década kirchnerista no parece más sólida que la vigente durante la década menemista. La matriz de relaciones entre estado y mercado inherente a la forma neoliberal de estado impuesta en los noventa, naturalmente, entró en una crisis irreversible junto con la crisis de esa forma de estado a fines de la década. Pero no parece haber alcanzado a estabilizarse una nueva matriz de relaciones entre estado y mercado, resultante de esa crisis, durante la década siguiente. Así, la independencia respecto de los mercados

---

[151] La Declaración de Principios y la Plataforma Electoral 2013 del Frente para la Victoria están disponibles en www.frenteparalavictoria.org.

financieros internacionales fue convirtiéndose cada vez más en mera restricción externa, conforme se agravaron déficits fiscales que ni la ANSES ni el BCRA están en condiciones de financiar. La contención de los salarios a través del establecimiento de techos a los aumentos negociados en las paritarias fue complicándose cada vez más conforme se aceleraba la inflación y se deterioraba la alianza entre el gobierno y la burocracia sindical. El aumento del tipo de cambio real fue erosionando la protección que implicaba el sostenimiento de un tipo de cambio nominal competitivo. La medidas adoptadas posteriormente en el sentido de un control de los precios y del tipo de cambio –en otras palabras: las presiones sobre un puñado de grandes empresas y el cepo cambiario pergeñados por el ex secretario de comercio interior Moreno– se revelaron más como expresiones de impotencia ante los mercados que como instrumentos para el manejo efectivo de las variables en cuestión. Y así sucesivamente. La suerte corrida por las empresas privatizadas y concesionadas, en este sentido, parece ratificar con creces la sospecha de que la matriz de relaciones entre estado y mercado involucrada es muy precaria.

Capítulo 9. Entre el mercado mundial y la política económica

Vamos a pasar ahora al análisis de algunos de los cambios registrados en la acumulación de capital pero, como hicimos en nuestro análisis de los cambios en el estado, conviene que antes presentemos algunos conceptos que precisen nuestro problema y encuadren nuestro análisis. El concepto decisivo que vamos a emplear aquí para el análisis de estos cambios en la acumulación, el de *modo de acumulación*, rinde cuenta de las características que reviste la acumulación capitalista en determinado período y en determinados mercados. Estas características decantan, a su vez, en la estructura del *aparato productivo* involucrado en dicho proceso de acumulación. Y también en este punto, así como habíamos distinguido entre el estado en general y las formas de estado particulares, es imprescindible distinguir entre el capital en general, como modo de existencia de las relaciones sociales, y esas características que la acumulación capitalista adopta en determinadas condiciones históricas y geográficas.

Las características que revistió la acumulación capitalista durante la década kirchnerista también estuvieron signadas por la profunda crisis de acumulación que culminó a fines de 2001 y por una serie de políticas públicas implementadas como respuestas, más o menos forzadas según los casos, a dicha crisis. La década kirchnerista vuelve a contrastar, en este sentido, con la década menemista. El menemismo había recuperado y profundizado en los noventa un proceso previo de reestructuración capitalista que acabó arrojando como resultado la consolidación de un nuevo modo de acumulación. Se trata de un modo de acumulación centrado en una inserción en el mercado mundial sustentada en la exportación de *commodities* de bajo valor agregado. Pero no puede decirse lo mismo del kirchnerismo. Es cierto que varias características importantes del funcionamiento de la economía de los noventa entraron en crisis durante aquella crisis de acumulación que culminó en 2001 y fueron modificadas a través de las políticas públicas implementadas a partir de

2002 para salir de dicha crisis. Pero este proceso de crisis y recomposición de la acumulación no implicó la instauración de un nuevo modo de acumulación, sino más bien la recuperación de la acumulación a partir de los restos del aparato productivo heredado de los noventa.

Vale destacar que esta continuidad del modo de acumulación no tiene nada de sorprendente y que la constatación de esta continuidad por nuestra parte no apunta de ninguna manera a subestimar la importancia de aquellas características del funcionamiento de la economía de los noventa que entraron en crisis y se modificaron.[152] Procesos de reestructuración capitalista, es decir, de transformación radical de la manera específica en que se reproducen la dominación (el estado) y la explotación (el capital), como el registrado en la Argentina durante la década del noventa, son procesos excepcionales desde un punto de vista histórico. No había ninguna razón para esperar que un proceso de reestructuración semejante volviera a registrarse durante la década siguiente y no se registró en los hechos. Pero tal como vimos que sucedió con la recomposición de la dominación a partir de los restos del aparato de estado heredado de los noventa, esta recomposición de la acumulación a partir de los restos del aparato productivo heredado de los noventa acarrearía nuevos problemas durante la siguiente década.

Explicitemos dos dificultades que enfrenta nuestro análisis del modo de acumulación vigente durante la década. Ambas se relacionan con un mismo hecho: ningún análisis del modo de acumulación en cuestión puede sustraerse a las controversias suscitadas durante la década alrededor del llamado *modelo* económico kirchnerista. Y esto nos obliga a explicitar de antemano nuestras reservas tanto en relación con el empleo corriente de este concepto de modelo en esas controversias como ante la caracterización del modelo económico previo respecto del cual se discutían en dichas controversias las continuidades y las rupturas que representaría el modelo kirchnerista. Aquí vamos a limitarnos a explicitar estas dos dificultades muy sumariamente, ya que las expusimos con más detalle en otros escritos anteriores.

---

[152] Este hecho fue el que condujo inicialmente a muchos críticos de izquierda del kirchnerismo a enfatizar en sus continuidades respecto del menemismo (véase, por ejemplo, la simplista idea de un "neoliberalismo de 3 a 1" de Noda y Mercatante, 2005; pero véase también la complejización posterior de esta crítica en Castillo, 2011).

Nuestra primera reserva se relaciona, entonces, con el empleo corriente de ese concepto de *modelo* y, en particular, con la relación entre economía y política que se esconde detrás de dicho empleo. Este empleo del concepto en cuestión puede apreciarse de manera privilegiada en la historiografía económica dominante. Esta historiografía nos ofrece relatos en las cuales sucesivos modelos económicos (el modelo agroexportador, el modelo sustitutivo de importaciones, el modelo de valorización financiera, y así sucesivamente) se van reemplazando los unos a los otros a través de sucesivos cambios político-institucionales.[153] El empleo del concepto de modelo en estos relatos descansa así sobre una serie de supuestos, a menudo inconfesados, pero siempre asumidos en los hechos, que encierran a dicho concepto dentro del más crudo fetichismo. Estos supuestos pueden esquematizarse de la siguiente manera. En primer lugar, se supone que las relaciones que guardan entre sí las distintas variables de los modelos en cuestión son relaciones de funcionalidad y que, en consecuencia, esos modelos en su conjunto son estructuras coherentes. En segundo lugar, se supone que dichos modelos existen en las cabezas de ciertos cuadros que, eventualmente, se convierten en funcionarios del estado encargados de implementar la política económica. En tercer lugar, se supone que, a través de la adopción de diversas medidas de política económica, estos funcionarios implementan de alguna manera esos distintos modelos. En cuarto lugar, se supone a la vez que la designación de esos funcionarios y, por consiguiente, la implementación de esas medidas y esos modelos económicos, depende exclusivamente de las condiciones político-institucionales vigentes y, en definitiva, de qué fuerzas accedan al gobierno de un estado asumido a su vez como un instrumento

---

[153] En mi intervención en una jornada de debate sobre las características del modelo económico kirchnerista organizada por los Economistas de Izquierda (Bonnet, 2007b) indiqué además el origen *cepalino* de esta historiografía, que nada había contribuido tanto a popularizar como los viejos manuales del exfuncionario de gobiernos civiles y uniformados, Aldo Ferrer. Y expuse, a título de ejemplos, la manera en que Basualdo (2000) diferencia la función del salario en el viejo modelo sustitutivo de importaciones y en el nuevo de valorización financiera que habría impuesto la política económica de la dictadura; la manera en que el mismo Ferrer (1987) interpreta la política económica de Martinez de Hoz como una política que apuntaba al restablecimiento de un modelo agroexportador; y la manera en que los Calcagno (2003) periodizan la historia económica argentina en su conjunto a partir de las políticas económicas que implementaron los sucesivos gobiernos y, en última instancia, a partir de los recambios entre gobiernos.

neutro. Y en quinto lugar, finalmente, se supone que la dinámica de la acumulación capitalista está regida en los hechos por estos modelos.

Demos la palabra, apenas por un momento, a dos funcionarios del modelo. "Con disparador en la crisis de 2001-2003 el régimen de acumulación financiera delineado en consonancia con las recomendaciones del consenso de Washington (...) entra en colapso. En su reemplazo, el nuevo gobierno establece un régimen de acumulación productiva con inclusión social en el cual, según la terminología regulacionista (...), se destacan un menor grado de extraversión (mayor importancia del mercado interno), una estructura productiva más equilibrada (por una progresiva reindustrialización) y extensiva (mayores requerimientos unitarios de trabajo), y un nuevo modo de regulación en el cual se revierte la jerarquía de las formas institucionales (pasando el estado a ser más preponderante que la moneda y el régimen de inserción internacional). Gracias a este nuevo modelo de desarrollo, la economía argentina experimenta desde 2003 en adelante el mayor y más estable crecimiento de su historia, vuelve a ser el país más igualitario de América latina y retrotrae sus niveles de indigencia a los valores observados en 1974" (Narodowski y Panigo, 2010).

A esta altura no debería extrañar que, a partir de semejantes supuestos, pretenda periodizarse la historia económica argentina en su conjunto atendiendo exclusivamente a una mera sucesión de elecciones y golpes de estado. Pero lo importante aquí es, más bien, remarcar que todos y cada uno de esos supuestos son falsos. La dinámica de la acumulación capitalista no depende ni exclusiva ni principalmente de las medidas de política económica que se adoptan –suponerlo implica un crudo politicismo que ignora las leyes internas que rigen esa acumulación capitalista y, de yapa, un provincianismo que ignora que esa acumulación doméstica es parte integrante de la acumulación a escala mundial–. La adopción de esas medidas de política económicas, por su parte, no dependen exclusivamente de las condiciones político-institucionales vigentes y, además, solamente en algunos casos y de manera más o menos laxa se inspiran en modelos económicos preconcebidos –suponerlo implica incurrir en una combinación entre un institucionalismo y un racionalismo igualmente ingenuos–. Los modelos económicos, en la medida en que son efectivamente implementados a través de la política económica y no existen exclusivamente en la estratósfera de los *papers* académicos, tampoco son estructuras coherentes –presuponerlo implica reincidir en ese racionalismo aún con mayor ingenuidad–. Digamos, en otras palabras, que hechos como el de que haya acabado siendo el muy heterodoxo ministro

Kicillof, identificado como ninguno de sus predecesores con un supuesto modelo económico kirchnerista que supuestamente tiene en el desendeudamiento externo uno de sus pilares fundamentales, el ministro que acabara implorando dólares en Wall Street forzado por la necesidad de financiar un creciente déficit fiscal y por la adversidad de los mercados financieros internacionales, son hechos perfectamente normales. Pero en cualquier caso, puesto que nosotros rechazamos todos estos supuestos, nuestro concepto de modo de acumulación apunta simplemente a conceptualizar las características que asume en los hechos la acumulación capitalista en un período y un mercado determinados.

Nuestra segunda reserva se relaciona con la caracterización del modo de acumulación previo respecto del cual deberíamos examinar los cambios y las continuidades que acarreó la acumulación durante la década kirchnerista.[154] La identificación del modo de acumulación en cuestión va de suyo. Se trata del vigente en los noventa o, para ser más precisos, del modo de acumulación que fue imponiéndose desde mediados de los setenta y se consolidó durante los noventa, comúnmente asociado en términos político-ideológicos con el neoliberalismo. Menos obvia resulta, sin embargo, la caracterización de este modo de acumulación. La más extendida entre los críticos populistas del neoliberalismo de aquellos años —y asumida como propia más tarde por el kirchnerismo— consiste en afirmar que la adopción de la convertibilidad en los noventa profundizó un "patrón de acumulación dominado por la valorización financiera" (para valernos de la expresión de Basualdo, 2006, entre otros), es decir, un modo de acumulación desindustrializador y especulativo. El relato, en este caso, sostiene que la reforma financiera de 1977 habría iniciado un pasaje de un modo de acumulación dominado por la industrialización sustitutiva de importaciones y sustentado en una alianza policlasista entre los trabajadores y la burguesía nacional hacia un modo de acumulación dominado por la valorización financiera y sustentado en una alianza entre los acreedores externos y los capitales concentrados internos, cuyos conflictos se habrían cerrado con la convertibilidad. La

---

[154] Remitimos a nuestros análisis previos del modo de acumulación vigente en los noventa (como Bonnet, 2008, especialmente capítulo 5; pero véase también Piva, 2012, especialmente capítulo 4).

deuda externa y las privatizaciones constituirían los pilares de este nuevo modo de acumulación desindustrializador y especulativo. La clave para entender la convertibilidad, como caso autóctono de las políticas neoliberales, ya no radica entonces en su papel dentro de la lucha de clases, sino en su papel dentro de las disputas de excedentes entre las distintas fracciones de la burguesía. En otras palabras, ya no estamos ante el disciplinamiento de mercado de la clase trabajadora mediante la presión sobre los niveles de explotación de los trabajadores en la producción, en condiciones de competencia y por parte del capital global, sino ante la redistribución de excedentes hacia la esfera financiera, en condiciones monopólicas y por parte de las fracciones rentísticas dominantes del capital. Nuestro análisis de los cambios y continuidades respecto del modo de acumulación previo prescindirá también de esa caracterización dominante entre los críticos populistas del neoliberalismo y posteriores apologetas del kirchnerismo, que descansa sobre sendas concepciones fetichista de las finanzas y fraccionalista de la sociedad.

Pasemos, ahora sí, al análisis de las características que revistió la acumulación durante la década kirchnerista. Estas características estuvieron determinadas por la aplicación de una serie de medidas de política económica, adoptadas inicialmente como respuestas más o menos forzadas, según los casos, a la crisis de acumulación de 2001 y, más tarde, perpetuadas sobre un aparato productivo heredado de la profunda reestructuración capitalista realizada durante la década previa y en condiciones muy favorables del mercado mundial. Vamos a examinar, a continuación, cada uno de estos tres elementos.[155]

Una de las polémicas económicas más encarnizadas de la década kirchnerista giró alrededor de la medida en que había que atribuir el buen desempeño de la economía a las virtudes del *modelo* (es decir, a la política económica implementada por el kirchnerismo) o a los efectos del *viento de cola* (a la bonanza del mercado mundial). Comencemos, entonces, por esta alternativa. Ciertamente, como argumentaron los defensores de las políticas económicas kirchneristas, la economía argentina

---

[155] Nuestra caracterización de la evolución del modo de acumulación durante la década concuerda en gran medida con la realizada por Piva (2007) en el marco de la jornada de debate antes mencionada (véase asimismo Piva, 2012c, para una actualización).

atravesó durante la década que se extendió entre 2003 y 2013 –y especialmente durante la primera mitad de ella– un período de intenso crecimiento a una *tasa china* anual promedio de casi un 7% anual o un 76,5% acumulado.[156] Pero para evaluar este desempeño, es necesario contextualizar estos números. Comparando el desempeño de la economía argentina durante la década con los de otras economías latinoamericanas, a primera vista, sale favorecida: esa tasa anual promedio de crecimiento del producto es muy superior a la media del continente (3,8%), a las de las economías más grandes (3,5% para Brasil, 2,5% para México) y a las de la totalidad de las economías que lo integran. Sin embargo, debemos reparar igualmente en el hecho de que la década en cuestión fue un período de crecimiento para el conjunto de las economías latinoamericanas y que dicho crecimiento favoreció a economías de países que adoptaron políticas económicas muy diversas, a saber, tanto a países que se apartaron de las políticas neoliberales como Venezuela y Bolivia (ambas crecieron alrededor de un 4,6% anual promedio), como a países que insistieron en dicho rumbo como Colombia o Chile (con 4,7% y 4,5%, respectivamente). Esto es ya en sí mismo un indicio del grado de incidencia de esas favorables condiciones del mercado mundial, a las que enseguida volveremos.

Pero además, debemos agregar dos factores que relativizan ese carácter aparentemente extraordinario del desempeño de la economía argentina durante la década. En primer lugar, hay que atender a la profundidad de la crisis en la que se encontraba dicha economía antes de este período expansivo. Hay que tener en cuenta la intensidad de esta crisis para entender la intensidad que revistió la recuperación posterior de la economía argentina, mucho mayores en ambos casos que las de otras economías latinoamericanas. Adviértase, en este sentido, que el producto argentino se había contraído casi a razón de un 5% anual entre 1999 y 2002, contra un crecimiento de un 1,5% anual para el conjunto de las economías latinoamericanas y de arriba del 2% para la brasilera y mexicana. El PBI argentino de 2005 fue así un 27% mayor que el de 2002, pero recién durante

---

[156] Me baso en este caso en las tasas de crecimiento del producto anual a precios constantes de la CEPAL porque enseguida voy a compararlos con datos calculados por la CEPAL para otros países latinoamericanos (si se ajustara esa tasa promedio a cálculos alternativos como el del denominado *PBI Congreso* , se reduciría a un 5,2%, pero seguiría siendo elevada).

este año superó el nivel que había alcanzado en 1998, último año de crecimiento de la convertibilidad y máximo del período hasta 2001. Esto equivale a decir que el altísimo crecimiento de 2003 y 2004 (de casi un 9% anual) debe considerarse como un *efecto rebote* respecto de la profunda depresión previa.[157]

En segundo lugar, hay que precaverse contra la tergiversación de las tasas de aumento de producto perpetrada por el gobierno de 2007 en adelante. Ya mencionamos antes, cuando nos referimos a las tendencias inflacionarias desencadenadas a mediados de la década, que la intervención del INDEC y la subsecuente tergiversación de los datos sobre la inflación afectó, asimismo, a los datos sobre el producto. Agreguemos ahora que esta tergiversación indirecta de las tasas de aumento del producto se combinó además con una tergiversación más directa mediante la modificación de la metodología para calcularlas. El resultado fue un cálculo oficial de tasas de crecimiento del producto, siempre de 2007 en adelante, sensiblemente superiores a las reales. Según un estudio reciente realizado con la vieja metodología, por ejemplo, la brecha entre ambas habría acumulado entre 2007 y 2012 algo más de 12 puntos.[158]

Ahora bien, si ajustamos las tasas de crecimiento calculadas oficialmente a las reales, el desempeño de la economía argentina sigue siendo importante e incluso superior al de las restantes economías latinoamericanas, aunque ahora con las excepciones de la peruana y uruguaya. Pero si además tenemos en cuenta aquella distorsión generada por el *efecto rebote*, el desempeño de la economía argentina se aproxima mucho más al desempeño medio de las economías del continente (un 3,8 contra un 3,2% anuales entre 1999 y 2013, aproximadamente). Es importante señalar que estas consideraciones no apuntan de ninguna manera a ocultar

---

[157] El comportamiento de la inversión y el consumo, como indica Piva (2007), confirman este análisis. La inversión bruta interna fija alcanza su máximo de la convertibilidad (1998) recién en 2005 y lo mismo sucede con el consumo de los hogares, que recién supera levemente el máximo de la convertibilidad (también de 1998) durante 2005 (a partir de cuentas nacionales y a precios de 1993).

[158] Dicha brecha ascendería, exactamente, a 12,2 puntos. Esto equivale a decir que el producto aumentó un 71,1% (contra el 91,9% oficial) o a una tasa promedio del 5,6% anual (contra el 6,7% oficial) durante dicho período. La mayor parte de este aumento (47,6%) y las citadas tasas chinas (8,1%) se registraron precisamente entre 2002 y 2007 (*La Nación*, 26/9/13; sobre la base del informe de A. Coremberg *Measuring Argentina' s GDP Growth*, Bs. As., Arklems y Land_UBA, 2012, disponible en www.arklems.org).

el hecho de que el desempeño de la economía argentina haya sido alto e, incluso, algo superior al de otras economías latinoamericanas. La tergiversación de la realidad es una prerrogativa que estamos dispuestos a entregar sin disputa al propio gobierno. Estas consideraciones apuntan en cambio a contextualizar ese desempeño en un marco geográfico (las economías latinoamericanas) e histórico (el ciclo completo de la crisis y la recuperación posterior) más amplio y, así, poner en evidencia la incidencia de las condiciones favorables del mercado mundial sobre dicho desempeño.

Las condiciones favorables en cuestión son conocidas, de manera que apenas vamos a mencionarlas. Ese alto desempeño de la economía argentina durante la década se inscribió en un conjunto de transformaciones del capitalismo a escala mundial que impactaron en la inserción de la economía doméstica en el mercado mundial y, en consecuencia, en las características del modo de acumulación vigente.[159] El hecho fundamental en este sentido fue, naturalmente, la reversión de la tendencia secular al deterioro de los términos de intercambio entre los productos exportados por los países de la periferia y del centro del sistema mundial. Diversos estudios registraron empíricamente que, al menos desde la salida de la Primera Guerra Mundial y hasta fines del siglo pasado, los precios de los productos primarios y, más recientemente, de los denominados *commodities* en su conjunto (que incluyen una serie de productos industriales altamente estandarizados) disminuyeron sostenidamente en relación con los precios de los bienes industriales de mayor valor agregado. Para ilustrar la magnitud de la caída en cuestión, digamos solamente que el índice de precios de los productos básicos no petroleros estimado por *The Economist* se redujo un 60% a lo largo del siglo (véase la evidencia reseñada en Ocampo y Parra, 2003). Esta tendencia, que inspiró las conocidas hipótesis de Prebisch y Singer (para una interesante discusión, véase Astarita, 2010, especialmente capítulo 8), impuso a economías periféricas como las latinoamericanas importantes restricciones externas.

---

[159] Esto es, no son un mero contexto externo de un proceso de acumulación interno, sino que más bien este último es la manifestación interna específica de las características que asume la acumulación de capital a escala mundial durante el período en cuestión (para una interesante discusión de las implicancias de esta diferencia para la historia económica argentina, véase Ianni, 2011).

Sin embargo, el cambio de siglo parece haber traído consigo la reversión de esta tendencia secular. Los precios de esos *commodities* y, en particular, de las materias primas y los alimentos, comenzaron entonces a aumentar significativa y sostenidamente, mejorando los términos de intercambio e impactando positivamente en las balanzas comerciales de los países que los exportan. El índice de precios de los bienes exportados por los países latinoamericanos se duplicó así entre la última década del siglo pasado y la primera del siguiente, liderado por los precios del petróleo, de algunos minerales usados en la industria y de las oleaginosas y sus derivados.[160] El índice de precios de los bienes importados por los países latinoamericanos también aumentó, aunque en mucha menor medida, de manera que los términos de intercambio mejoraron entre ambas décadas. En el caso particular de la Argentina, para quien los productos primarios y las manufacturas de origen agropecuario sumados siguen representando alrededor de un 50% de sus exportaciones y apenas un 10% de sus importaciones, esa mejora fue notoria. El índice de precios promedio de sus exportaciones aumentó arriba de un 45% y el de sus importaciones apenas un 10% entre ambas décadas. Los términos de intercambio promedio de la década pasada eran un 30% mejores, y los vigentes al final de la década un 65% mejores, que los vigentes en promedio durante la década previa. Para ilustrar el impacto de esta diferencia basta con señalar que, a los precios vigentes en los noventa, las exportaciones argentinas de 2012 hubieran representado unos USD 30.000 millones menos, diferencia equivalente aproximadamente a la mitad de las importaciones, al doble del servicio de la deuda externa o a las dos terceras partes de las reservas de entonces.[161]

Esta reversión de la tendencia al deterioro de los términos de intercambio parece haberse originado fundamentalmente en el aumento de la demanda de energéticos, materias primas y alimentos, derivada a su vez de la expansión de la economía mundial durante el período. Y, dentro

---

[160] Si comparamos los promedios de los índices de precios de los productos exportados por los países latinoamericanos vigentes entre 1990 y 2000 y entre 2001 y 2012, aumentaron 103% en su conjunto; 168% en los energéticos, 151% en los minerales y metales y 31% en los alimentos (a partir de los índices de precios de productos básicos de exportación de América latina de CEPAL).

[161] Sobre la base de los índices de precios de las exportaciones y las importaciones y los términos de intercambio calculados por el INDEC. Esta última estimación surge a partir de las "ganancias de intercambio" calculadas por el INDEC, pero modificando su año base (considerando el promedio de los términos de intercambio 1990-2000=100, en lugar de 2004=100).

de esta expansión, jugaron un papel específico nuevas potencias capitalistas emergentes como China y, en menor medida, India y Rusia, que crecieron por encima de las tasas de crecimiento de las restantes economías del mercado mundial. No vamos a detenernos en este fenómeno de las nuevas potencias emergentes, pero es importante mencionarlo porque explica el hecho de que los países periféricos no solo vieron aumentar las cantidades y los precios de sus exportaciones, sino que a menudo también se diversificaron sus destinos. En el caso de la Argentina, mientras se registraba aquel aumento en los precios de sus exportaciones, las cantidades exportadas aumentaban más de un 70% y ganaban importancia los mercados de China (de un 4,2% del total en 2002 a un 7,1% en 2011) y de los países del ASEAN (del 3% al 5% entre los mismos años), se consolidaba el mercado regional del MERCOSUR (más del 20% de las exportaciones las absorbía Brasil) y perdían importancia los tradicionales mercados de EE.UU. y la Unión Europea (pasaron de representar el 11% al 5% y del 20% al 15% de las exportaciones entre esos años, respectivamente).[162] Así, por una parte, los déficits comerciales de los noventa se convirtieron en los extraordinarios superávits que rondaron los USD 12.500 millones anuales en década siguiente y, por otra parte, la diversificación de los destinos redujo la dependencia comercial previa respecto de EE.UU. y la Unión Europea. Todo esto redundó en un inédito aflojamiento de las restricciones externas que la economía argentina tradicionalmente enfrentaba.[163] El moderado impacto en la economía doméstica de la crisis mundial iniciada a fines de 2007 en los países centrales fue la expresión más acabada de ese aflojamiento de las restricciones externas.

---

[162] Estimado a partir de datos del Centro de Economía Internacional del Ministerio de Relaciones Exteriores y Culto.

[163] Es necesario advertir que la menor incidencia del mercado externo en comparación con el interno dentro de la demanda no alcanza para menospreciar la importancia de esas restricciones externas. Las exportaciones siguieron representando una porción relativamente pequeña de la demanda global (alrededor de un 10% a 13% entre 2003 y 2012) mientras que, por ejemplo, el consumo privado siguió representando más de la mitad de la misma (de un 57% a un 61% entre dichos años; el consumo privado aumentó un 89% y las exportaciones 53%, entre 2003 y 2012) (estimado a partir de los datos de oferta y demanda globales del INDEC). Pero esas exportaciones siguieron siendo decisivas como mecanismo de ingreso de divisas.

Ahora bien, estas condiciones favorables del mercado mundial fueron sin más la condición de posibilidad del exitoso desempeño de la economía doméstica durante la década y además, como enseguida veremos, incidieron sobre las características que revistió el modo de acumulación. Basta con atender al carácter extraordinario de estas condiciones del mercado mundial, contrastándolas con las que enfrentó a lo largo de toda su historia reciente el capitalismo argentino, para dirimir la mencionada polémica acerca de la medida en que hay que atribuir el buen desempeño de la economía doméstica durante la década a estas condiciones favorables del mercado mundial o a los aciertos de la política económica. El *viento de cola* fue el factor decisivo que impulsó a la economía argentina, junto con las restantes economías latinoamericanas, durante la década.[164] Y volver aquí sobre esta polémica es importante porque en última instancia, como veremos más adelante, el desempeño político del kirchnerismo resultaría extremadamente dependiente de esas favorables condiciones externas.

Una vez dicho esto, hay que añadir que la política económica predominantemente expansiva adoptada por los gobiernos kirchneristas acompañó este desempeño de la economía e incidió sobre las características del modo de acumulación.[165] Esta afirmación vale especialmente para la política económica implementada durante el período de reactivación que se inició con la propia caída de la convertibilidad a comienzos de 2002 y

---

[164] Algunos economistas ortodoxos intentaron medir la incidencia de las condiciones del mercado mundial sobre los ciclos recesivo y expansivo que atravesaron las economías latinoamericanas (incluída la argentina) durante las dos últimas décadas. Österholm y Zettelmeyer (2007), por ejemplo, estimaron que explican entre un 50% y un 60% de la dispersión entre las tasas de crecimiento correspondientes. Izquierdo, Romero y Talvi (2007) llegaron a conclusiones semejantes.

[165] Nos referimos a una política económica predominantemente expansiva porque este fue su signo durante la mayor parte de la década. Pero también podríamos hablar de una política procíclica en una década predominantemente expansiva, pues tanto durante la recesión de 2009 (mediante la devaluación y la contención salarial) como durante la recesión en curso desde fines de 2013 (nuevamente mediante devaluación y contención salarial, pero esta vez combinadas con aumento de las tasas de interés y de las tarifas y combustibles y la búsqueda de financiamiento externo) su política económica siguió una orientación más contractiva.

se cerró con el reemplazo del ministro Lavagna a fines de 2005, período en el que se concentraron las medidas más importantes y más exitosas de toda la década. Entre fines de 2005 y fines de 2007, en cambio, aunque la política económica siguió acompañando el desempeño de una economía que pasaba de la reactivación a la franca expansión, no se implementaron nuevas medidas importantes. Desde fines de 2007 o comienzos de 2008 en adelante, la economía comenzó a plantear nuevos desafíos ante los cuales la política económica volvió a incluir nuevas medidas importantes, aunque se mostró un poco más vacilante y mucho más impotente.

Ya reseñamos en la primera parte las principales políticas económicas del aquel período 2002-2005; aquí nos centraremos más bien en su incidencia en el desempeño de la economía y, más específicamente, en las características del modo de acumulación. La más importante de dichas políticas fue por lejos el mantenimiento de tipo de cambio competitivo después de la devaluación forzada de comienzos de 2002. El tipo de cambio, en una economía tradicionalmente signada por dificultades de inserción en el mercado mundial como la argentina, siempre es una variable decisiva (véase Astarita, 2010, especialmente capítulo 10). En este sentido, la devaluación revistió una importancia decisiva para el relanzamiento de la acumulación, pues impuso de manera inflacionaria (es decir, en términos reales) la drástica reducción del salario que los ajustes no habían podido imponer de manera deflacionaria (en términos nominales) durante la crisis de la convertibilidad. Los costos laborales reales cayeron alrededor de un 25% con la devaluación en 2002 (véase Manzanelli, 2013). Y, si bien desde 2003 comenzaron a aumentar hasta superar a comienzos de la década siguiente los vigentes antes de la devaluación, los costos laborales unitarios continuaron cayendo durante todo el período debido al aumento de la productividad. La tasa de ganancia del conjunto de las empresas pudo aumentar entonces de un promedio del 6% entre 1993 y 2001 a un promedio del 8,3% entre 2002 y 2009 y, para el caso de las empresas más grandes, del 10,2% al 14,3%, entre dichos períodos (véase Féliz y López, 2012). Ese recorte inicial de los salarios, que rondó un 25% promedio para el conjunto de los trabajadores y redujo la participación del salario en el ingreso de un 42% a un 35%, se combinó con sendos recortes, también en términos reales, de las tarifas de los servicios públicos y los precios de la energía y de las tasas de interés. Esto redujo los costos y aumentó por consiguiente la rentabilidad de los sectores productivos del capital, lo que reforzó la competitividad de los capitales orientados hacia la exportación y protegió a la vez a los capitales menos competitivos orientados hacia el mercado interno, y permitió combinar así la recuperación de las exportaciones con una incipiente sustitución de importaciones.[166] La rentabilidad de las empresas experimentó, entonces, una recuperación extraordinaria después de su caída durante la crisis, retomó con nuevo impulso la tendencia ascendente que había registrado durante los noventa (véase Michelena, 2009). Este recorte de costos originado en la devaluación, combinado con aquellas favorables condiciones del mercado mundial a las que acabamos de referirnos, explican prácticamente sin resto las altas tasas de crecimiento registradas durante los primeros años.[167]

Ahora bien, como vimos en el primer capítulo, una vez superada la coyuntura inicial de fracaso del desdoblamiento del tipo de cambio y de disparada del dólar, que se extendió entre enero y junio de 2002, el dólar comenzó a bajar hasta ubicarse alrededor de los tres pesos por dólar hacia fines de año. La administración de Duahlde, para ese entonces, ya se empeñó en que la cotización del dólar no siguiera cayendo. Y el mantenimiento de un tipo de cambio competitivo mediante intervenciones constantes del BCRA en el mercado de divisas se convertiría, a continuación, en una de las claves de la política económica de Kirchner. Estas intervenciones resultaron exitosas durante toda su administración y el tipo de cambio nominal se mantuvo estable, alrededor de esos tres pesos por dólar, hasta mediados de 2008. El tipo de cambio real y el tipo de cambio real multilateral, por su parte, aunque por debajo, también se

---

[166] Algunos economistas más heterodoxos, encabezados por Frenkel (véanse entre otros Frenkel, 2004 y 2008, Frenkel y Rapetti, 2007 y 2008, Curia, 2007 y 2011), enfatizaron correctamente en la importancia que revistió el mantenimiento de un "tipo de cambio real competitivo y estable" (Frenkel) o "de equilibrio desarrollista" (Curia) dentro de la política macroeconómica del primer kirchnerismo. El problema estaría, como ya había advertido Lavagna en sus últimos días como ministro, en la incapacidad de las políticas monetarias y fiscales que acompañaron dicha política cambiaria para enfrentar sus consecuencias, particularmente la creciente inflación (véase, en este sentido, el balance de Damill y Frenkel, 2009).

[167] Esto implica que resultó insignificante la porción de dicho crecimiento que quedó disponible para que los economistas oficialistas más progresistas, munidos de sus heterodoxos modelos macroeconómicos tomados del *Cambridge Journal*, la explicaran como resultado de sus imaginarias políticas (véase, por ejemplo, los casos de Agis y Feldman, 2010 y Amico, 2010).

mantuvieron estables hasta comienzos de 2007.[168] Este tipo de cambio competitivo consolidó entonces aquel proceso de expansión de las exportaciones, que es uno de los principales rasgos del modo de acumulación vigente, y, aunque secundariamente, aquel proceso de sustitución de importaciones.

En realidad, una vez recuperada la economía, las importaciones volvieron a mostrar una tendencia a adquirir mayor dinamismo que las exportaciones y, en consecuencia, a reducir en términos relativos el monto de los excedentes comerciales. Pero a diferencia de la década anterior, estos superávits comerciales, aunque decrecientes, subsistieron durante una década de crecimiento. Desde mediados de 2008, sin embargo, comenzaron a hacerse sentir las consecuencias del proceso inflacionario sobre el tipo de cambio. El tipo de cambio nominal comenzó a aumentar de manera exponencial desde entonces hasta superar los ocho pesos por dólar –mientras el dólar paralelo superaba los trece– durante la corrida cambiaria de enero de 2014. El tipo de cambio real y el tipo de cambio real multilateral, sin embargo, tendieron a caer hasta suprimir alrededor de las dos terceras partes de la ventaja competitiva que había representado aquel tipo de cambio estabilizado en tres pesos por dólar entre fines de 2002 y comienzos de 2007.[169] La inflación se impuso así sobre la devaluación de la moneda. Y la pérdida de competitividad resultante parece haber erosionado la expansión exportadora. Las exportaciones, que habían aumentado sistemáticamente entre 2002 y 2008 hasta alcanzar en este último año los USD 70.000 millones, monto que representaba dos

---

[168] El índice de tipo de cambio real multilateral calculado por el BCRA (con base diciembre de 2001 = 100) rozó los 280 a mediados de 2002, pero después descendió hasta fluctuar entre los 215 y 230 entre comienzos de 2003 y comienzos de 2007. Aquí es importante añadir que esta competitividad del tipo de cambio argentino fue especialmente significativa respecto de su principal socio comercial, debido a la revaluación del real, como se evidencia comparando el tipo de cambio real bilateral con Brasil respecto de los tipos de cambio reales bilaterales con EE.UU. o la UE.

[169] El recálculo del mencionado índice de tipo de cambio real multilateral calculado por el BCRA (siempre con base diciembre de 2001 = 100) tomando en consideración un índice de inflación alternativo desde 2007 (como el 7 provincias) arroja desde comienzos de 2007 una evolución en la que, a través de fluctuaciones, se impone una tendencia a la caída hasta ubicarse alrededor de los 150 puntos en 2012.

veces y media las exportaciones de comienzos del período, parecieron mostrar desde entonces cierta tendencia al estancamiento.[170]

La apreciación del dólar, mientras tanto, forzaría al Banco Central a intervenir cada vez más seguida y cuantiosamente en el mercado de divisas, poniendo en juego su nivel de reservas. Tras el derrumbe de 2001, año en que se redujeron a unos USD 9000 millones, menos de un tercio de las existentes durante los últimos años de vigencia de la convertibilidad, las reservas comenzaron a recuperarse. Desde comienzos de 2003, se inició una política de recomposición sistemática de las reservas que solo interrumpió coyunturalmente el pago de la deuda con el FMI de fines de 2005 y dichas reservas superaron a comienzos de 2008 los USD 50.000 millones. Pero desde entonces, también, cambió el comportamiento de las reservas: comenzaron a fluctuar y, después de un pico de unos 52.000 millones a fines de 2010, comenzaron a caer sistemáticamente desde mediados de 2011 hasta cerrar el 2013 en unos USD 30.000 millones.[171]

El gobierno de Fernández de Kirchner, mientras tanto, había modificado drásticamente su política cambiaria. Después de las elecciones de octubre de 2011, comenzó a imponer restricciones a la compra de dólares (el denominado *cepo cambiario*) que acarrearon en los hechos la consabida emergencia de un mercado paralelo. Las restricciones en cuestión fueron cambiando (demostración de ingresos ante la AFIP, prohibición

---

[170] Las exportaciones, que habían pasado de USD 25.600 a los citados USD 70.000 millones entre 2002 y 2008, se contrajeron a un promedio de USD 62.000 en 2009-10 y se expandieron a un promedio de 82.500 en 2011-12. Así, la desaceleración de la expansión inicial es evidente, aunque es difícil determinar en qué medida incidieron la competitividad del tipo de cambio y otros factores como la incidencia de la crisis mundial en la demanda o de las condiciones recesivas domésticas en la oferta.

[171] Aunque estas cifras son controvertidas, nos basamos aquí en los datos acerca de las reservas totales (oro, divisas, colocaciones a plazo, etc.) informadas oficialmente por el BCRA porque alcanzan para ilustrar tanto la magnitud de aquella recuperación entre 2003 y 2008 (las reservas aumentaron entonces seis veces más que el producto) y como de esta caída entre 2008 y 2013 (las reservas cayeron un 60% mientras el producto se expandía otro 30%).

de venta de divisas por el BCRA, aplicación de recargos a las compras en el extranjero con tarjetas de crédito, etc.).[172] Pero el resultado siempre fue el esperable: la cotización del dólar paralelo (bautizado ahora *dólar blue*) y su distancia respecto de la cotización del dólar oficial (la *brecha cambiaria*) tendieron a aumentar hasta alcanzar respectivamente, en mayo de 2013, los $10,77 por dólar, que representaban una distancia del 100% respecto de la cotización oficial de $5,22 por dólar. Esta brecha se reduciría más tarde, ciertamente, pero no por una depreciación del dólar paralelo, sino por la apreciación del dólar oficial, es decir, por una aceleración del curso devaluatorio adoptado desde 2010-11 por el propio gobierno.[173] Y finalmente, el curso de devaluaciones graduales que el gobierno venía siguiendo cedió su puesto a la abrupta devaluación del 18,63% de 2014. Esta fue la mayor devaluación desde aquella que sucedió a la caída de la convertibilidad. Y, aunque mucho menor (anualizada, un 38% entre enero de 2013 y de 2014, contra un 200% en 2002), sería inmediata e íntegramente traducida en un aumento de los precios (la inflación entre enero de 2013 y de 2014 alcanzó un 32%, mientras que durante 2002 había alcanzado un 41%). La política cambiaria del gobierno fue cayendo así en una creciente impotencia.

Ahora bien, la mencionada expansión de las exportaciones permitió, a su vez, la imposición de las retenciones, es decir, de impuestos a las exportaciones agropecuarias, hidrocarburíferas y mineras, que es otra de

---

[172] Las restricciones fueron las siguientes: autorización de las operaciones cambiarias por la AFIP (octubre de 2011), prohibición a las empresas de comprar divisas para girar regalías y dividendos (febrero de 2012), restricciones al retiro de divisas desde cajeros en el exterior (marzo de 2012), bloqueo de hecho a la compra de divisas para atesoramiento y reglamentación de su compra para viajes (mayo de 2012), oficialización de la prohibición de compra de divisas para atesoramiento y bancarización de las restantes operaciones cambiarias (julio de 2012), declaraciones juradas para la compra de divisas para viajes y recargo del 15% para las compras con tarjeta de crédito en el exterior (agosto de 2012), aumento del recargo por compras en el exterior al 20% (marzo de 2013), nuevo aumento del recargo por compras en el exterior al 35% (diciembre de 2013), flexibilización del cepo, con permiso de la compra de divisas para atesoramiento y recargo del 20% el de las compras en el exterior (enero de 2014) (de *El Cronista*, 24/1/14).

[173] Este curso devaluatorio ya se había iniciado durante la presidencia del BCRA de Mercedes Marcó del Pont, designada en febrero de 2010, pero esta aceleración coincidió con su reemplazo por Juan C. Fábrega, en noviembre de 2013.

las medidas importantes adoptadas durante el período. Recordemos que estas retenciones en su conjunto arrojaron ingresos que pasaron de unos $5.000 millones cuando se implementaron en 2002 a unos $20.500 millones en 2007, es decir, antes del conflicto con la burguesía agraria, y continuaron aumentando hasta alcanzar los $55.500 millones en 2013.[174] Estos montos representaron en promedio alrededor de un 10,5% de los recursos tributarios totales. Las retenciones fueron, entonces, una importante fuente de ingresos fiscales. Pero también, implicaron uno de los dos cambios respecto de la estructura tributaria de los noventa, que no contemplaba estos impuestos a las exportaciones. El segundo cambio importante fue el aumento absoluto y relativo del rubro de aportes y contribuciones a la seguridad social dentro de la recaudación, derivado de la estatización del segmento privado del sistema de jubilaciones y pensiones. El rubro aumentó de unos $8.200 millones en 2002 a unos $229.700 millones en 2013 y, mientras que entre 2002 y 2007 representaba en promedio un 15,5% de los recursos tributarios totales, entre 2008 y 2013 pasó a representar un 25,7% de ellos. En cambio, el resto de la estructura tributaria se mantuvo, con toda su escandalosa desproporción entre impuestos al consumo (el IVA siguió representando un 30% de los recursos) y a las ganancias (que siguió representando un 20% de ellos y que incluye aportes de los propios asalariados). Y la estructura tributaria siguió siendo tan regresiva como antes (el 10% de la recaudación que aportaron los capitalistas a través de sus exportaciones fue compensado con el 10% que aportaron los trabajadores a través de sus aportes). Pero aún así es importante tener en cuenta aquellos cambios de la estructura tributaria, porque los impuestos son uno de los mecanismos fundamentales de redistribución de ingresos por parte del estado e influyen sobre el modo de acumulación.

En cualquier caso, las retenciones, alimentadas por aquella expansión de las exportaciones, junto con el IVA, alimentado por su parte por la expansión del consumo interno, impulsaron los ingresos públicos. Y este significativo aumento de los ingresos públicos, combinado con la reducción de gastos que implicó el recorte de los salarios de los empleados del sector público, redundaron en un comienzo en importantes superávits fiscales, que rondaron el 3,3% del PBI en términos primarios (o

---

[174] Sobre la base de datos de la Subsecretaría de Ingresos Públicos, Secretaría de Hacienda, MECON.

el 1,5% en términos totales) entre 2003 y 2008. Pero no fueron estos superávits iniciales que, como sabemos, se convertirían en déficits desde 2009 en adelante, ni la política fiscal relativamente austera que inicialmente los acompañó y que, como también sabemos, se relajaría desde 2008 en adelante, sino el intenso y sostenido aumento tanto de los ingresos como de los gastos públicos el aspecto que nos interesa remarcar.[175] El gasto público pasó de representar un 24,7% del PBI en 2002 a representar un 37,9 en 2012, mientras que los ingresos pasaron de representar un 20,4% del PBI en 2002 a representar un 33,8% en 2012. Esta recomposición de los ingresos y gastos públicos, que es uno de los aspectos decisivos que ya tuvimos en cuenta en nuestro análisis de la evolución del estado en los anteriores capítulos, afectó asimismo al modo de acumulación vigente.

Las políticas que enfrentaron la bancarrota de la banca doméstica y la cesación de pagos de la deuda externa resultantes de la crisis de la convertibilidad también acarrearían consecuencias importantes para las características del modo de acumulación. Tras la pesificación y el salvataje, como adelantamos en la primera parte, el sistema financiero no solo se recuperó, sino que también se modificó. Este proceso, ciertamente, fue lento. Tras el derrumbe de 2001-02, los bancos fueron recuperando paulatinamente sus despósitos, préstamos y patrimonios netos y fueron cancelando las obligaciones que habían contraido con el BCRA a raíz del salvataje.[176] Pero este saneamiento se prolongó hasta 2006, cuando recién recuperaron su rentabilidad, y solo a partir de entonces puede decirse que los bancos se normalizaron y comenzaron a expandirse. Además, este proceso se vería alterado poco después por el impacto sobre la banca doméstica de la crisis financiera internacional, que ya venía advirtiéndose desde 2007, pero que se agravaría durante 2009, especialmente, entre

---

[175] Recordemos en este punto que la mencionada reducción en términos reales de las tarifas de los servicios públicos y los precios de la energía, resultante de su pesificación y congelamiento, fue acompañada desde 2005 por crecientes subsidios a las empresas privatizadas o concesionadas en los noventa. Los subsidios a los combustibles, la energía y el transporte, como ya dijimos, fueron la cuenta más dinámica dentro de este gasto público.

[176] En cambio, algunos bancos extranjeros cerraron o dejaron el mercado (Scotiabank Quilmes, Sudameris, Crédit Agricole, Lloyds Bank, etc.), de manera que se redujo el número de entidades (de unas 115 a unas 80) así como el peso de la banca extranjera en relación con la banca privada nacional y la banca pública (para este proceso véase Wierzba, Del Pino Suárez y Kupelián, 2010 y Golonbek y Mareso, 2011).

los bancos extranjeros (regidos por estrategias globales) y públicos (vinculados con las políticas anticíclicas del gobierno).

Sin embargo, en cualquier caso, el resultado de este proceso fue un sistema financiero menos dependiente del sector público. El estado, debido a aquellos superávits fiscales iniciales, no solo perdió peso como demandante de fondos, sino que incluso se convirtió en oferente de fondos a través de la cancelación de deudas que había contraído previamente. Esto, sumado al hecho de que los fondos depositados por el sector privado superaron a los créditos, resultó en una alta liquidez y una contención de las tasas de interés dentro del mercado financiero doméstico. Y, además, las tasas de interés fueron relativamente bajas en el mercado financiero internacional. Las tasas de interés nominales, si bien siguieron un curso ascendente durante toda la década, fueron erosionadas en términos reales por la aceleración del proceso inflacionario. Las tasas de interés reales, entonces, desde 2004-05 en adelante, fueron cada vez más marcadamente negativas. Estas bajas tasas de interés, que contrastaron con las altas tasas vigentes en los noventa, fueron una de las características distintivas del comportamiento del sistema funanciero durante la década.[177] La otra característica distintiva fue su desdolarización. En efecto, cuando acabó de normalizarse, entre el 85% y el 90% tanto de los depósitos como de los créditos del sistema financiero estaban nominados en pesos. Pero las consabidas dificultades que la moneda doméstica enfrenta desde mediados de los setenta para desempeñar la función de reserva de valor volvieron a poner un límite a este proceso de desdolarización. La creciente tendencia al atesoramiento de dólares por fuera del sistema financiero, que se puso de manifiesto desde 2011 y que los mencionados controles cambiarios no hicieron sino incentivar, atentó contra una mayor bancarización y pesificación de los ahorros.

La combinación entre los pagos normales de intereses y principales realizados y las posteriores reestructuración de plazos y montos de la deuda en manos privadas y cancelación anticipada de la deuda en ma-

---

[177] Las tasas de interés de referencia cayeron después de la crisis de 2000-01 y, a pesar de una relativa recuperación entre mediados de 2004 y mediados de 2007, siguieron siendo inferiores a las vigentes durante los noventa y se derrumbaron con la nueva crisis de 2009 en adelante (véase, por ejemplo, la evolución de las interbancarias *overnight* FED y Libor).

nos de acreedores institucionales con la que se enfrentó la cesación de pagos de la deuda externa, acompañada por la no emisión de nueva deuda, como anticipamos en la primera parte, modificó radicalmente la vinculación de la economía doméstica con los mercados y los organismos financieros internacionales. Esta vinculación se volvió mucho más laxa que en los noventa. Las necesidades de financiamiento del gasto público se volverían cada vez más imperiosas desde 2008, ciertamente, pero el recurso de las administraciones de Fernández de Kirchner a fuentes de financiamiento alternativas (fundamentalmente, a los citados fondos de la ANSES y reservas del BCRA) evitaron hasta la actualidad que esa vinculación se reforzara a través de un nuevo proceso de endeudamiento.

Ahora bien, antes de pasar a un análisis del modo de acumulación propiamente dicho, conviene volver sobre la orientación de conjunto de esta política económica y su efectividad durante la década. Para precisar su orientación, es necesario tener en cuenta que esta política económica estuvo compuesta fundamentalmente por un conjunto de medidas que fueron adoptadas como respuesta a la crisis de la convertibilidad, aunque fueron mantenidas más tarde. Y, por consiguiente, conviene definir dicha orientación contrastándola con la orientación que había seguido la política económica enmarcada en la propia convertibilidad en los noventa. Esta última, como todas las políticas económicas neoliberales, había sido una política de disciplinamiento de mercado de la clase trabajadora. Los instrumentos fundamentales de las políticas neoliberales en cuestión son monetario-financieros; en nuestro caso, la propia convertibilidad que encadenaba la creación de pesos al ingreso de dólares (disciplina monetaria) impidiendo el financiamiento inflacionario de déficits públicos (disciplina fiscal) y restringiendo la capacidad del Banco Central de desempeñarse como prestamista en última instancia (disciplina bancaria). Pero la reserva última de esta disciplina siempre se encuentra afuera, es decir, en el mercado mundial. El mercado mundial es quien sanciona a corto plazo (a través de los flujos y reflujos de capital dinero) y especialmente a largo plazo (a través de los flujos y reflujos de capital productivo y de mercancías) la suerte de este disciplinamiento. La suerte de la convertibilidad descansaba, en última instancia, en un ingreso de dólares que solo una inserción competitiva de la economía doméstica en el mercado mundial, es decir, una mayor explotación del trabajo, podía garantizar (véase Bonnet, 2008, cap.5).

Pero sabemos que esta política de disciplinamiento de mercado de la clase trabajadora sucumbió en el proceso de ascenso de las luchas sociales y de crisis que culminó a fines de 2001. Las medidas adoptadas más tarde como respuesta a esta crisis de la convertibilidad no hicieron sino consagrar políticamente, es decir, en el terreno de la política económica, la impugnación de ese disciplinamiento. Es por esta razón que el denominador común de todas estas medidas que venimos examinando y, por ende, el rasgo que define la orientación de la política económica implementada durante la década en su conjunto, es precisamente el relajamiento de esa disciplina de mercado. En efecto, la disciplina impuesta en última instancia por el mercado mundial se relajó a través del proteccionismo involucrado en la propia devaluación de la moneda y en el posterior mantenimiento de un tipo de cambio competitivo, siempre dentro de las condiciones favorables que ese mercado mundial ofreció durante la década. Y la disciplina impuesta a través de aquellos instrumentos monetario-financieros domésticos se relajó a través de la inflación (en términos monetarios), la reestructuración del mercado financiero interno y el distanciamiento respecto de los mercados y los organismos financieros internacionales (en términos financieros) y la expansión de gasto público (en términos fiscales).[178]

Más adelante, en el capítulo doce, examinaremos los estrechos vínculos que existen entre este relajamiento de la disciplina de mercado y las características del modo de ejercicio de la dominación política durante la década. Por ahora, limitémonos a evaluar la efectividad de la política económica originada en dicho relajamiento. A grandes rasgos puede decirse, como ya señalamos, que esta política económica resultó exitosa durante los períodos de reactivación (entre comienzos de 2002 y fines de 2005) y de estabilización y crecimiento posterior (entre comienzos de 2006 y fines de 2007). Pero desde comienzos de 2008, la economía comenzó a plantear nuevos desafíos que erosionaron paulatinamente la efectividad de dicha política. Prácticamente todos los indicadores económicos que habían evolucionado de una manera favorable entre 2003 y 2007 comenzaron a evolucionar de una manera adversa desde 2008 en adelante. Las altas y sostenidas tasas de crecimiento del producto empezaron a fluctuar y se redujeron en promedio, la expansión de las expor-

---

[178] La inflación, en particular, volvería a ser así la expresión por excelencia de la lucha de clases —aunque no predominantemente a la manera de puja distributiva, como había sucedido en los ochenta (para un análisis de la relación entre inflación y lucha de clases en el kirchnerismo, véase Piva, 2014)–.

taciones y los inusuales superávits comerciales comenzaron a moderarse, el atesoramiento de reservas se convirtió en sangría, los superávits fiscales se volvieron déficits, la inflación se aceleró, el tipo de cambio real se incrementó, y así sucesivamente. La política económica kirchnerista, que había parecido como una política tan virtuosa durante el quinquenio anterior, empezó así a enfrentar sus límites durante el siguiente quinquenio.

Ante esta situación, como dijimos, los posteriores responsables de la política económica de las administraciones de Fernández de Kirchner empezaron a adoptar medidas nuevas. Pero la efectividad de estas nuevas medidas tendió, desde el comienzo y en todos los casos, a ser prácticamente nula. Si la política económica de las administraciones de Duhalde y Kirchner había comenzado a evidenciar ciertas limitaciones, la nueva política económica de las administraciones de Fernández de Kirchner caería en la más completa impotencia. La intervención del INDEC y el inicio de la tergiversación sistemática de los índices de inflación y de otros indicadores económicos a comienzos de 2007, retrospectivamente considerados, fueron una suerte de anticipo del curso que adoptaría desde entonces la política económica kirchnerista. No vamos a analizar cada una de esas nuevas medidas adoptadas justamente porque, en la medida en que fracasaron, apenas incidieron en la dinámica de la acumulación. Pero basta con recordar tres ejemplos para apreciar su orientación. La política monetaria, desde las puestas en escena de Moreno hasta los precios cuidados por Kiciloff, consistió en intentar combatir la inflación presionando a grandes empresas presuntamente formadoras de precios. La política cambiaria, desde la imposición del *cepo*, consistió en inventar mecanismos cada vez más ingeniosos e inútiles para dificultar la compra de dólares. La política fiscal, finalmente, consistió en expandir inercialmente el gasto público mientras se echaba mano a nuevas fuentes internas de financiamiento y, cuando estas comenzaron a quedar exhaustas, intentar retornar a los repudiados mercados financieros internacionales.

Este curso de los acontecimientos parece encerrar a la política económica kirchnerista en una paradoja: en el momento en que parece más decidida a convencerse a sí misma de su ilimitada potencia, de su estatuto de *gran makro*, se ve reducida a la más completa impotencia. Así, las dificultades que signaron a la economía durante la segunda mitad de la década parecen haber activado una suerte de mecanismo compensatorio entre los responsables de la política económica: cuando mayor es su impotencia en los hechos, mayor es su potencia en su retórica. Pero aquí no nos interesa tanto esta retórica como su contrapartida, las medidas de política económica que adoptan. La política económica kirchnerista, en esta segunda mitad de la década, parece haber apuntado a reemplazar la mencionada disciplina de mercado por una suerte de policía sobre los agentes de mercado.[179] La impotencia de esta política radica, simplemente, en que el mercado puede y debe ser reemplazado por una nueva forma racional de organización del trabajo social, pero no puede ser corregido persiguiendo mercaderes. El supuesto común sobre el que descansan medidas monetarias, cambiarias y fiscales como las mencionadas es la convicción de que los problemas económicos (la inflación, la apreciación del dólar, el agotamiento de las reservas hidrocarburíferas, el colapso del sistema ferroviario, etc.) son resultados de las pérfidas acciones intencionales de ciertos agentes económicos. La lógica del mercado capitalista es reemplazada así por las conspiraciones de algunos capitalistas individuales (José Aranguren, Alfredo Coto, Antonio Brufau, y así sucesivamente). La operatoria de este dispositivo de personalización y la inflamada retórica que lo acompaña pueden parecer muy radicales pero, invariablemente, su conservadora contrapartida es mantener en las sombras la irracionalidad del propio mercado capitalista. Pero en cualquier caso, fue esta policía sobre los agentes de mercado la que vino a ocupar el lugar de aquella disciplina de mercado que se había relajado después del derrumbe de la convertibilidad a fines de 2001 en las nuevas condiciones reinantes desde 2008 en adelante.

---

[179] Esta policía fue, en los hechos, la curiosa manera en que acabó materializándose la "etapa de sintonía fina" anunciada por la presidenta en su discurso de la XVII Conferencia Industrial de la UIA del 22/11/11 (*Página 12*, 23/11/11), en una escena que trajo a la memoria el Congreso de la Productividad de 1955.

Capítulo 10. El modo de acumulación

Pasemos, ahora sí, al análisis del modo de acumulación propiamente dicho. Dijimos antes que el modo de acumulación vigente durante la década kirchnerista estuvo determinado por (1) el relajamiento del disciplinamiento de mercado sobre la acumulación al que acabamos de hacer referencia, combinado con (2) las condiciones favorables ofrecidas por el mercado mundial, a las que habíamos hecho referencia un poco antes, y (3) la existencia de un aparato productivo proveniente del intenso proceso de reestructuración de los noventa. El resultado de la combinación de estos tres factores, como veremos, sería una dinámica de la acumulación extensiva que no modificaría sustancialmente las principales características del modo de acumulación preexistente a la década.

Los voceros más vulgares del kirchnerismo presentaron el ascenso de Kirchner al gobierno a mediados de 2003 como el mágico comienzo de un viaje de regreso a un modo de acumulación sustentado en la producción y, más específicamente, en la industria, una suerte de resurrección de la vieja industrialización sustitutiva de importaciones que habría revertido el modo de acumulación sustentado en la especulación financiera y la desindustrialización de los noventa. Ya advertimos en el capítulo anterior que esta última es una manera errónea de entender el modo de acumulación que, como expresión doméstica de los cambios del capitalismo mundial asociados con la denominada *globalización*, comenzó a imponerse en el capitalismo argentino hacia mediados de los setenta y se consolidó durante los noventa.[180] Nos ocuparemos aquí, en cambio, de analizar en qué medida el modo de acumulación se modificó en este

---

[180] En sentido estricto, la propia expansión de la industria durante esta década, sustentada sobre la base del aparato industrial heredado de los noventa, alcanza para refutar esa conceptualización de la reestructuración previa del modo de acumulación en términos de desindustrialización (véase en este sentido Grigera, 2014).

sentido productivo e industrialista y para hacerlo vamos a concentrarnos por un momento en algunas características de la evolución de la industria durante la década.

La primera constatación, en este sentido, es que el peso de la industria dentro del aparato productivo no se incrementó de una manera significativa y duradera. Tras la recuperación de la rentabilidad impuesta por la devaluación y durante los períodos de la propia reactivación (2002-05) y la posterior estabilización y crecimiento (2006-07), ciertamente, los sectores productores de bienes en su conjunto y particularmente la industria crecieron a un ritmo algo superior al del resto de la economía (a un 10,2% anual promedio, contra un 8,8% para el conjunto). Esto detuvo coyunturalmente la caída que había registrado la participación de la industria dentro del aparato productivo durante los noventa —en verdad, desde mediados de los setenta— y que había acumulado casi una quinta parte.[181] Pero este ritmo de crecimiento diferencial de la industria se detuvo a partir de 2007 (véase Basualdo *et alii*, 2010) y su peso dentro del aparato productivo volvió a caer desde entonces hasta volver a ubicarse en los niveles de fines de los noventa. No estamos afirmando, insistimos, la continuidad de un supuesto proceso de desindustrialización. La industria atravesó un profundo proceso de reconversión durante los noventa y, partiendo de los resultados de dicha reconversión, protagonizó un proceso de franca expansión durante la década siguiente. Estamos afirmando, en cambio, que la posición de esa industria dentro del aparato productivo no se alteró sustancialmente entre ambas décadas.

Ahora desagreguemos por sectores la evolución del producto durante la década.[182] Entre 2002 y 2007, el producto de los sectores productores

---

[181] El valor agregado bruto de producción (VABP) de la industria como proporción del VABP total, que se había reducido a un 16,3% en 2002, ascendió hasta situarse en un 18,1% en 2004 (a partir de datos del CEP, Secretaría de industria, MECON; Piva, 2007), pero después volvería a caer. La consultora Abeceb, por su parte, estimó que la industria contribuía con un 16,8% del PBI en ese pico de 2004, para caer a un 14,8% en 2012, es decir, un nivel similar al del 15% de 2002 (véase *Clarín*, 3/11/2013). Y tampoco aumentó de manera duradera el empleo industrial como proporción del empleo total (véase Marshall, 2010).

[182] Sobre la base de los datos de evolución del PBI por sectores (en millones de pesos, a precios de 1993) brindados por el INDEC, MECON. Como sabemos, los datos acerca del crecimiento de los productos total y sectoriales para el período 2007-2012 están distorsionados, pero nos valemos igualmente de ellos aquí porque nos interesa más el desempeño relativo de los distintos sectores que sus desempeños absolutos.

de bienes aumentó un 62,5% mientras que el de los sectores que brindan servicios aumentó un 41,75%; sin embargo, entre 2007 y 2012, se revirtió este crecimiento diferencial y el producto de los primeros aumentó apenas un 15,7%, mientras que el de los segundos aumentó otro 36,6%. El saldo, para el conjunto de la década, es que el producto de los sectores que brindan servicios aumentó un 93,7% mientras que el de los sectores productores de bienes aumentó un 88,1%. Esto equivale a decir que la tendencia previa al mayor crecimiento relativo de los servicios, intensificada en los noventa, se mantuvo. La industria tuvo un desempeño sobresaliente dentro de esos sectores productores de bienes, puesto que su producto aumentó un 106,4% y superó a todos los restantes –salvo a la construcción, ciertamente, cuyo producto aumentó un 202%–. Pero dentro de los servicios, hubo algunos, como el comercio y los transportes y comunicaciones, cuyos productos aumentaron aún más: 145% y 175%, respectivamente. Incluso las finanzas, rezagadas durante los primeros años, se recuperaron más tarde y crecieron en total un 152%. En síntesis, la industria lideró el crecimiento de la economía durante el primer período, como resultado de la mejora de sus precios relativos, pero quedó rezagada durante el segundo.

Pasemos ahora a las características de esta industria, desagregando el desempeño de sus distintas ramas.[183] Si atendemos al crecimiento de las distintas ramas, advertimos que, a excepción de unas pocas (fabricación de fibras manufacturadas, construcción y reparación de embarcaciones y fabricación de material ferroviario), todas las ramas de la industria crecieron entre 2002 y 2012. Esto incluye, ciertamente, a las que habían sido más dinámicas y habían liderado el crecimiento en los noventa (alimentos, bebidas y tabaco, productos de papel, automotriz, combustibles, caucho, plástico, minerales no metálicos y metales básicos, combustibles, químicos básicos). Pero las ramas que más crecieron en la década siguiente habían sido menos dinámicas en los noventa y, en varios casos, habían sido arro-

---

[183] Sobre la base de los datos sobre evolución de los distintos rubros del CEP, Ministerio de Industria, relativos a la producción de cada rubro (con base 1997=100), el valor bruto de la producción del rubro en relación con el valor bruto de la producción total de la industria, las exportaciones del rubro en relación con las exportaciones industriales totales, las importaciones del rubro en relación con las importaciones industriales totales y el empleo del rubro en relación con el empleo industrial total.

jadas al borde de la extinción durante la crisis que la había cerrado. Así pues, las diez ramas que más crecieron entre 2002 y 2012 fueron las productoras de receptores de radio y TV (860%), de artefactos de uso doméstico (823%), de calzado (496%), de vehículos automotores (415%) y de carrocerías para vehículos (377%), de motocicletas (307%), de motores (294%), la fundición de hierro y acero (266%) y la producción de muebles (202%) y de productos químicos (199%). Como puede apreciarse, la única rama que se repite en ambas décadas es la de producción de vehículos automotores, que durante ambas décadas se enmarcó dentro de las condiciones del régimen especial automotriz. Entre las restantes ramas, en cambio, predominan las que producen para el mercado doméstico (muchas son más bien importadoras netas) y son trabajo-intensivas, mientras que entre las ramas más dinámicas de la década anterior predominaban las que producen para el mercado mundial (son exportadoras) y son capital-intensivas.[184] Y además, puesto que la competitividad internacional de estas últimas ramas está asociada con la producción de *commodities* de escaso valor agregado, entre ellas la incidencia de los recursos naturales en un sentido amplio es más importante que entre aquellas.

En esta evolución diferencial entre las distintas ramas, se expresaron plenamente las características de la reactivación y la posterior estabilización y crecimiento de la economía entre 2002 y 2007: el recorte del costo salarial real acompañado por sendos recortes de las tarifas y las tasas de interés en términos reales que impuso la devaluación impulsó aún más la producción y las exportaciones de las ramas más competitivas de la industria reconvertida heredada de los noventa, ramas que lideraban y continuaron liderando la estructura industrial, pero también permitió que las ramas menos competitivas que habían podido sobrevivir a esa reconversión se recuperaran mediante una incipiente sustitución de importaciones.

Sin embargo, la cuestión decisiva es determinar si ese acelerado crecimiento de esas ramas trabajo-intensivas y mercado-internistas alcanza

---

[184] Basualdo *et alii* (2010a) extraían la misma conclusión de un interesante estudio de las ramas que habían crecido por encima del promedio en los noventa (1993-01) y en la primera mitad de la década siguiente (2002-2007). Aquí no empleamos sus datos porque se interrumpen en 2007, pero las tendencias que perciben para los siguientes años se confirmaron posteriormente.

para sostener la idea de que se modificó de manera duradera y significativa el perfil del aparato industrial en un sentido sustitutivo de importaciones. La participación de las distintas ramas dentro del conjunto de la industria solo puede modificarse a largo plazo, ciertamente, pero tomando en consideración la década en su conjunto pueden extraerse algunas conclusiones. La primera constatación en este sentido consiste en que, de esas diez ramas de crecimiento especialmente intenso durante la década pasada, seis seguían teniendo muy escasa incidencia dentro de la industria al final de ella (la producción de receptores de radio y TV, de carrocerías, de motocicletas, de motores, de muebles y la fundición de hierro y acero apenas representaban sumadas un 3% del producto industrial en 2012). La producción de vehículos automotores, por su parte, ya se hallaba entre las ramas más dinámicas. Y solo quedan tres ramas que tienen mayor incidencia dentro de la industria –y que, como enseguida veremos, incrementaron su incidencia: los productos químicos (que representaban en 2012 un 7,3% del producto industrial), los artefactos de uso doméstico (un 1,8%) y el calzado (un 1,6%)–.

Revisemos ahora las ramas que ganaron y las ramas que perdieron posiciones dentro de la industria entre 2002 y 2012. Tendieron a ganar importancia entre 2002 y 2012 las ramas automotriz (vehículos automotrices y carrocerías, no así autopartes debido seguramente a una variación en el coeficiente de importación), panadería y bebidas, algunos textiles y calzados (tejidos de punto, ropa de cama, calzado, aunque no confección de prendas, hilados y tejidos, fibras manufacturadas y otros productos de cuero), productos químicos, la mayoría de los productos de minerales metálicos y no metálicos (fundición de hierro y acero, productos de minerales no metálicos, de hierro y acero, metálicos de uso estructural, acabado de superficies metálicas, aunque no productos de metales no ferrosos), productos de uso doméstico, muebles y otros productos de madera, motores generadores y muy levemente receptores de radio y TV e instrumentos médicos y de precisión. Tendieron a perder importancia, en cambio, la mayoría de los alimentos (alimentos, lácteos, molienda), combustibles, productos químicos básicos, abonos, otros productos de cuero, maquinaria de uso general y especial, impresión y secundariamente embarcaciones, material ferroviario y joyas.

Entre aquellas ramas que avanzaron predominan nuevamente las que producen para el mercado doméstico y son trabajo-intensivas, mientras que entre estas ramas que retrocedieron predominan las que producen para el mercado mundial y son capital-intensivas. Y este sesgo se advierte aún más si, en lugar de considerar el período 2002-2012, nos restringimos al período 2002-2007, en el que algunas otras de esas ramas trabajo-intensivas y mercado-internistas habían ganado posiciones (hilados y tejidos, confecciones de prendas, edición e impresión, maquinaria de uso especial, hilos y cables), para perderlas más tarde. En efecto, restringiéndonos a las diez ramas más grandes, ramas que en 2012 seguían explicando dos tercios del producto industrial, vemos que retroceden en términos relativos las ramas de alimentos (capital-intensiva y principal exportadora), combustibles (capital-intensiva, aunque devenida importadora en medio de la crisis energética) y productos químicos básicos (capital-intensiva y exportadora), mantiene su posición la rama del papel y los productos de papel (con una composición de capital promedio y predominantemente mercado-internista) y avanzan las ramas de panadería (trabajo-intensiva y mercado-internista), productos químicos (que ronda el promedio en ambas variables), vehículos automotores (capital-intensiva y exportadora, pero en el marco de su régimen especial y de su integración en el Mercosur), bebidas (trabajo-intensiva y mercado internista), productos de hierro y acero (capital-intensiva y tanto exportadora como mercado-internista) y productos plásticos (trabajo-intensiva y mercado-internista). Estos cambios dentro de la estructura de la industria confirman nuestra conclusión de que las ramas más competitivas de la industria reconvertida heredada de los noventa continuaron liderando dicha estructura industrial, aunque las ramas menos competitivas que sobrevivieron a esa reconversión pudieron recuperarse mediante la sustitución de importaciones.[185]

Antes de continuar, conviene señalar dos características de estas ramas trabajo-intensivas y mercado-internistas. Por una parte, estuvieron asociadas a una mayor creación de empleo industrial, pero a la vez, su competitividad pareció depender más de los costos salariales y, por consiguiente, descansar más sobre modalidades precarias de empleo. Esta dependencia respecto de los bajos costos salariales contrasta precisamente con la vieja industria sustitutiva de importaciones. Tal es el caso de

---

[185] Y esto parece haber profundizado más aún la heterogeneidad de la estructura industrial, donde esos sectores altamente competitivos capital-intensivos y exportadores conviven con estos sectores escasamente competitivos trabajo-intensivos y mercado-internistas (véase Fabris y Villadeamigo, 2011).

ramas como la textil. Valiéndose del porcentaje de asalariados sin aportes jubilatorios como indicador de esa precariedad, Piva (2007) señala que la producción textil pasó del 52,1% antes de la crisis (1996-98) al 64,7% después de la crisis (2003-2006). Por otra parte, estas ramas trabajo-intensivas y mercado-internistas gozaron en mayor medida de las ventajas provistas por varias medidas proteccionistas. Así sucedió virtualmente en todas las ramas que más crecieron durante la década, es decir, en las diez antes mencionadas, pero consideremos apenas las dos primeras. Las grandes transnacionales que expandieron la electrónica (Motorola, Samsung, Nokia, LG, Philips, Blackberry, Panasonic, Sony, etc.) gozaron de las ventajas aduaneras e impositivas contempladas en el régimen de promoción industrial de Tierra del Fuego que, si bien proveniente de comienzos de los setenta (Ley 19.640/72), fue relanzado en esta década. Las empresas locales que expandieron la rama de electrodomésticos de línea blanca (Domec, Longvie, Emegé, Rheen, Eskabe, Orbis, junto con algunas transnacionales como Electrolux y Mabe), por su parte, operaron protegidas por el régimen de licencias no automáticas de importación y otras medidas de administración del comercio exterior implementadas especialmente durante la segunda mitad de la década.[186] Las características de armaduría de algunas de estas ramas también contrasta con las de la vieja industria sustitutiva de importaciones. El dinamismo que estas ramas trabajo-intensivas y mercado-internistas mostraron en estas condiciones no alcanzó entonces para revertir la orientación exportadora de la economía en general ni de la industria en particular, que constituye una de las principales características del modo de acumulación consolidado en los noventa. El peso de las exportaciones sobre el producto industrial, que prácticamente se había duplicado en los noventa, se situó en un nivel mucho más elevado aún en la década siguiente (pasó de un promedio del 12,4% entre 1993 y 2001 a un promedio del 25,4% entre 2002 y 2012, aunque dejó de aumentar desde 2007).[187] La incipiente sustitución

---

[186] En verdad, estas licencias no automáticas de importación (LNA) fueron multiplicándose, especialmente desde 2007, abarcaron la compra de automóviles, neumáticos, tornillos, pelotas, calzados, papel, bicicletas, motos, hilados, textiles, productos metalúrgicos, etc. Y además, fueron acompañadas por las declaraciones juradas anticipadas de importaciones (DJAI) de la AFIP y varios otros mecanismos de administración del comercio exterior.

[187] También, sobre la base del coeficiente entre exportaciones y valor bruto de producción del nivel general de la industria del CEP, Ministerio de Industria.

de importaciones de la primera mitad de la década convivió en los hechos con una consolidación de la orientación exportadora dominante de la industria.

Ahora bien, la concepción del modo de acumulación vigente durante la década que resultó más influyente entre los críticos de aquella idea de un regreso a un modo de acumulación sustentado en la industrialización por sustitución de importaciones no resulta menos problemática. Se trata de la idea de que el supuesto modo de acumulación sustentado en la especulación financiera y en la desindustrialización de los noventa –pues el punto de partida suele ser el mismo en ambos casos– habría derivado más bien en un modo de acumulación sustentado en un *extractivismo*.[188] Se habría registrado así, para valernos de una expresión de Svampa (2012), un pasaje del *Consenso de Washington* a un *Consenso de los Commodities*. Y la continuada reprimarización de la economía sería el curso subyacente a este pasaje.

Por cierto, esta idea parece respaldada en algunos hechos, en particular en el extraordinario desempeño de dos sectores de la economía durante la década: el complejo agroindustrial sojero y la megaminería metalífera a cielo abierto. El inicio del proceso de expansión del cultivo de la soja (o de *sojización*) en el agro argentino se remonta a la década de 1970, pero se intensificó más tarde y fue acompañado durante la década kirchnerista por una extraordinaria rentabilidad. La superficie cultivada y las cosechas pasaron así de unas 25.000 hectáreas y 29.000 toneladas en la campaña de 1960-70 a unas 2.030.000 has y 3.500.000 tn en la de 1979-80, unas 4.960.000 has y 10.700.000 tn en la de 1989-90, unas 8.640.000

---

[188] Los defensores de esta idea suelen asociarla con la concepción de un nuevo imperialismo sustentado cada vez más en mecanismos de acumulación por desposesión de Harvey (2003 y 2004). Esta concepción de Harvey es discutible en sí misma, pero aquí vamos a ocuparnos exclusivamente de esa idea del *extractivismo* en su versión doméstica porque, en sentido estricto, los mecanismos de acumulación originaria reiterada referidos por Harvey no se restringen a los recursos naturales y, por ende, deberían ser considerados por separado. La idea de *extractivismo* también está asociada, en algunos casos, con la conceptualización del modo de acumulación vigente como *neodesarrollista* (véanse, por ejemplo, Féliz, 2011; Féliz y López, 2012 y López, 2013; aunque en otros casos, como Varesi, 2013, esta última conceptualización no supone aquella idea), pero no resultan claras las relaciones entre este modo de acumulación supuestamente extractivista y el viejo desarrollismo de posguerra, de manera que preferimos prescindir de esta terminología.

has y 22.135.000 tn en la de 1999-00 y 18.130.000 has y 52.675.000 tn en la de 2009-10.[189] La soja había desplazado al trigo como principal cultivo ya a mediados de los noventa. Pero a propósito de los años más recientes de este proceso de *sojización* conviene distinguir entre dos etapas. Durante los noventa, como parte del proceso más amplio de reestructuración capitalista en curso, se registró una profunda reconversión tecnológica en la producción de cereales y oleaginosas del agro pampeano: la introducción de la soja genéticamente modificada, la clave del paquete tecnológico que nos incumbe, data de 1996 y ya a comienzos de la década siguiente prácticamente la totalidad de la soja sembrada era transgénica (Rodríguez, 2008). Y durante la siguiente década, sobre la base del aparato productivo agrario resultante de esa misma reconversión y alentado por la recomposición de la rentabilidad resultante de la combinación entre la devaluación del peso y la mejora de los precios internacionales (aún descontando la carga de las retenciones), la producción de soja protagonizó un extraordinario desempeño (Martinez Dougnac, 2013).[190] Este desempeño representa, ciertamente, un rasgo de continuidad muy relevante entre las características de la acumulación en ambas décadas.

Ya identificamos, en el cuarto capítulo, los responsables de la primera instancia de este complejo: el 6% de los productores de soja, grandes productores, de arriba de 1.500 toneladas por campaña encabezados por los *pools* de siembra, explican el 54% del producto. Agreguemos ahora que niveles semejantes de concentración se reiteran en las restantes instancias del complejo: un puñado de grandes empresas nacionales y transnacionales (Bunge, Aceitera General Deheza, Molinos Río de la Plata, Dreyfus, Vicentín, San Lorenzo) controlan el acopio, el almacenamiento, la comercialización, la elaboración de harinas, pellets, aceites e, incluso, biodiesel y la exportación de estos productos a partir de sus propias terminales portuarias.

---

[189] A partir de datos del Ministerio de Agricultura, Ganadería y Pesca sobre hectáreas sembradas y toneladas cosechadas. La diferencia entre la evolución de ambas se explica en parte por el aumento de los rindes por hectárea, que pasaron de unas 2,1 tn/ha antes de la introducción del paquete tecnológico de la soja transgénica (promedio correspondiente 1985/86-1994/95) a unas 2,6 tn/ha después (2002/03-2011/12).

[190] Véanse en este sentido las estimaciones de Arceo y Rodríguez (2006). El propio gobierno reconocería (amargamente) este hecho durante el conflicto agrario (véase el discurso de Fernández de Kirchner del 25 de marzo de 2008).

La importancia adquirida por este cultivo de la soja y su posterior elaboración dentro de la economía va de suyo: alcanza con tener en cuenta que alrededor del 24% de las exportaciones totales de los últimos años provienen del complejo sojero, que está cómodamente instalado como el principal complejo exportador de la Argentina.[191] Sin embargo, este hecho no avala la caracterización del modo de acumulación vigente como extractivo. En primer lugar, la producción de soja y sus derivados no es una actividad extractiva. Existe una controversia alrededor de las consecuencias del cultivo de soja sobre la fertilidad de los suelos, especialmente cuando se convierte en monocultivo y avanza por desmonte en suelos especialmente vulnerables como los del noroeste o noreste, en la que no podemos adentrarnos en estas páginas. Pero en cualquier caso, no parece razonable reducir la producción sojera a una mera extracción de nutrientes. Más aún, en segundo lugar, ni siquiera se trata de una actividad exclusiva o predominantemente primaria. En efecto, solo el 26% del producto final del complejo sojero está integrado por granos de soja (unas 13.600 tn, que se exportan en su totalidad), mientras que el restante 74% es elaborado (unas 39.000 tn, que son molidas para convertirse en harinas y aceite crudo, y un 32% de este aceite crudo es a su vez refinado o empleado como materia prima para la elaboración de biodiesel, productos que también son destinados a la exportación en su mayor parte), es decir, es convertido en manufacturas.[192] Para valernos de la terminología estándar, digamos que solo un cuarto de la producción del complejo sojero es producción primaria, mientras que los tres cuartos restantes son producción de manufacturas de origen agropecuario. Manufacturas, como la harina y el aceite crudo de soja, cuya producción y exportación insume más del 90% de la producción destinada a ser manufacturada, naturalmente, son *commodities* de bajo valor agregado. Pero siguen siendo productos manufacturados y no existe ninguna razón para

---

[191] A partir de datos de exportaciones, según complejos exportadores de INDEC, promedio de la participación del complejo sojero aislado dentro de las exportaciones totales entre 2008 y 2012. Si sumáramos todos los complejos de oleaginosas y cereales, esa participación aumentaría a un 35,6%.

[192] A partir de información sobre el complejo oleaginoso correspondiente a 2010 brindada por la Secretaría de Política Económica del MECON (sobre la posición de este complejo dentro del mercado mundial, véase Schvarzer y Tavosnanska, 2007).

asimilarlos sin más a productos primarios. Tampoco la expansión del propio cultivo de la soja acarrea un proceso de reprimarización de la economía. La *sojización* avanzó en desmedro de otros cultivos (como el girasol, el maíz y el sorgo en la región pampeana, o el maní, el algodón y el arroz en las regiones extrapampeanas) y, también, en desmedro de otras actividades agropecuarias (como la ganadería). Pero este proceso, que por cierto acarreó graves consecuencias sociales y ambientales, no implicó en sí mismo ninguna reprimarización de la economía porque se desarrolló dentro del propio sector primario.[193] Más aún, la expansión del complejo agroindustrial sojero considerado en su conjunto parece seguir un curso más bien contrario a esa idea de una reprimarización, a saber, el curso mucho más clásico de una creciente subordinación del agro a la industria en el seno de la agroindustria.

La megaminería, en cambio, es una actividad indiscutiblemente primaria y que reviste incluso características de enclave. Sus agentes son un puñado de nuevos grandes emprendimientos dedicados en su mayoría a la minería metalífera a cielo abierto (una docena actualmente en operación, entre los cuales se encuentran Alumbrera y la mina de litio Salar del Hombre Muerto, en Catamarca; Veladero, en San Juan; y Cerro Vanguardia y San José, en Santa Cruz) en manos de un puñado de grandes empresas multinacionales (Barrick Gold, Gold Corp, Vale, Xstrata, Anglogold, BHP Billiton). También, esta megaminería se desarrolló, a grandes rasgos, a través de dos etapas (véase Álvarez, 2014). Durante los noventa y como parte de su estrategia de reestructuración capitalista, los gobiernos menemistas modificaron el marco normativo vigente para promover el ingreso de esas grandes multinacionales en el sector (Álvarez y Christel, 2011). Y esto desencadenó desde fines de la década y durante la siguiente un proceso de expansión sin precedentes de la inversión extranjera directa en el sector, inversiones que comenzaron a madurar (apenas un 13% de los proyectos se encuentran hoy en etapa operativa) desde 2002 en adelante (véase Manzanelli y Basualdo, 2010).

---

[193] Algunos nuevos movimientos socio-ambientales comenzaron a enfrentar esas consecuencias sociales y ambientales (véase, por ejemplo, Poth, 2010), aunque enseguida volveremos sobre este punto a propósito de las consecuencias de la megaminería.

En consecuencia, el producto de la minería, en general, se multiplicó por diez entre mediados de los noventa y mediados de la década siguiente y el producto de la minería metalífera, en particular, que apenas representaba un 10% del producto minero total, pasó a representar entre un 50% y un 70% de ese producto según los años. Este extraordinario crecimiento del producto minero impactó asimismo en su participación dentro del producto total: la explotación de minas y canteras pasó de explicar un 1,8% promedio del PBI en la década de los noventa a explicar hasta un 4,4% en la siguiente.[194] Esta megaminería metalífera es, además, una actividad que produce casi exclusivamente para la exportación. Mientras que la minería tradicional exportaba apenas un 3% de su producto a comienzos de los noventa y su balanza comercial era deficitaria, sus exportaciones aumentaron sostenidamente desde entonces hasta involucrar un 80% de su producto a fines de la década siguiente y, en consecuencia, su balanza comercial devino fuertemente superavitaria.

La megaminería, como puede apreciarse, se expandió extraordinariamente durante la década kirchnerista. Pero todavía no alcanzó ni remotamente una importancia suficiente como para permitirnos caracterizar al modo de acumulación vigente como *extractivista*. La minería en su conjunto explicaba en 2012 el 3,4% del producto y sus principales complejos exportadores, los del oro y el cobre sumados, el 4,7% de las exportaciones totales.[195] Esa expansión de la megaminería metalífera sí representa, en cambio, otra importante continuidad respecto de los noventa. Sus perspectivas de expansión futura, siempre en caso de que no sean frustradas por la resistencia de las comunidades que la padecen, son promisorias para las multinacionales y sus cómplices locales.[196] Emprendimientos enormes (como Pascua Lama en San Juan desde 2009 o Potasio

---

[194] Esto a partir de la participación de la explotación de minas y canteras dentro del producto bruto interno promedio de 1993-2001 y 2002-2012 a precios corrientes (INDEC).

[195] Nuevamente, a partir de la estimación de producto bruto interno por categoría de tabulación a precios corrientes, y de las exportaciones por grandes complejos (ambos de INDEC).

[196] Las catastróficas consecuencias sociales y ambientales de esta expansión de la minería a cielo abierto se encuentran, naturalmente, en el origen de la proliferación de nuevas luchas socio-ambientales que mencionamos en la primera parte (véanse en este sentido, entre otros, Svampa y Antonelli, 2010 y Seoane, Taddei y Algranatti, 2013). Estas resistencias, como sucedió en el caso pionero de Esquel en 2003, y en otras ocasiones posteriores, pueden detener dicha expansión.

Río Colorado en Mendoza desde 2011) siguen su marcha. Pero en líneas generales y hasta la actualidad, esta expansión de la megaminería parece agregarse a la expansión de los restantes sectores dinámicos de la producción capitalista antes que sustituirlos, de modo que incluso una ulterior expansión suya no necesariamente acarrearía una reprimarización de la economía.

Ahora bien, una vez descartadas esas ideas de un retorno a la industrialización sustitutiva y de una reprimarización extractivista de la economía, pasemos a una caracterización alternativa del modo de acumulación vigente. Durante la década kirchnerista, en medio de un proceso expansivo impulsado por el relajamiento interno del disciplinamiento de mercado sobre la acumulación y por las favorables condiciones externas, se consolidó, en realidad, el modo de acumulación resultante de la reestructuración capitalista profundizada en la década previa. Y la clave de esa reestructuración había sido el intento de reinsertar más competitivamente a la economía doméstica en el mercado mundial a través de la exportación de productos industriales estandarizados de bajo valor agregado por parte de un puñado de grandes capitales altamente transnacionalizados. Veamos ahora como se manifestó esta tendencia.

Revisemos, en primer lugar, la importancia que revisten las exportaciones como destino de la producción. Las exportaciones crecieron en términos absolutos durante ambas décadas y, como sabemos, especialmente durante la década kirchnerista. Y, más importante aún, también tendieron a crecer durante ambas décadas las exportaciones en relación con el producto.[197] El peso de las exportaciones en el producto aumentó así sostenidamente durante la década de los noventa y, si bien tendió a reducirse durante la segunda mitad de la siguiente por las dificultades que las exportaciones comenzaron a enfrentar después de 2007, aumentó igualmente en promedio entre ambas décadas. El coeficiente X / PBI pasó de un promedio del 10,2% entre 1993 y 2001 a uno del 14,4% entre

---

[197] Esto y lo siguiente sobre la base de las estimaciones de oferta y demanda globales y de exportaciones por grandes rubros del INDEC (nos interesa más considerar aquí la orientación exportadora de la producción, tomando como indicador el coeficiente X/PBI, que el grado de apertura, cuyo coeficiente es X+M/PBI).

2002 y 2012, este último representó casi el doble de vigente al comienzo de la serie. El consumo interno como destino de la producción, correlativamente, se redujo de un promedio del 68,9% al 65,7% entre ambos períodos.

Dentro de las exportaciones, en segundo lugar, ganó una importancia creciente la de productos manufacturados respecto de la de productos primarios. El peso de las exportaciones de productos manufacturados sobre las exportaciones totales aumentó muy levemente (sufriendo incluso una caída entre 2000 y 2003, debido a la mayor incidencia de las exportaciones de hidrocarburos) durante la década de los noventa y la mayor parte de la década siguiente. El coeficiente MOA + MOI/X rondó el 65,2% entre 1999 y 1999 y el 66,2% entre 2004 y 2012. Pero este aumento se acentúa si descontamos la incidencia que tuvo el extraordinario aumento de las exportaciones de combustibles y energía en las exportaciones totales entre 1990 y 2006, es decir, si comparamos la evolución de la exportación de manufacturas exclusivamente con la de productos primarios.[198] Así pues el coeficiente MOA + MOI/Primarias fue de un 266,8% entre 1990 y 1999 y —esta vez sin disminuir sino aumentando entre 2000 y 2003— se situó en un 316,8% entre 2004 y 2012 —o en 306,8% para el período 2000-2012 completo—. En síntesis, y también a contramano de aquella idea de una reprimarización de la economía, las exportaciones manufactureras triplican hoy las exportaciones primarias.

En tercer lugar, dentro de esa exportación de productos manufacturados, ganó a su vez creciente importancia la de manufacturas de origen industrial. Considerando los mismos períodos, se aprecia así que el coeficiente MOI/MOA aumentó sostenidamente dentro de cada uno de dichos períodos y entre ambos, pasando de un 78,2% entre 1990 y 1999 a un 94,3% entre 2004 y 2012. Se consolidó así, en los hechos, el patrón de exportaciones de la década de los noventa (véase Porta y Fernández Bugna, 2008). Pero aquí es interesante reparar también en su comportamiento durante la crisis que separa a ambos períodos. La exportación de

---

[198] La exportación de combustibles y energía (es decir, de hidrocarburos) aumentó entre 1990 y 1999 un 205% (contra un 85% de aumento de las exportaciones manufactureras totales) y otro 160% entre 1999 y 2006 (contra un 92% de las manufactureras totales). Pero después de 2006, crisis energética mediante, tendió a estancarse y por consiguiente se advirtió con mayor claridad la creciente incidencia de las exportaciones manufactureras sobre las totales.

manufacturas de origen industrial superó por primera vez en la historia a la exportación de manufacturas de origen agropecuario en los peores años de crisis, 2000 y 2001, pero volvió a retroceder entre 2002 y 2004; sin embargo, recuperó parcialmente su posición entre 2005 y 2009 y volvió a superarla de 2010 en adelante. Atendiendo a la evolución de ambos tipos de exportaciones en términos absolutos, puede apreciarse que ambas permanecieron relativamente estancadas en 2000-02 y que la exportación de manufacturas de origen agropecuario lideró inicialmente el *boom* exportador entre 2003 y 2005, pero también que la exportación de manufacturas de origen industrial recuperó su dinamismo de 2005 en adelante. El menor dinamismo de estas últimas durante aquellos primeros años, que puede haber abonado la idea de una reorientación de la industria hacia la sustitución de importaciones, también quedó claramente revertido desde mediados de la década.

Nada de esto niega, empero, el hecho de que la competitividad de la economía doméstica en el mercado mundial siga descansando en la exportación de productos industriales estandarizados de bajo valor agregado ni el hecho de que en la producción de muchos de estos productos siga jugando un papel decisivo la disponibilidad de recursos naturales. En efecto, el análisis de esa relación entre las exportaciones de manufacturas de origen agropecuario y las de origen industrial no puede pasar por alto el que la balanza comercial de las primeras es muy superavitaria, mientras que la balanza comercial de las segundas es muy deficitaria (correctamente remarcado por Gigliani, 2012).[199] Esto alcanza para poner en evidencia que la disponibilidad de recursos naturales sigue jugando un papel decisivo en la producción y exportación de las primeras, mientras que la producción y la exportación de las segundas sigue dependiendo en gran medida de la importaciones de insumos y equipos extranjeros. Todos los grandes rubros industriales son deficitarios (salvo el de piedras y metales preciosos, pero aquí no interesa porque su superávit se debe a la mencionada megaminería) e, incluso, muchos de los

---

[199] Gigliani (2012) muestra que esos déficits tendieron a aumentar sistemáticamente durante la década kirchnerista, alcanzaron casi los USD 32.000 millones en 2011 (Aspiazu y Schorr, 2010, y otros, también, consideran este hecho como indicativo de las dificultades de competitividad de la industria). Este déficit de la balanza comercial MOI combinado con el déficit de la balanza comercial energética comenzó a poner en peligro la balanza comercial global a fines de la década, así se explican los citados crecientes controles a las importaciones.

rubros de crecimiento más alto que mencionábamos antes son precisamente los principales responsables de estos déficits (por orden en cuanto a la magnitud de estos déficits: máquinas y aparatos –aunque más de la mitad de sus importaciones no corresponden en realidad a bienes de capital sino a bienes de consumo durable–, productos químicos, material de transporte terrestre –que incluye a la industria automotriz–, materias plásticas artificiales y textiles y confecciones).

Ahora bien, si en la década kirchnerista se mantuvo el modo de acumulación centrado en esa inserción en el mercado mundial a través de la exportación de productos industriales estandarizados de bajo valor agregado que había acabado de imponerse durante la década menemista, cabe preguntarse qué consecuencias acarreó para este modo de acumulación la extraordinaria expansión económica registrada en dicha década. La respuesta es sencilla: su consolidación. Todo indica que la acumulación de capital en la década fue fundamentalmente extensiva y descansó sobre la base del aparato productivo reconvertido heredado de los noventa (véase Piva, 2007 y 2012). Las tasas de inversión de esta década fueron superiores a las registradas durante los noventa.[200] Sin embargo, si consideramos la evolución de la productividad horaria, advertimos que entre 1991 y 1998 su variación anual promedio fue de un 6,7%, mientras que entre 2003 y 2012 fue de un 4,9% –y menor aún si nos restringimos al período de recuperación y posterior estabilización que se extiende entre 2003 y 2007, cuando los aumentos de la inversión ascienden a un promedio del 25% anual, mientras que los aumentos de la productividad horaria se reducen a un magro 3,8% anual. La distancia entre estos comportamientos de la inversión y la productividad puede ser considerada como un indicador del carácter extensivo de la acumulación de capital durante la última década.

---

[200] Las tasas de inversión, además de los problemas de cálculo, son muy fluctuantes y dificultan la comparación. Pero la comparación entre el comportamiento de la inversión (inversión interna bruta fija e inversión en quipo durable de producción del INDEC) en fases expansivas como 1996-98 y 2006-08 o 2010-11 sugiere mayores niveles de inversión. Los datos sobre productividad por hora en la industria que se incluyen a continuación proceden del CEP, Ministerio de Industria.

El gran aumento del empleo y, más específicamente, la alta elasticidad empleo/producto, al menos hasta 2007, confirman por su parte ese carácter extensivo de la acumulación (véase Marshall, 2010; Basualdo *et alii*, 2011). En efecto, el comportamiento del empleo contrasta rotundamente en ambas décadas: se expandió sostenidamente durante la recuperación y posterior estabilización de la economía (2002-2007), mientras que aumentaba en las fases expansivas para volver a contraerse en las recesivas, tendió entonces a estancarse a largo plazo, durante los noventa (1990-2001).[201] Así, las tasas de actividad y empleo aumentaron juntas, mientras que las de desempleo y subempleo cayeron juntas, hasta 2007, incluido. La economía creó así más de cuatro millones de puestos de trabajo en media década según datos de EPH-INDEC —o unos dos millones y medio según datos del SIPA—. Desde 2008 o 2009, según el indicador que consideremos, esa capacidad de crear empleo de la economía comenzó a menguar. Pero esa masiva creación de empleo de la primera mitad de la década, precisamente, la mitad más expansiva, alcanza para poner en evidencia el carácter trabajo-intensivo de esta expansión. La elasticidad empleo/producto ratifica con creces este carácter. Esta elasticidad es más baja en los noventa (un 0,25, entre 1991 y 2001) que en la década siguiente (un 0,33, entre 2003 y 2011) y este contraste es mucho más notorio cuando comparamos las fases más expansivas 1991-96 (apenas 0,04, en 1991-96, contra 0,51, en 2003-07). Y también a diferencia de los noventa, en los cuales solo los servicios creaban empleo, en esta década los sectores productores de bienes lideraron esta creación de empleo. Nuevamente, desde 2007, esa capacidad de crear empleo de los sectores productores de bienes menguó —en el caso de la industria en particular, sencillamente desapareció— y la creación de empleo volvió a quedar en manos de los servicios y del estado. Pero es importante retener ese hecho de que fue precisamente en los sectores productores de bienes donde la acumulación de capital adoptó ese carácter extensivo.

Ahora bien, este hecho de que la acumulación de capital durante la década fue extensiva y de basó en el aparato productivo reconvertido heredado de los noventa no implica que nada haya cambiado entre ambas décadas. Implica, solamente, como ya adelantamos en el capítulo

---

199

anterior, que durante la década kirchnerista la economía no atravesó una reestructuración profunda como la que había atravesado durante la menemista. Procesos de reestructuración capitalista como el que venía atravesando la economía argentina desde mediados de los setenta, pero que se intensificaron radicalmente durante los noventa, insistimos, son procesos más bien extraordinarios desde un punto de vista histórico. El modo de acumulación vigente en una economía, en otras palabras, no cambia a diario. Más aún. Alcanzó en este caso con un relajamiento de los mecanismos de disciplinamiento de mercado que previamente habían pesado sobre la acumulación capitalista para que, dentro de las nuevas y más favorables condiciones existentes en el mercado mundial, esa acumulación se recompusiera y protagonizara un extraordinario desempeño. A diferencia de crisis anteriores en las que había ido evidenciándose cada vez con mayor crudeza el agotamiento del modo de acumulación propio del capitalismo argentino de posguerra, ciclo que culminó en la crisis hiperinflacionaria de 1989-90, en la crisis que cerró la década de los noventa no había motivo alguno para que la gran burguesía doméstica reorientara su proceso de acumulación. Y, en la medida en que la continuidad de este modo de acumulación resultara compatible con el continuado ejercicio de la dominación política, tampoco había razón alguna para que las administraciones kirchneristas adoptaran políticas que apuntaran a reorientar ese proceso de acumulación. Pero ese mismo desempeño extraordinario de la acumulación durante una década entera introdujo, también, una novedad: no un cambio en el modo de acumulación, sino, precisamente, una significativa consolidación.

Antes de cerrar esta capítulo, conviene que nos detengamos un momento en la identidad de los capitales que lideraron ese proceso de acumulación. La identificación de estos capitales no introduce ninguna novedad, ciertamente, sino que más bien ratifica esa continuidad en el modo de acumulación. Se trata del mismo puñado de grandes capitales concentrados y transnacionalizados que había liderado el proceso de acumulación en los noventa y, especialmente, en la segunda mitad de la década. Pero conviene que nos detengamos un momento en ellos para poder abordar mejor en el siguiente capítulo el problema de la composición del bloque en el poder. Todos los estudios sobre la evolución de la cúpula empresaria durante la década kirchnerista, en este sentido, confirman esa continuidad. Basualdo *et alii* (2010b), por ejemplo, afirman que el proceso de concentración y extranjerización de los noventa no se detuvo, sino que más bien se consolidó durante la década siguiente. Las 200 mayores empresas explicaron así una porción mayor aún de las ventas (un 50%) y las 500 mayores porciones aún mayores del valor bruto de producción (55% del PBI) y del valor agregado (22% del PBI).[202] La única modificación relevante dentro de esa cúpula consiste en que, coherentemente con nuestro análisis previo de la evolución de los distintos sectores de la economía, las empresas dedicadas al petróleo y a la industria se posicionaron algo mejor que las dedicadas a los servicios. También, su rentabilidad siguió aumentando: mientras las utilidades representaban el 8,2% de su valor de producción entre 1993 y 2001; entre 2002 y 2007, representó un12,6%. Y el peso de las empresas extranjeras en cuanto a la cantidad de empresas (2/3 de las 500), el valor de la producción (80% del total), de la rentabilidad (el doble) y de la creación de empleo (algo menos de 2/3) se mantuvo relativamente estable. Estas grandes empresas también explican una porción creciente de las exportaciones: la participación de esas 200 mayores empresas en las exportaciones totales aumentó sostenidamente en ambas décadas hasta ubicarse claramente por encima del 70% en la década kirchnerista; más aún, las 50 más grandes de esas 200 explican entre el 50% y el 60% de esas exportaciones (véase Schorr, Manzanelli y Basualdo, 2012). En síntesis, este elenco de grandes empresas viene liderando el proceso de acumulación doméstico así como su inserción en el mercado mundial está integrado por empresas vinculadas con la agroindustria (Cargill, Aceitera General Deheza, Bunge, Dreyfus, Molinos Río de la Plata, Vicentín, Nidera, Toepfer), los hidrocarburos (YPF, Pan American Energy, Esso), las automotrices (Volkswagen, Ford, Peugeot-Citroën, Renault, Toyota, Fiat, General Motors), la metalurgia y el aluminio (Siderar y Siderca, Aluar) y la minería metalífera (Alumbrera, Gold), acompañadas cada vez en menor medida por algunas grandes empresas orientadas al mercado interno, predominantemente de los sectores de los servicios y del comercio (Carrefour y Coto, Claro, Telefónica y Telecom, Osde, Cervecería Quilmes).

---

[202] Los cálculos están realizados sobre la base de la Encuesta Nacional de Grandes Empresas del INDEC referida a las 500 empresas no financieras más grandes y la base de datos confeccionada por el Área de Economía y Tecnología de FLACSO sobre las ventas, las utilidades y el comercio exterior de las 200 principales empresas sobre la base de la información de sus balances y la publicada por las revistas Mercado y Prensa Económica. A partir de los mismos datos, pueden consultarse otros estudios (como Azpiazu *et alii*, 2009, etc.) cuyas conclusiones son similares.

Capítulo 11. El bloque en el poder

Volvamos ahora al campo de la política. Nuestros anteriores análisis de los cambios respecto de la forma de estado y del modo de acumulación heredados de los noventa parecen imponernos la pregunta acerca de si dichos cambios fueron o no acompañados por cambios en la clase dominante y en la relación entre esta clase dominante y el estado o, en otras palabras, acerca de la evolución del denominado bloque en el poder. La razón es sencilla. La posición política de las distintas fracciones de la burguesía dentro del bloque en el poder está fuertemente condicionada por su posición económica dentro del modo de acumulación. Pero la capacidad de estas fracciones de la burguesía de integrar el conjunto de fracciones políticamente dominantes y la cohesión política entre dichas fracciones de la burguesía dependen siempre de la mediación del estado. Esas distintas fracciones de la burguesía se unifican políticamente y se convierten en políticamente dominantes en la medida en que ejercen ese poder de estado, es decir, en la medida en que integran el bloque en el poder. La forma que asume el estado en determinado período histórico y en determinados territorios nacionales está estrechamente vinculada a su vez con las características de este bloque en el poder.

Así, en la década de los noventa, la constitución de un bloque en el poder prácticamente monolítico había sido inseparable de la imposición de la nueva forma neoliberal de estado que articuló dicho bloque. Y tanto la unidad de aquel bloque en el poder como las características de esta forma de estado entraron en crisis durante el ascenso de las luchas sociales que culminó en la insurrección y la crisis política de fines de 2001. Pero recordemos que crisis no es sinónimo de transición, es decir, que estas crisis del bloque en el poder y de la forma de estado vigentes en los noventa no equivalen necesariamente a una transición hacia una nueva forma de estado ni hacia un nuevo bloque en el poder. Ya vimos en el séptimo y octavo capítulos que la crisis de la forma neoliberal de estado vigente de los noventa, estrictamente hablando, no condujo a la constitución de una nueva forma de estado. Volvamos ahora un momento, entonces, a esa crisis del bloque en el poder de los noventa para analizar a continuación su evolución durante la década siguiente.

Durante la década de los noventa, se registró un sólido y duradero apoyo de la gran burguesía a la reestructuración capitalista en curso, a pesar del duro disciplinamiento de mercado que dicha reestructuración impuso a la industria, el agro y otros sectores del aparato productivo doméstico.[203] El revitalizado Grupo de los Ocho (G8) y el Consejo Empresario Argentino (CEA) fueron las corporaciones representativas de la gran burguesía que más inmediata y fielmente apoyaron desde 1989-90 esa reestructuración, pero también se sumaron a ellos la SRA, al menos desde el lanzamiento de la convertibilidad en 1991, y la propia UIA, al menos desde la consolidación de esa convertibilidad hacia 1993. Las corporaciones representativas de las distintas fracciones de la gran burguesía en su conjunto ratificaron este apoyo ante la crisis de 1995-96 y, a pesar de que durante la segunda mitad de la década comenzó a expresarse cierto malestar, ninguna cuestionó públicamente la convertibilidad hasta 2001, es decir, hasta que ya estaba en vías de derrumbarse. Sin embargo, ya avanzada la crisis que culminó a fines de 2001, se desarrolló un proceso de creciente conflictividad interburguesa que minó la cohesión del bloque en el poder. Y la ruptura de este bloque constituyó, en los hechos, una de las dimensiones de la crisis de la convertibilidad. Pero lo más importante aquí, en vistas de entender la rearticulación posterior de este bloque en el poder, es precisar el origen y las características de esta conflictividad interburguesa que lo había desarticulado.

La interpretación dominante de esa conflictividad interburguesa afirma que su origen se encontraría en la disgregación de una "comunidad de negocios" entre grandes grupos económicos y empresas y bancos transnacionales que se habría integrado a comienzos de los noventa gracias a las privatizaciones y que esa conflictividad podría conceptualizarse como una disputa entre esos grupos que, posicionados en activos financieros

---

[203] Nosotros constatamos esta unificación de la burguesía en nuestros análisis de la década (véase Bonnet, 2008 y Piva, 2012), pero existe una serie de estudios más detallados de este fenómeno como los de Viguera (2000), Beltrán (2007), Wainer (2010) y algunos de los reunidos en Pucciarelli (2011). Y, existen, además estudios más puntuales acerca de las posiciones asumidas por las corporaciones representativas de las distintas fracciones de esa burguesía, como los de Dosi (2010) para la UIA o de Heredia (2003) para la SRA.

dolarizados radicados en el extranjero, pugnaban por la devaluación, y la mayoría de esas empresas y bancos transnacionales que, posicionados en activos fijos en el país, exigían la dolarización (véase, entre otros, Basualdo, 2006).[204] Esta interpretación presenta entonces el abandono de la convertibilidad como un triunfo de esos partidarios de la devaluación y la recomposición posterior del bloque en el poder como una cristalización de este triunfo a través del reconocimiento de la posición dirigente de dichos partidarios de la devaluación.

Pero esta interpretación del proceso de desarticulación y rearticulación del bloque en el poder registrado durante la crisis que separa ambas décadas peca de superficialidad. Y la causa última de esta superficialidad radica en que, recayendo en una concepción fraccionalista o incluso meramente conspirativa de la conflictividad social, esta interpretación renuncia implícitamente a rendir cuenta del vínculo entre esas relaciones entre fracciones de la burguesía y las relaciones más generales que mantienen las clases dentro de dicho proceso de crisis. Las relaciones entre fracciones de la burguesía, sin embargo, resultan inexplicables prescindiendo de estas relaciones entre clases (véase Bonnet, 2012a). Y, en consecuencia, los hechos no encajan en esta interpretación. La citada "comunidad de negocios" se habría originado en el proceso de privatizaciones que se inició en 1989-90, pero en los hechos la unificación del bloque en el poder fue posterior a la implementación de la convertibilidad en 1991 e, incluso, en cierta medida, requirió su consolidación en 1992-93. Esto responde precisamente a que recién el disciplinamiento de mercado de la clase trabajadora impuesto por la convertibilidad otorgó un marco político estable a la reestructuración capitalista encarada por el menemismo y alineó detrás suyo a la gran burguesía en su conjunto. La unidad de la burguesía en el bloque en el poder de estado, en otras palabras, es un asunto político que no puede reducirse a una mera cuestión de negocios compartidos. La citada ruptura de esa "comunidad de negocios" hacia 1995-96 no condujo a su vez a ninguna desarticulación

---

[204] Citamos aquí a Basualdo porque propuso la versión más divulgada de esta interpretación, pero es compartida por otros integrantes del Área de Economía y Tecnología de FLACSO (Azpiazu, Arceo, Schorr) e, incluso, aunque con matices, por intelectuales vinculados a otros espacios. Véanse, entre otros, Basualdo (2002), Castellani y Schorr (2004), Gaggero y Wainer (2004), Castellani y Szkolnik (2005), Schorr y Wainer (2005), Basualdo, Lozano y Schorr (2006) y Ortiz y Schorr (2007).

del bloque en el poder, que en los hechos recién se registra entre 1999 y 2001. Y esto responde precisamente a que no fue sino a fines de la década que el ascenso de las luchas sociales volvió inviable el mantenimiento de la convertibilidad en las condiciones deflacionarias reinantes impugnando aquel marco político en cuyo seno la gran burguesía se había unificado.

En síntesis, la lucha de clases y los conflictos interburgueses son dos fenómenos distintos que ponen en juego dos aspectos distintos, aunque constitutivos ambos, del capital como relación social; a saber, el antagonismo entre capital y trabajo y la competencia entre capitales. Pero el primer aspecto guarda prioridad respecto del segundo. Y así la lucha de clases guarda prioridad respecto de los conflictos interburgueses en la explicación de procesos sociales decisivos, como este de la crisis de 1999-01 en su conjunto. La lucha de clases determina los conflictos entre fracciones de la burguesía, antes que nada, precisamente porque determina la capacidad o la incapacidad de esas distintas fracciones de la burguesía de unificarse en un bloque en el poder a través del estado para ejercer conjuntamente la dominación política. Esta es la clave para entender la relación entre la lucha de clases y los conflictos interburgueses en grandes crisis como la de 1999-01. Los conflictos interburgueses que desarticularon el bloque en el poder articulado alrededor de la convertibilidad, además, no se desenvolvieron como una disputa entre sendos proyectos, uno *dolarizador* y otro *devaluador*, sino más bien como conflictos en los cuales todas las fracciones de la gran burguesía continuaron apoyando la vigencia de la convertibilidad hasta que su derrumbe fue inminente, es decir, hasta bien entrado 2001, mientras cada una pugnaba por descargar los costos de dicho mantenimiento de la convertibilidad sobre las espaldas de las restantes. Y el derrumbe final de la convertibilidad tampoco consistió en una devaluación impuesta por una fracción devaluacionista de la burguesía, sino en una devaluación forzada impuesta por el mencionado bloqueo de la única alternativa posible a dicha devaluación, alternativa que en los hechos tampoco había sido la dolarización sino el ajuste deflacionario, en medio del ascenso de las luchas sociales.[205]

---

[205] Para un análisis alternativo de estos conflictos interburgueses durante la crisis de la convertibilidad, véanse especialmente Salvia (2012) y también Salvia (2009) y Eskenazi (2009).

Ahora bien, una vez descartadas estas interpretaciones fraccionalistas, resta analizar si hubo o no una rearticulación posterior de ese bloque en el poder que entró en crisis a fines de los noventa y, en su caso, si esta rearticulación involucró o no cambios en su composición y en su cohesión. Esta es una cuestión importante aunque compleja y aún relativamente poco estudiada, de manera que conviene avanzar paso a paso. Esos conflictos interburgueses que desarticularon el bloque en el poder vigente en los noventa parecen haber sido completamente superados en el curso del posterior proceso de recomposición de la acumulación y la dominación que analizamos en los primeros capítulos. Repasemos los intereses de las distintas fracciones de la burguesía en juego en dicho proceso de recomposición. La burguesía industrial en su conjunto, tanto la pequeña como la grande y tanto la que produce para la exportación como la que produce para el mercado interno, se vio favorecida por la mejora de la competitividad que acarreó la devaluación del peso. Recordemos que el aumento del nivel de explotación del trabajo, que no había podido alcanzarse a través del recorte de los salarios nominales en el marco de la convertibilidad, se impuso a través del recorte de los salarios reales mediante la devaluación. Y este recorte de los costos salariales, combinado con un descenso de las tarifas de los servicios y los precios de la energía congelados y de las tasas de interés, mejoró o restauró, según los casos, la competitividad de la industria. La devaluación acarreó también un aumento de la deuda previamente contraída en pesos convertibles a dólares por esta burguesía industrial, pero la pesificación de todas las deudas dispuesta por la administración duhaldista implicó en los hechos una licuación de sus pasivos. Una vez más, como había sucedido en otras coyunturas anteriores de la historia argentina reciente, las deudas de la burguesía industrial fueron socializadas. La rentabilidad de esta fracción de la burguesía, como consecuencia, parece haberse recuperado inmediatamente (véase Wainer, 2013).

Pero también la burguesía agraria en su conjunto se vio favorecida por la devaluación del peso, aun cuando la contrapartida de esta devaluación haya sido la imposición de retenciones a sus exportaciones. La devaluación, potenciada un par de años más tarde por el inicio de un sostenido proceso de aumento de los precios internacionales de las *commodities*, acarreó una recuperación de la rentabilidad de la burguesía agraria que excedió con creces la porción recaudada por el estado. Y algo semejante puede decirse de la burguesía vinculada a las explotaciones petroleras y mineras, con la especificación de que sus rentabilidades fueron afectadas en menor medida aún por las retenciones u otras cargas impositivas (véanse, entre otros, Arceo y Rodríguez, 2006 y Azpiazu y Schorr, 2008).

La burguesía vinculada a las finanzas y los servicios públicos privatizados y concesionados durante los noventa suele ser ubicada, en cambio, entre los perdedores de las políticas adoptadas a la salida de la crisis. En efecto, la devaluación impuso un drástico recorte a los ingresos, medidos en dólares, de los bancos y las empresas de servicios públicos, recorte ratificado por la administración duhaldista a través de la pesificación de las deudas bancarias y el congelamiento y la pesificación de las tarifas de los servicios. Pero la burguesía financiera sería compensada mediante la simultánea pesificación de los depósitos y la entrega de bonos para cubrir el margen entre ambas pesificaciones (véase Damill, Frenkel y Rapetti, 2005). También, las deudas de la burguesía financiera, de esta manera, fueron socializadas. Asimismo, la cesación de pagos de la vieja deuda externa y la ausencia de nuevo endeudamiento externo privó a la burguesía financiera de uno de sus mejores negocios previos –aunque volvería a lucrar más tarde, una vez concluida la reestructuración, con los viejos títulos de deuda–. Pero el financiamiento en pesos al sector privado y, particularmente, a un consumo privado en franca expansión compensó esa pérdida de importancia del financiamiento al sector público. Y también la rentabilidad de esta burguesía financiera, aunque con mayor retraso y de manera más heterogénea, acabaría recuperándose. La situación de la burguesía vinculada con los servicios públicos resultó más compleja. Mientras la pesificación y el congelamiento de sus tarifas acarrearon el mencionado recorte de sus ingresos, su endeudamiento en el exterior se mantuvo dolarizado. Aunque también la rentabilidad de algunas de estas empresas de servicios públicos comenzó a recuperarse hacia mediados de la década, especialmente, de la mano de subsidios (en transportes) y nuevos negocios (en telecomunicaciones), nunca recuperaría los niveles alcanzados durante la década de los noventa.

Ahora bien, este acomodamiento en diversos grados de las políticas implementadas a la salida de la crisis a los intereses de las distintas fracciones de la gran burguesía fue acompañado por la asunción de distintas posiciones políticas públicas por parte de los empresarios y, especialmente, de las corporaciones que los representan. La mencionada coincidencia entre las políticas adoptadas y los intereses de la burguesía industrial en su conjunto se reflejó enseguida en los discursos de los empresarios y del propio gobierno. Así, prolongando su convivencia previa en el llamado *Grupo Productivo*, Duhalde y la UIA unieron sus voces desde el comienzo en su defensa de la "comunidad productiva" contra el "poder financiero".[206] También fueron reveladores los nombramientos del entonces presidente de la UIA, De Mendiguren, al frente del flamante Ministerio de la Producción, e incluso de los propios Remes Lenicov y Lavagna sucesivamente al frente del Ministerio de Economía.[207] Semejante coincidencia no se extendió, sin embargo, a las posiciones adoptadas por la burguesía agraria. Las corporaciones representativas de la gran burguesía agraria, la SRA y la CRA, antepusieron su rechazo de las retenciones a los beneficios que les acarrearía la devaluación, con independencia de los precios internacionales vigentes, y nunca se alinearon completamente detrás de las políticas oficiales.[208] Mientras que la burguesía vinculada con las finanzas y los servicios públicos privatizados y concesionados, que había resistido más decididamente la devaluación, se vio a forzada a negociar su apoyo a cambio de una serie de medidas compensatorias, algunas de las cuales fueron concedidas (como las compensaciones a los bancos o los subsidios a las empresas concesionarias antes mencionados) y otras no (como los ajustes de tarifas y el seguro de cambio que reclamaban las empresas de servicios públicos).

Ahora bien, volvamos a nuestra pregunta inicial acerca de las características que revistió el bloque en el poder durante la década. Las conclusiones que parecen desprenderse de este somero repaso de las conse-

---

[206] Duhalde, tras enviar al Congreso su proyecto de Ley de Emergencia Económica y en su primer discurso como presidente, declaró que apuntaba a "poner fin a la alianza del poder político con el poder financiero que perjudicó al país, para sustituirla por una alianza con la comunidad productiva" (*Clarín*, 5/1/02). Unos días después, reiteraría este posicionamiento en favor de la industria y en detrimento de las finanzas en su primera reunión con la UIA (véase *Página 12*, 22/1/02).

[207] De Mendiguren, un industrial textil mediano, era presidente de la UIA cuando fue designado ministro por Duhalde en enero de 2002 y volvería a las filas de la UIA cuando Duhalde cedió su cargo a Kirchner en mayo de 2003. Es interesante recordar asimismo que volvería a la presidencia de la UIA en abril de 2011, en reemplazo de Héctor Méndez y como candidato alternativo a Luis Betnaza (de Techint) y a Adrián Kaufmann (de Arcor), para acercar las posiciones de la corporación al gobierno de Fernández de Kirchner. Los ministros Remes Lenikov (que ya había sido ministro de Economía de la provincia de Buenos Aires con Duhalde como gobernador) y su sucesor Lavagna (que había sido secretario de Industria de Alfonsín) también eran cercanos a la orientación de la UIA.

[208] Véase, por ejemplo, la reacción de las corporaciones agrarias (especialmente de la SRA y las CRA) al anuncio de las retenciones por Remes Lenikov durante el conflicto lechero de marzo de 2002, en el sentido de que rompían "la alianza del gobierno con la producción" (según la expresión de Manuel Cabanellas, de la CRA; en *La Nación,* 5/3/02).

cuencias que acarrearon las principales medidas adoptadas durante el período de reactivación (entre comienzos de 2002 y fines de 2005) y de posterior estabilización y crecimiento (entre comienzos de 2006 y fines de 2007) de la economía para los intereses de las distintas fracciones de la burguesía y de las posiciones adoptadas ante dichas medidas por los empresarios y las corporaciones que los representan son las siguientes. En primer lugar, es evidente que se registró una rearticulación del bloque en el poder, rearticulación que constituyó a su vez una dimensión más del proceso más amplio de recomposición de la dominación que analizamos en los primeros capítulos. Hacia mediados de 2006, por ejemplo, en una solicitada titulada "A tres años de gobierno: Argentina en crecimiento", AdeBA, la Bolsa de Comercio, la CAC, la CaCon, la UIA y AEA (junto con la CGT) sostenían que "a tres años del inicio de gestión del actual gobierno de la Nación, las entidades más representativas de la industria, los servicios, la banca, el comercio y el trabajo, quieren expresar su apoyo a una gestión que supo encauzar una economía en decadencia hacia un sendero de fuerte crecimiento". Enumeraban a continuación los logros de dicho gobierno en materia de "crecimiento sostenido del PBI; caída del desempleo y la disminución de la pobreza; estabilidad y consistencia macroeconómica; reducción del endeudamiento externo; firmeza en la defensa del interés nacional en las negociaciones internacionales". Y agregaban que estos logros, "en conjunto, constituyen la plataforma sobre el cual consolidar lo obtenido y aprovechar la oportunidad de alcanzar un alto nivel de desarrollo y para ello es necesario sostener los pilares que generaron este proceso de crecimiento: superávit fiscal y comercial, crecimiento con inclusión social y un tipo de cambio competitivo" (*La Nación*, 21/5/05).

El bloque resultante de esta rearticulación, en segundo lugar, guarda tanto similitudes como diferencias respecto del bloque en el poder articulado en los noventa alrededor de la convertibilidad. La similitud más importante radica en su composición, mientras que quizás la diferencia decisiva radique en su menor cohesión política. Sugerentemente, una encuesta realizada por la Universidad Austral acerca de las preferencias de voto entre los empresarios, publicada unos días más tarde en el mismo diario en que se había publicado la solicitada que acabamos de citar (*La Nación,* 25/5/06), ponía de manifiesto que esos empresarios, a pesar de su apoyo a las políticas implementadas, no se identificaban políticamente con el gobierno. Pero en cualquier caso, mientras que aquella primera afirmación acerca de la rearticulación del bloque en el poder parece indiscutible, esta segunda afirmación acerca de su composición y cohesión puede resultar más discutible, de manera que conviene que nos detengamos un poco más en ella.

La cohesión del bloque en el poder no parece haber sido un aspecto muy discutido de la dinámica política del período. Pero aunque no se haya registrado una conflictividad interburguesa generalizada durante la década, el enfrentamiento entre la burguesía agraria y el gobierno de 2008 alcanza para sembrar dudas acerca de dicha cohesión. Recordemos que durante dicho conflicto la burguesía agraria, con apoyo de una porción de la burguesía industrial y financiera con intereses compartidos en la producción y exportación de productos de origen agrario, quebró la unidad de la burguesía y desencadenó una grave crisis política. La imperiosa necesidad de superar la profunda crisis de acumulación y dominación que culminó a fines de 2001 parecía haber sido suficiente para sustentar una rearticulación del bloque en el poder, pero una vez superada, la cohesión de este bloque quedaba en entredicho. Nuestra hipótesis, en este sentido, consiste en que esta debilidad de la cohesión del bloque en el poder fue correlativa del modo no hegemónico de ejercicio de la dominación política característico de la década, que analizaremos en los siguientes capítulos. O, planteada la misma hipótesis con otras palabras, que esa debilidad de la cohesión política entre las distintas fracciones de la burguesía fue correlativa de una relación de fuerzas entre clases menos desfavorable a la clase trabajadora.

Ahora bien, antes de seguir avanzando, debemos detenernos un momento en una serie de choques suscitados entre los gobiernos kirchneristas y algunas grandes empresas, porque es preciso diferenciarlos respecto de los conflictos interburgueses propiamente dichos que aquí nos incumben. El prolongado conflicto con el Grupo Clarín, ya mencionado en el sexto capítulo, fue y sigue siendo el más importante de estos choques, pero pueden agregarse asimismo otros menores como los suscitados con Shell en 2005-06 alrededor de los precios y el abastecimiento de combustibles, con Techint desde 2009 por las designaciones de representantes estatales en su directorio y por el reparto de dividendos, con Lan en 2013 por el empleo de los aeropuertos, y así sucesivamente. En el origen de todos estos choques, se señalaron a menudo motivos bastante pedestres: el intento del kirchnerismo de poner pie en el sistema de medios masivos de comunicación, la intención de PdVSA de comprar Shell, la búsqueda de nuevas fuentes de ingresos fiscales, las dificultades de competitividad que enfrenta Aerolíneas Argentinas, y así sucesivamente. Se trata, además, de un tipo de choques de intereses en los cuales se vieron involucrados gobiernos de las más variadas orientaciones políticas en la historia argentina reciente.[209] Pero importa más atender aquí al modo en que los gobiernos kirchneristas tramitaron políticamente estos conflictos. Nos referimos antes a una suerte de personalización del Grupo Clarín y algo semejante podemos agregar ahora respecto de otras grandes empresas como las mencionadas, que fueron relevándose las unas a las otras como blancos móviles de un mismo dispositivo de personalización. En efecto, en este tipo de choques, relaciones sociales fetichizadas, como los mecanismos de formación de precios y rentabilidades en el mercado, son personalizadas ideológicamente en ciertos agentes individuales como recurso para construir consenso en la sociedad o, al menos, mantener unidas y organizadas las fuerzas propias.[210]

Por cierto, el hecho de que empresas como estas sean efectivamente agentes de peso dentro de sus respectivos mercados no desmiente el hecho de que, al mismo tiempo, sean objeto de este dispositivo de personalización. Recordemos que objetos clásicos de semejante personalización de las relaciones sociales fueron, en sociedades capitalistas más o menos desarrolladas, no ya grandes empresas individuales sino incluso los monopolios o la banca en su conjunto. En el caso que nos incumbe, sin embargo, esta personalización opera de una manera especialmente estrecha porque es la demonización de una corporación individual, de *la corpo* en singular, la que permite mantener la paz con las corporaciones en general. Y por cierto, el hecho de que el judío haya sido el objeto por

---

[209] Recordemos, en particular, el conflicto entre el segundo gobierno menemista y la prensa, encabezada por este mismo Grupo Clarín (la ley mordaza de Barra de mayo de 1995, la invocación de la *ley del palo* por Menem en septiembre-octubre de 1997, etc.). Uno de los principales adalides de la libertad de prensa agraviada de entonces era el ex periodista Horacio Verbitsky, quien denunciaba una campaña tendiente a "deslegitimar las investigaciones de la prensa sobre corrupción, presentándola como un antagonista político" (*Página 12*, 14/9/97) y hoy encabeza una campaña idéntica. Menem había declarado en aquellos años, en efecto, que la prensa era el principal partido de la oposición, declaración que reiteraría Laclau quince años más tarde: "Los medios se han convertido en el principal partido opositor" (*Página 12*, 14/10/12).

[210] La posibilidad de esta personalización de las relaciones sociales capitalistas puede derivarse a partir de la crítica del fetichismo contenida en la crítica marxista de la economía política (como dice Heinrich, 2008); no así la carga de proyección que conlleva esta personalización (véase el clásico argumento psicoanalítico de Horkheimer y Adorno, 1987), pero no vamos a detenernos en esta última dimensión del asunto.

excelencia de la personalización del dinero y del capital en su forma dineraria en el antisemitismo moderno tampoco implica que el dispositivo de personalización involucre en sí mismo ni racismo ni ninguna otra carga autoritaria. Pueden existir y existen en los hechos muchísimos otros objetos de personalización de relaciones sociales fetichizadas distintos del judío y, aunque en todos los casos la personalización es ideológica, en la mayoría de ellos no es autoritaria. Digamos que, en nuestro caso, las denuncias de la presidenta Fernández de Kirchner y de su ministro Kicillof del "ataque devaluatorio" que presuntamente les infligió Shell en enero de 2014 no se diferencian mayormente de las denuncias del expresidente Alfonsín y su exministro Pugliese del "golpe de mercado" del que habrían sido objeto en junio de 1989 —como algunos kirchneristas se encargaron de recordar—. A través de estas personalizaciones, los mecanismos que entonces condujeron a la hiperinflación son tan mistificados como los que ahora conducen a la devaluación —la diferencia, en el mejor de los casos, reside en que al menos los alfonsinistas de entonces responsabilizaban a los *capitanes de la industria* en su conjunto, mientras que los kirchneristas de hoy se conforman con una sola empresa—.

Es necesario diferenciar claramente, en síntesis, entre este dispositivo de personalización de las relaciones sociales puesto en juego en este tipo de choques con empresas individuales y el dispositivo de polarización de la sociedad puesto en juego en algunos conflictos interburgueses. El populismo clásico en particular, como es sabido, involucraba un modo específico de polarización de la sociedad en la que sectores mayoritarios de las clases subalternas quedaban alineados detrás de ciertas fracciones de la burguesía en el polo del pueblo, frente a otras fracciones de la burguesía que quedaban reunidas junto a sectores minoritarios de las clases subalternas en el polo del antipueblo. Esta polarización no-clasista de la sociedad implicaba necesariamente un conflicto entre fracciones de la burguesía, a saber, entre las que dirigían la nueva alianza populista y aspiraban a constituirse en un nuevo bloque en el poder de estado y las que habían encabezado el bloque en el poder en el régimen político anterior.[211] Ahora bien, el kirchnerismo solo se vio involucrado en un proce-

---

[211] Es importante advertir aquí que la especificidad del populismo no radica en que polariza la sociedad, sino en la manera específica en que lo hace. La polarización de la sociedad como tal es apenas un corolario del carácter adversativo de la política como tal —como señalara Verón: "El campo discursivo de lo político implica un *enfrentamiento*, relación con un *enemigo, lucha* entre enunciados" (1987: 3)—.

so parecido de polarización de la sociedad cuando se desencadenó su conflicto con la burguesía agraria de la primera mitad de 2008, para retroceder vencido unos meses más tarde. La personalización de las relaciones sociales que acompañó los reiterados choques entre el kirchnerismo y empresas individuales como las mencionadas es un dispositivo diferente y no involucra necesariamente un conflicto entre fracciones de la burguesía. Esta personalización puede convivir con una mayor o menor cohesión del bloque en el poder, ciertamente, pero no acarrea por sí misma aquella crónica inestabilidad del bloque en el poder que tradicionalmente acarreaba la polarización populista de la sociedad. Y, mientras tanto, el populismo se ve a su vez reducido en este nuevo contexto a un mero expediente de legitimación para las fracciones de la burguesía que componen el bloque en el poder (véase Cantamutto, 2013).

Más tarde profundizaremos en las relaciones entre kirchnerismo y populismo. Retomemos ahora, en cambio, la cuestión pendiente de la composición del bloque en el poder durante la década. Este fue un problema un poco más discutido y nuestra afirmación de que hubo continuidad en esta materia puede resultar controvertible. Alcanza con nuestra propia exposición de las políticas implementadas por las administraciones de Duhalde, Kirchner y Fernández de Kirchner para advertir que parecen haber sido más favorables a los intereses de la burguesía industrial que a los de la burguesía vinculada a las finanzas o a los servicios públicos y además, en líneas generales, esto parece haberse expresado en los propios posicionamientos adoptados por las corporaciones que representan sus respectivos intereses. Esto nos habilitaría a hablar de un cambio en las relaciones de fuerza entre las fracciones que integran el bloque en el poder (Piva, 2007) o, incluso, del ascenso de una nueva fracción hegemónica (Wainer, 2013) dentro de dicho bloque. Pero conviene introducir algunas precisiones sobre este concepto de bloque en el poder para no entender afirmaciones como estas de una manera equivocada.

En efecto, nosotros empleamos aquí el concepto de bloque en el poder a falta de uno mejor, no sin advertir que este concepto suele ser empleado de maneras que nos resultan inaceptables porque suponen concepciones muy ingenuas de la relación existente entre la burguesía y el estado. A veces, se emplea de una manera que implica en los hechos suponer que las fracciones de la burguesía que integran dicho bloque ejercen por sí mismas el poder de estado. Sin embargo, aunque suele suceder que las fracciones dirigentes de la burguesía ejerzan en buena medida por sí mismas el poder de estado en etapas formativas de los estados capitalistas, como sucedió con la vieja oligarquía terrateniente durante la formación del estado argentino, esto deja de suceder en etapas posteriores del desarrollo capitalista. La consolidación posterior de esos estados capitalistas, que en nuestro caso tuvo lugar ya durante la primera mitad del siglo veinte, consiste en este sentido en un proceso de creciente separación entre lo económico y lo político que se materializa en el aparato de estado mediante el traspaso del ejercicio del poder político a manos de una burocracia profesionalizada.[212] En estas condiciones, puede seguir habiendo, ciertamente, algunos miembros de las fracciones dirigentes de la burguesía que desempeñen funciones políticas como sucede, para mencionar apenas un ejemplo, con el exsenador kirchnerista por Córdoba y a la vez propietario de la Aceitera General Deheza Roberto Urquía. Pero la composición del bloque en el poder es independiente de la existencia o no de miembros de las fracciones dirigentes de la burguesía que ejerzan por sí mismos el poder de estado.

En otras ocasiones, el concepto de bloque en el poder se emplea de un modo que implica en cambio suponer que es una burocracia quien ejerce efectivamente el poder de estado, pero que lo hace representando de manera inmediata los intereses de determinada/s fracción/es de la burguesía. Habría en este caso una serie de organizaciones políticas (partidos, corporaciones, incluso, líneas internas dentro de estas organizaciones) que representarían los intereses de distintas fracciones de la burguesía y, en la medida en que sus miembros acceden al gobierno en calidad de funcionarios, los gobiernos representarían los intereses de las fracciones burguesas en cuestión. La composición del bloque en el poder ya no dependería en este caso de qué fracciones de la burguesía ejercen el poder de estado, puesto que en los hechos es una burocracia la que ejerce ese poder de estado, sino de qué fracciones de la burguesía representa esa burocracia. Pero también esta concepción es algo ingenua. Suele suceder en los hechos, naturalmente, que accedan al gobierno miembros de organizaciones políticas que representen de manera más o menos directa los intereses de determinadas fracciones burguesas. Nosotros mismos citamos antes el caso de Ignacio De Mendiguren, quien dejó la presidencia de la UIA para asumir como ministro de Duhalde y en sus posteriores decisiones como ministro no olvidaría su procedencia. Y po-

---

[212] Esta argumentación histórica presupone un vínculo lógico entre la separación entre lo económico y lo político, constitutiva del estado capitalista y la burocracia, en el que no podemos detenernos aquí, pero puede consultarse Piva (2012b).

drían invocarse muchos otros casos semejantes. Pero también podrían citarse muchos casos de cuadros de orígenes semejantes que implementan políticas completamente distintas entre sí cuando pasan a desempeñarse como funcionarios, como los casos de los ministros José L. Machinea y Roberto Lavagna. Las averiguaciones acerca del prontuario de los burócratas, en cualquier caso, no alcanzan para determinar la composición del bloque en el poder. Los intereses que representa de manera inmediata la burocracia que encabeza las organizaciones y los gobiernos de los estados capitalistas consolidados son, más bien, sus propios intereses de casta. Se trata, desde luego, de intereses muy concretos: en la conservación de su posiciones (es decir, de sus cargos) y de los ingresos asociados con esas posiciones (sea la porción blanqueada y percibida como sueldos, sea la porción no-blanqueada y apropiada a través de la corrupción) está en juego la conservación de sus condiciones materiales de vida como casta. Existe, sin embargo, un punto de intersección entre los intereses de esta burocracia y los intereses de las fracciones económicamente dominantes de la burguesía. La conservación de su posición y de sus ingresos como burocracia de estado depende en gran medida del éxito de las políticas públicas que implementa. Y este éxito depende, a su vez, en gran medida de la relación que esas políticas públicas guarden respecto de la reproducción de la sociedad como sociedad capitalista o, más crudamente hablando, de la acumulación de capital, que es liderada precisamente por aquellas fracciones económicamente dominantes de la burguesía.[213]

Adviértase que nos referimos a la relación entre las políticas públicas y la reproducción de la sociedad como sociedad capitalista. Esto no solamente involucra su relación con la reproducción de la posición privilegiada de la que gozan dentro de esa sociedad capitalista la burguesía, incluyendo naturalmente a esas fracciones suyas económicamente dominantes, sino también su relación con la reproducción de la posición

---

[213] Nótese que esta manera de conceptualizar la mediación de la burocracia entre la clase dominante y su estado implica que el proceso de implementación de políticas públicas es un proceso de ensayo y error donde ni la coincidencia entre dichas políticas y los intereses de la burguesía en su conjunto o de determinadas fracciones de la burguesía ni la coherencia interna y la viabilidad de esas políticas son conocidas y/o están garantizadas de antemano. La irracionalidad burocrática del estado se combina así con la irracionalidad competitiva del mercado como dos caras de una misma moneda: la irracionalidad de la sociedad capitalista.

subordinada en la que se encuentran el resto de los grupos sociales, incluyendo a la propia clase trabajadora. Y adviértase también que estamos hablando de una relación completamente objetiva, es decir, independiente de la existencia de cualesquiera vínculos subjetivos, personales o políticos entre los burócratas que implementan dichas políticas públicas y la burguesía en su conjunto o algunas de sus fracciones. Atribuir determinada composición de clase al bloque en el poder de un estado, entonces, equivale fundamentalmente a afirmar que las políticas implementadas por ese estado tienden objetivamente a acompañar la reproducción de la sociedad en cuestión en un determinado sentido.

Nada garantiza tampoco que las fracciones de la burguesía económicamente dominantes dentro de esa reproducción de la sociedad se impongan como fracciones políticamente dominantes que dirigen el bloque en el poder de estado y determinan las políticas que ese estado implementa. El bloque en el poder cristaliza políticamente una relación de fuerzas económicas y sociales entre distintas fracciones de la burguesía, atravesada a su vez por la relación de fuerzas sociales entre esa burguesía en su conjunto y la clase trabajadora. Esta cristalización de relaciones de fuerzas es el resultado de un proceso estrictamente político y nunca se encuentra determinado de antemano. En la negativa del gobierno de Duhalde a ajustar las tarifas de los servicios públicos, por ejemplo, se expresó tanto el debilitamiento relativo de la capacidad de negociación de las empresas privatizadas y concesionadas en el interior de la burguesía como la resistencia que los trabajadores hubieran planteado al aumento de esas tarifas. Esto implica que no solo el grado de cohesión, sino incluso la propia composición del bloque en el poder, está atravesada por la lucha de clases. Pero sigue siendo cierto que, en la medida en que exista un bloque en el poder de estado dotado de una mínima cohesión, su composición estará fuertemente condicionada por la posición relativa de las distintas fracciones de la burguesía en el proceso de acumulación.

Volvamos ahora a la cuestión de la composición del bloque en el poder durante la década kirchnerista. El acceso de determinadas fracciones de la burguesía a una posición económicamente dominante a partir de su posición dentro del proceso de acumulación no puede ser sino un proceso histórico más o menos prolongado. Se trata, en nuestro caso, del posicionamiento de las fracciones de la gran burguesía asentadas en sectores competitivos y orientados hacia el mercado mundial durante el proceso de reestructuración del capitalismo argentino de posguerra que se inició tras la crisis de 1974-75. Un conjunto de grandes capitales concentrados y transnacionalizados invertidos en algunas ramas de la industria, en el agro y en el petróleo y la minería, que lideran un proceso de acumulación en el que también se insertan exitosamente la gran banca y algunos servicios. Este acceso de estas fracciones de la gran burguesía a una posición económicamente dominante durante las últimas cuatro décadas fue acompañado, en líneas generales, por su creciente acceso a una posición políticamente dominante. Ambos procesos, ciertamente, no se desarrollaron de una manera perfectamente sostenida y sincronizada. El golpe de estado y la dictadura fueron los primeros medios a los que recurrió esa gran burguesía para alcanzar esta posición políticamente dominante cuando ya había comenzado a alcanzar aquella posición económicamente dominante, es decir, durante la segunda mitad de los setenta. Pero esos medios dejarían de estar disponibles con la crisis de la última dictadura a comienzos de los ochenta y en la resultante transición democrática esa gran burguesía enfrentaría el complejo desafío de reafirmar su posición políticamente dominante en las nuevas condiciones del régimen democrático. Y acaso hubo, a mediados de los ochenta, cierto *impasse* en este proceso de conversión de esta gran burguesía aperturista en el sector de la burguesía políticamente dominante. Pero la crisis hiperinflacionaria que cerró la década despejó el terreno para que esa gran burguesía pudiera alcanzar esta posición dominante. Y la profundización de la reestructuración capitalista en el marco de una hegemonía neoconservadora durante los noventa fue el proceso a través del cual esa gran burguesía accedió definitivamente a ella.

El ascenso de las luchas sociales y la crisis que cerró la década, ciertamente, impugnaron aquella hegemonía y, en consecuencia, representaron un desafío para esa gran burguesía aperturista. Sin embargo, en la medida en que la acumulación y la dominación se recompusieran, como en los hechos se recompusieron durante de la década siguiente, nadie sino esa misma gran burguesía aperturista estaría en condiciones de dirigir el proceso.[214] La recomposición de la acumulación y la dominación capitalistas durante la primera mitad de la década kirchnerista, que examinamos en los primeros capítulos, era el corazón mismo de los intereses

---

[214] Esta es la cruda verdad que quitó el sueño a quienes volvieron a quejarse de la inexistencia de (un grupo social que gustan denominar como) *burguesía nacional* (véanse, por ejemplo, las intervenciones de Basualdo y Schvarzer en el debate sobre este tópico organizado por la revista *Realidad Económica,* en 2003; Basualdo, 2004 y Schvarzer, 2004).

de esa gran burguesía y, aunque siga siendo cierto que algunas de sus fracciones fueron más golpeadas que otras por la propia crisis y que algunas de sus fracciones se recuperaron más rápida y completamente que otras después de ella, la composición del bloque en el poder no se alteró significativamente durante ese proceso de crisis y recomposiciión. La posición dirigente de aquellas fracciones de la gran burguesía asentadas en sectores competitivos y orientados hacia el mercado mundial, como correctamente señalaron Ortiz y Schorr (2007) en su momento, fue ratificada por las características de esta recomposición. Estas fracciones no volverían a alcanzar el grado de cohesión que habían alcanzado durante la vigencia de aquella hegemonía neoconservadora de los noventa. Pero como ya señalamos, esto no fue tanto una expresión de la inestabilidad de las relaciones de fuerzas entre esas fracciones de la burguesía como de una relación de fuerzas entre clases menos desfavorable a la clase trabajadora.

Capítulo 12. El modo de dominación

Pasemos ahora de la relación entre el estado y las clases dominantes a la relación entre el estado y las clases subalternas. Veamos, más específicamente, las principales características del modo de ejercicio de la dominación política propio de la década kirchnerista. El análisis de los cambios en el estado que realizamos en los dos primeros capítulos de esta segunda parte nos alcanza para esbozar una primera definición de este modo de ejercicio de la dominación política que nos sirva como punto de partida para este capítulo. Ya nos referimos antes, en varias ocasiones, a la existencia durante la década kirchnerista de un arbitraje más activo entre los intereses de las distintas clases y fracciones de clases. Sostuvimos que el peso perdido por las autoridades a cargo de economía y finanzas y ganado por las autoridades a cargo de infraestructura y trabajo dentro del Poder Ejecutivo, así como la propia inestabilidad de las relaciones entre este Poder Ejecutivo y el Poder Legislativo, estaban vinculados con ese activo arbitraje. Sostuvimos también que la mayor intervención del estado en la fijación de variables clave como las tasas de interés, los salarios o los precios de la energía, los combustibles y el transporte, que involucraba en este último caso el vínculo con las empresas privatizadas y concesionadas en su conjunto, era sinónimo sin más de ese mayor arbitraje entre intereses. Sucede, simplemente, que este arbitraje más activo entre los intereses de las distintas clases y fracciones de clases estuvo en el centro del modo de ejercicio de la dominación política propio del kirchnerismo y que esta centralidad se expresó inevitablemente en las características de los cambios registrados durante la década en la forma de estado, así como en su aparato y sus funciones.

En efecto, recordemos que la clave para entender el modo de ejercicio de la dominación política propio del menemismo había sido la imposición del disciplinamiento de mercado.[215] La fijación del tipo de cambio en un contexto de apertura y desregulación del mercado interno impuso a la burguesía doméstica la exigencia de reinsertarse más competitivamente en el mercado mundial y la burguesía descargó a su vez esta exigencia sobre los trabajadores convertida en la exigencia de un aumento en la tasa de explotación del trabajo. El recurso a la convertibilidad por ley del peso en dólar como medio para fijar el tipo de cambio fue más bien una rareza, pero ese disciplinamiento de mercado de la clase trabajadora con armas monetario-financieras es característico de todas las políticas neoliberales. Y dentro de este modo neoliberal de ejercicio de la dominación política, el arbitraje activo entre los intereses de las distintas clases y fracciones de clases, si bien nunca desapareció ni acaso pueda desaparecer por completo, quedó relegado a un segundo plano respecto del arbitraje operado por el propio mercado. Ese arbitraje activo entre intereses, empero, pasaría a ser la clave para entender el modo de ejercicio de la dominación política propio del kirchnerismo. Nos estamos refiriendo a un arbitraje ejercido simultáneamente entre los intereses de las distintas fracciones de la burguesía y entre los intereses de las distintas clases en su conjunto. Esto significa que no solo opera en la articulación del bloque en el poder, como vimos en el capítulo anterior, sino también en la dominación de ese bloque en el poder sobre las clases subalternas, que es la cuestión que nos incumbe en este capítulo. Revisemos entonces las características más importantes de este arbitraje.

Este arbitraje activo entre clases y fracciones de clases —en cuya operatoria, recordemos, desempeña un papel clave el ejecutivo— puede traernos a la memoria la idea de un bonapartismo.[216] Evitemos de antemano,

---

[215] Esto no contradice la existencia de esa modalidad de arbitraje menemista que mencionamos en el noveno capítulo y en la que el presidente arbitraba entre los *técnicos* y los *políticos* dentro de su gobierno, pero este arbitraje menemista era muy distinto del que aquí nos incumbe y apuntaba en última instancia precisamente a facilitar la imposición de ese disciplinamiento de mercado.

[216] De hecho, muchos intelectuales de izquierda emplearon este concepto a propósito del kirchnerismo e incluso la propia presidenta se involucró en una polémica en este sentido (véase *Clarín*, 15/11/11 y *Prensa obrera*, 1204 29/11/11; así como antes *La verdad obrera*, 433, 30/6/11; *El aromo*, 63, 11/11; etc.; para una crítica de estos empleos del concepto de bonapartismo, puede consultarse Katz, 2013). También comparten esta caracterización del kirchnerismo como bonapartismo algunos intelectuales liberales provenientes de la izquierda (véase la entrevista a José Sebreli en *Revista Ñ*, 16/11/12).

entonces, cualquier malentendido en este sentido. El término *bonapartismo*, como se sabe, fue empleado originariamente por Marx para referirse al régimen político instaurado por Luis Bonaparte después de la clausura del proceso revolucionario francés de 1848-1852 y más tarde, por analogía, para referirse al régimen político instaurado por Birsmarck en Alemania tras el aplastamiento de la Comuna de París de 1871. El alcance de este concepto, en sus análisis de estos fenómenos, era históricamente acotado. Mentaba determinados regímenes burgueses dictatoriales en los cuales la autoridad del ejecutivo parecía situarse por encima de cierta situación de empate entre los intereses de las diversas clases y fracciones de clases para arbitrar entre dichos intereses. Más tarde Trotsky emplearía el término *bonapartismo sui generis* para referirse a regímenes latinoamericanos como el cardenismo. Se trataba en este caso de regímenes burgueses instaurados en países, que Trotsky conceptualizaba como semicoloniales, en los cuales la presión del imperialismo impedía la conversión de las burguesías domésticas en auténticas clases dominantes frente a las clases subalternas. Esas burguesías, en consecuencia, oscilaban entre los intereses del imperialismo y del proletariado, y podían orientarse en un rumbo progresista o reaccionario. Milcíades Peña y otros trotskystas argentinos, finalmente, aplicaron este concepto al peronismo.

En nuestra opinión, este último empleo del concepto de bonapartismo es más problemático porque aspira a un alcance histórico más vasto y descansa sobre una serie de supuestos sobre la naturaleza de los países latinoamericanos en cuestión, sus clases dominantes y sus relaciones con el imperialismo mucho más cuestionables. Pero no vamos a detenernos en este problema porque, en cualquier caso, no guarda ninguna relación con el arbitraje que tenemos en mente cuando nos referimos a la modalidad de ejercicio de la dominación política durante el kirchnerismo. Es cierto que este arbitraje kirchnerista adoptó –y no podía sino adoptar, en la medida en que se inscribe en nuestra historia política nacional– rasgos populistas. Enseguida nos referiremos a ellos. Pero va de suyo que dicho arbitraje no responde a ningún imposibilidad de conversión de la burguesía doméstica en clase dominante, como sucedía en aquellas contradicciones entre la burguesía y la aristocracia o entre las burguesías periférica y metropolitana, ni desemboca en ningún régimen autoritario. El arbitraje kirchnerista respondió simplemente a una situación de cambio repentino de la relación de fuerzas entre clases –resultante del proceso de ascenso de las luchas sociales de fines de los noventa– y operó plenamente dentro de las condiciones de la democracia burguesa –no acarreando entonces, en sentido estricto, ningún cambio de régimen–. El arbitraje kirchnerista es, simplemente, la manera específica en que se incorporaron dentro de la política burguesa las demandas de los protagonistas de la resistencia contra el neoliberalismo que había culminado en la insurrección de fines de 2001. Ciertamente, este recurso a un arbitraje más activo entre intereses también caracterizó a gobiernos de otros países latinoamericanos, que sucedieron a procesos de resistencia contra el disciplina de mercado del neoliberalismo, como el boliviano de Evo Morales o el venezolano de Hugo Chávez. Pero el arbitraje kirchnerista, si bien acarreó importantes novedades para la dinámica política del período, como ya vimos, operó plenamente dentro de las condiciones establecidas por el régimen democrático burgués preexistente. Esos gobiernos de Chávez y Morales, protagonistas de experiencias mucho más radicales, tendieron en cambio a forzar los límites de sus respectivos regímenes políticos —y el hecho de que impulsaran amplias reformas constitucionales no es sino una expresión de esa tendencia—.[217]

Ahora bien, como no podía suceder de otra manera, esa incorporación de demandas dentro del arbitraje kirchnerista fue mediada, en mayor o menor medida según los casos, por procesos de selección y resignificación de esas demandas. Ningún gobierno asimila pasivamente las demandas sociales, desde luego, sino que selecciona y resignifica activamente esas demandas. Consideremos, por ejemplo, las demandas políticas de democratización. El desplazamiento de la llamada *clase política* en su conjunto, que había sido el contenido dominante dentro de la exigencia de *¡que se vayan todos!* planteada en la insurrección de diciembre de 2001, no fue ni podía ser incorporada como tal. Y de aquí, en buena medida, el carácter disruptivo de ese reclamo. Esas demandas de democratización fueron incorporadas, en cambio, a través de medidas como las adoptadas en materia de derechos humanos a partir de 2003, aún cuando en los hechos la exigencia de juicio y castigo a los militares genocidas de la última dictadura no se había contado entre los contenidos dominantes de aquellas demandas democráticas de 2001. El hecho de

---

[217] Me refiero a los procesos constituyentes que condujeron a la no-aprobación de una nueva Constitución venezolana en el referendo de diciembre de 2007 y a la aprobación de la nueva Constitución boliviana en el referéndum de febrero de 2009 —podría agregarse la aprobación de la nueva Constitución ecuatoriana en el referéndum de mayo de 2011, pero su alcance es menos significativo. Incluso, los mejores exponentes del institucionalismo dominante en la politología, a pesar de sus obsesivas preocupaciones por la calidad de la democracia burguesa y los supuestos rasgos autoritarios del kircherismo, advierten esta diferencia (véase, por ejemplo, Levitsky y Murillo, 2008).

que medidas como la anulación de las Leyes de Punto Final y de Obediencia Debida y del decreto de indulto a los máximos responsables del genocidio fueran como tales demandas históricas del movimiento de derechos humanos no niega el hecho de que la satisfacción de estas demandas (junto con otras) haya sustituido la satisfacción de las demandas de democratización planteadas en la insurrección de diciembre. Esta sustitución implica, en verdad, una resignificación. La democratización pasó a significar el castigo a quienes habían detentado en poder en la dictadura, en lugar de significar el desplazamiento de quienes habían detentado y seguían detentando el poder en la democracia.

La exigencia de renovación de la Corte Suprema, en cambio, sí se encontraba como tal entre las demandas democráticas de 2001. Los integrantes de la Corte eran considerados en los hechos, y con razón, como importantes integrantes de esa *clase política* de la que había que deshacerse. Pero el propio cumplimiento de esta exigencia implicó a la vez una selección. Los máximos responsables del Poder Judicial fueron reemplazados, mientras que los responsables de los poderes Legislativo y Ejecutivo seguirían siendo conspicuos integrantes de esa misma *clase política*. Pero estos procesos de selección y resignificación no solamente mediaron la incorporación de demandas democráticas, sino también de demandas económicas y sociales. Al reclamo de un salario de ciudadanía, como el planteado por el FreNaPo a fines de 2001, y otras medidas contra la pobreza, por ejemplo, las administraciones de Duhalde y Kirchner respondieron mediante la masificación de los subsidios de desempleo del Plan Jefes y Jefas. La reducción posterior en la cantidad de beneficiarios de este plan, sin embargo, no fue acompañada de nuevas políticas sociales masivas. Hasta el lanzamiento de la Asignación Universal por Hijo por Fernández de Kirchner, años después y ya en un contexto diferente, el kirchnerismo parece haber apostado más bien –y no sin algún éxito– a que fueran la propia reducción del desempleo y cierta recuperación de los salarios resultantes de la propia recuperación y posterior estabilización y expansión de la economía, antes que nuevas políticas sociales masivas, la principal respuesta a las demandas sociales planteadas en la crisis de 2001.[218] Aclaremos, sin embargo, que afirmar que las demandas fueron sometidas a semejantes procesos de selección y resignificación no

---

[218] Téngase en cuenta, por contraste, la implementación del programa Fome Zero y otras políticas sociales masivas por el gobierno brasileño desde la asunción de Lula en 2003.

implica de ninguna manera negar que su incorporación haya planteando de todas maneras un serio desafío político a las administraciones kirchneristas.

Ciertamente, esta incorporación de demandas en el arbitraje kirchnerista convivió también con el empleo de la represión, aunque restringido. En efecto, como ya señalamos antes, la política kirchnerista frente a las protestas sociales se diferenció desde un comienzo de la duhaldista en tanto una política de normalización mediante el aislamiento, en lugar de la represión, de las protestas que resultaban más disruptivas. La llamada estrategia de *ni palos ni planes* seguida a propósito de las acciones de los *piqueteros duros* durante 2003-04 ejemplifica por excelencia esta política. Y por lo demás, como también señalamos antes, el propio modo de desenvolvimiento de la lucha de clases durante el período no implicó la multiplicación de protestas especialmente disruptivas. El ciclo de conflictos sindicales de 2005-07 sirve, a su vez, como ejemplo por excelencia de este carácter no-disruptivo de las protestas registradas. Aquella normalización del conflicto, en estas condiciones, resultó relativamente exitosa hasta nuestros días. La represión solo recayó entonces sobre algunos conflictos que desbordaron los límites establecidos por esta política de normalización. Se trata, en líneas generales, de conflictos nuevos (es decir, no provenientes del ciclo de ascenso de las luchas sociales de fines de los noventa) y/o que tuvieron lugar en el interior (más allá de la Ciudad de Buenos Aires y del Gran Buenos Aires, las regiones priorizadas por esa política de normalización de la protesta). La represión de la mayoría de estos conflictos, en consecuencia, quedó en manos de los gobiernos provinciales –aunque ciertamente muchos de ellos aliados del gobierno nacional–.[219] La violencia ejercida por los gobiernos de Beder Herrera, en La Rioja; de Corpacci, en Catamarca; y de Gioja, en San Juan sobre las protestas contra la megaminería en 2012-13 es quizás el ejemplo más significativo; pero también, revistió estas características la represión de los ocupantes de tierras del Ingenio Ledesma, en la Jujuy de Barrionuevo en julio de 2011; la represión de los aborígenes Qom, en la Formosa de Insfrán en noviembre de 2010 y mayo de 2013; y otros casos semejantes.

---

[219] Se trató, en este sentido, de una suerte de "represión federalizada" (Svampa, 2011). Aunque hubo algunas excepciones a esta regla, como por ejemplo la represión de los aeronáuticos que ocuparon el aeropuerto Newbery en defensa de sus puestos de trabajo en marzo de 2005 o la represión a los ocupantes de tierras del Parque Indoamericano en diciembre de 2010, que tuvieron lugar en la Ciudad de Buenos Aires, o la represión a los petroleros de Las Heras de febrero de 2006, que recayó en manos de la Gendarmería Nacional.

La dosis de represión involucrada en la dominación, como suele suceder, no fue la misma en la ciudad sede del gobierno nacional y en las provincias más remotas (véase Rojas, 2013). Pero en cualquier caso, sigue siendo cierto que el empleo de la represión fue restringido.[220]

La importancia que reviste aquella incorporación de demandas económicas y sociales dentro de este modo de ejercicio de la dominación política nos permite introducir otra característica más del arbitraje kirchnerista. Nos referimos a su aguda dependencia respecto de la disponibilidad de excedente económico. Por supuesto, no hay modalidad alguna de ejercicio de la dominación política que no descanse en la disponibilidad de algún excendente económico: el ejercicio de la dominación por parte de una burocracia involucra siempre una punción sobre la acumulación capitalista –y, por esta razón, la exigencia de recortar *los costos de la política* siempre está en boca de la burguesía–. Pero el punto aquí es analizar qué relación guarda este arbitraje kirchnerista, como modo específico de ese ejercicio de la dominación política, con esa disponibilidad de excedente económico. En este sentido, el disciplinamiento de mercado de la clase trabajadora que estaba en el corazón del modo neoliberal de ejercicio de la dominación política no parecía depender muy estrechamente de la disponibilidad de cuantiosos excedentes. Al contrario, por lo menos dentro de ciertos límites, las restricciones económicas mismas podían reforzar ese disciplinamiento.[221] Este arbitraje activo entre los intereses de las distintas clases y fracciones de clase, en cambio, depende mucho más estrechamente de la disponibilidad de excedentes económicos a asignar.[222]

---

[220] El reducido número de víctimas de las fuerzas de seguridad durante la década puede considerarse como indicador de este carácter restringido de la represión. Aunque no sucede lo mismo con la criminalización de la protesta, pues el número imputados y la gravedad de los cargos aumentaron (véase el informe del Encuentro Memoria, Verdad y Justicia de marzo 2012). Aquella normalización de la protesta se realizó, para valernos de las palabras del ministro Aníbal Fernández, "con el Código Penal en la mano" (véase Svampa y Pandolfi, 2004).

[221] Es interesante, en este sentido, la concepción de Negri de la forma neoliberal de estado como un *stato-crise*: un estado que no ejerce la dominación a pesar (como el *stato-piano* keynesiano), sino a través, de las crisis (véanse los ensayos de Negri, 2004).

[222] Piva (2013) recupera, en este sentido, la noción de *disponibilidad* de Zavaleta Mercado (2008) vinculada, por una parte, a la disponibilidad de masas en momentos en que atraviesan profundas crisis identitarias para avanzar hacia cambios radicales en sus creencias y, por la otra, a esta disponibilidad de excedentes a asignar. Zavaleta se refería, en verdad, a los momentos constitutivos en la formación de los estados nacionales, pero la noción puede aplicarse asimismo a procesos de crisis y recomposición de la dominación como el que nos incumbe.

Veamos un ejemplo, para aclarar esta diferencia. La dura crisis económica desencadenada a fines de 1994 (la asociada con el denominado *efecto tequila*) no solo no debilitó, sino que reforzó manifiestamente el consenso menemista y las posibilidades de que Menem impusiera su reelección en las elecciones presidenciales de mayo de 1995. La desaceleración que se inició a fines de 2007 (vinculada esta vez con el crack de las hipotecas *subprime*), en cambio, contribuyó a la derrota de Fernández de Kirchner en las elecciones parlamentarias de junio de 2009. Y esto a pesar de que las consecuencias de esta última desaceleración en términos de caída del producto, del consumo, de la inversión o cualquier otra variable que queramos considerar fueron muchísimo más leves que las consecuencias de aquella crisis.

Por cierto, esta dependencia respecto de la disponibilidad de excedente es mucho más cruda en los casos de los gobiernos posneoliberales de países cuyo aparato productivo es más atrasado, como las mencionadas Venezuela y Bolivia. El futuro de estos gobiernos depende sin más (aunque no exclusivamente) de su disponibilidad de renta a asignar.[223] Pero esta dependencia respecto de la disponibilidad de excedente es propia de este modo posneoliberal de ejercicio de la dominación centrado en el arbitraje entre intereses en sí mismo y, en consecuencia, se verifica también en países como la Argentina, que cuentan con aparatos productivos más complejos y diversificados. Todos los gobiernos latinoamericanos posneoliberales descansaron, en este sentido, sobre las condiciones extraordinariamente favorables que ofreció el mercado mundial con la mejora de los términos de intercambio de las *commodities*. Y acaso este sea el punto en el que las características de este modo de dominación aparecen más estrechamente vinculadas con las características del modo

---

[223] Empleamos aquí el concepto más específico de renta en lugar del más general de excedente porque en estos países los recursos a asignar son fundamentalmente rentas (los hidrocarburos representan alrededor de un 90% de las exportaciones venezolanas y los hidrocarburos y minerales sumados alrededor de un 80% de las bolivianas) pero esto no se aplica a países con economías más diversificadas como la Argentina (la totalidad del sector primario, incluyendo cereales y otros productos agrarios, carnes, hidrocarburos, minerales y madera, solo explican algo más de un tercio de las exportaciones argentinas). Esta dependencia también fué señalada a menudo por la politología dominante (véase, por ejemplo, Weyland 2007), en la medida en que la asimila a una variante de la clásica idea de una macroeconomía populista de Dornbusch y Edwards (1990).

de acumulación vigente durante la década. Recordemos, en este sentido, que ese mejoramiento de los precios de los *commodities*, combinado con el tipo de cambio competitivo resultante de la devaluación generó inéditos superávit comerciales. El default y la reestructuración de la deuda externa, por su parte, redujeron la presión de los intereses sobre un producto y unas exportaciones en crecimiento. La devaluación recortó los costos salariales y recompuso las ganancias y, dentro de este marco de protección respecto de la competencia externa, impulsó un proceso de acumulación predominantemente capital extensivo que condujo a su vez a un crecimiento del empleo y a una recuperación del salario real. La recuperación de los ingresos y gastos públicos, permitida por esta expansión del producto y las exportaciones, en resumen, fue la expresión sin más de la capacidad de captación y asignación de excedentes por parte del estado que sustentó este modo de ejercicio de la dominación política centrado en el arbitraje entre intereses. La devaluación forzada, la recuperación de algunas herramientas de política cambiaria y monetaria y los superávit fiscal y comercial otorgaron al estado una mayor capacidad de redistribuir costos y beneficios entre las diferentes clases y fracciones. Pero la estrechez de este vínculo entre las características del modo de dominación y del modo de acumulación vigentes, quizás, pueda apreciarse mejor aún desde que ambos comenzaron a enfrentar dificultades, es decir, durante el segundo kirchnerismo En efecto, desde 2007-08, la desaceleración de ese proceso de acumulación capital extensivo y la erosión de los superávits comerciales y fiscales iniciales fueron acompañadas inmediatamente por un deterioro de la capacidad de arbitraje y una proliferación de los conflictos entre el gobierno y las distintas clases y fracciones de clases.

Pero avancemos con otras características de este arbitraje kirchnerista. A esta altura de nuestro análisis puede parecer inevitable, puesto que calificamos como *neoliberal* al modo de ejercicio de la dominación política centrado en el disciplinamiento de mercado vigente en los noventa, calificar como *populista* a este modo de ejercicio de la dominación centrado en el arbitraje entre intereses vigente en la década siguiente. En efecto, tanto en la Argentina como en el resto de América latina, este arbitraje entre intereses se nutre inevitablemente de la tradición populista y, en consecuencia, puede conceptualizarse adecuadamente como neopopulista. Pero la relación entre el kirchnerismo y el populismo es compleja y conviene detenerse un momento en su análisis.

Tenemos, por una parte, las consabidas dificultades que enfrenta la conceptualización del propio populismo (y del peronismo), a las que se añaden por otra parte las dificultades que rodean la comparación entre el populismo clásico y el neopopulismo (o el kirchnerismo, si lo asumimos como la variante autóctona de este neopopulismo). Es sabido que el viejo concepto de populismo fue empleado durante décadas para referirse a Regímenes, gobiernos, partidos, movimientos e ideologías extremadamente diversos, impidiendo cualquier definición precisa. El nuevo concepto de neopopulismo arrastró todas las imprecisiones de esas definiciones, pero agregó otras nuevas al sumar a aquella familia nuevos fenómenos políticos aún más diversos, como los neoliberales. Los términos *populismo* y *neopopulismo* acabaron convirtiéndose de esta manera en meros nombres de ciertos "estilos políticos", se convirtieron en términos superficiales y, por consiguiente, irrelevantes para la conceptualización de procesos profundos de crisis y recomposición de la dominación como el que nos incumbe en estas páginas.[224]

Digamos aquí, muy sintéticamente, que para nosotros la clave para entender el populismo clásico en América latina fue la integración originaria en el orden burgués de grupos sociales subalternos excluidos y movilizados. Esta integración consistió en un proceso de democratización que combinó tanto una dimensión política (de representación) como una dimensión social (de redistribución de ingresos), pero fue en cualquier caso un proceso de integración en el orden burgués (de aquí que los modos de existencia fundamentales de las relaciones sociales que constituyen dicho orden, i. e., el capital y el estado, permanecieran incuestionados). En este sentido, el populismo latinoamericano no fue un fenómeno aislado, sino parte integrante de los procesos de integración reformista del antagonismo de clase registrados a escala mundial después del ciclo de ascenso de la lucha de clases que se cerró alrededor de la crisis del treinta. La especificidad más importante del peronismo dentro del contexto de este populismo latinoamericano fue a su vez que, debido a las características de la estructura económico-social argentina, el grupo social subalterno en cuestión fue la clase obrera sindicalmente organizada.

---

[224] Para un panorama de las controversias sobre el concepto de populismo pueden consultarse, entre otros, el conocido artículo de Weyland (2001), los más recientes de Panizza (2005 y 2011) y, específicamente en nuestro medio, Biglieri (2007a); aquí adoptamos, empero, una definición del concepto mucho más acotada desde un punto de vista histórico y geográfico que las dominantes en esta literatura. Piva (2013) plantea, por su parte, un interesante análisis de la relación entre el populismo clásico y el neopopulismo, análisis que retomaremos en cierta medida en estas páginas.

Estas características parecen determinar de antemano la posibilidad de que este populismo renazca en otras coyunturas, posteriores a aquella de mediados del siglo pasado, en las que nuevos ascensos de las luchas sociales desemboquen en profundas crisis que requieran nuevos procesos de integración. Y así sucedió, en los hechos, durante el ciclo de resistencia y crisis del neoliberalismo que se registró en varios países latinoamericanos desde fines de la década de los noventa, entre ellos la Argentina. Pero hay que añadir que esas mismas características también determinan de antemano la imposibilidad de que el neopopulismo emergente en estas nuevas condiciones históricas sea una mera repetición de aquel populismo clásico. Y, en los hechos, el kirchnerismo tampoco repetiría al peronismo. Veamos, entonces, las relaciones entre ambos.

La diferencia que enseguida salta a la vista reside en que el peronismo estuvo asociado con el proceso originario de integración de la clase trabajadora, mientras que los mecanismos de integración asociados con el kirchnerismo apuntaron en cambio a restaurar el orden tras una crisis económica y política muy profunda, pero operando sobre una clase trabajadora ya previamente integrada al orden burgués. Esta distinción está cargada de implicancias, naturalmente, entre las cuales se destaca el hecho de que las profundas contradicciones que involucró aquella integración originaria de la clase trabajadora en el peronismo clásico estén prácticamente ausentes en el kirchnerismo —así como ya habían estado ausentes en el peronismo en su conjunto desde su colapso de 1975-76—. Es cierto que, a pesar de su éxito en la empresa de recomposición de la dominación después de la crisis política que culminó a fines de 2001 que analizamos en la primera parte, el kirchnerismo siempre enfrentó dificultades a la hora de institucionalizar esa recomposición y, en última instancia, de convertir esa recomposición de la dominación en una hegemonía propiamente dicha.[225] Y puede que en estas dificultades de institucionalización del kirchnerismo perviva, de alguna manera, la herencia del viejo

---

[225] Durante 2010-11, después de la crisis política de 2008-09, el kirchnerismo emprendió una *batalla cultural* que quizás podría interpretarse como un intento suyo de construir una nueva hegemonía política. La cuestión fue debatida en la prensa (véanse en particular las intervenciones de María P. López, Edgardo Mocca, Ricardo Forster y Horacio González en *Página 12* y de Beatriz Sarlo en *La Nación* durante los primeros meses de 2011) y Carta Abierta, programas como *678* o los bloggeros K estuvieron muy asociados con esta campaña. Pero en los hechos, la construcción de una hegemonía política es algo más que charlatanería y la batalla en cuestión no llegó a mayores (véanse asimismo Sarlo, 2011; González, 2011; para un análisis crítico, Waiman, 2012 y Rocca y Waiman, 2012).

peronismo. Pero esto no reduce la enorme distancia que media entre aquel viejo hecho maldito del país burgués y este nuevo hecho simplemente burgués.

Esto nos conduce a una segunda diferencia que queremos remarcar. Esta consiste en que los grupos sociales que fueron objeto de ambos procesos de integración son muy distintos. En el caso del peronismo clásico se trata, como dijimos, de la clase trabajadora sindicalmente organizada y movilizada. En el caso del kirchnerismo, se trata de los grupos sociales que habían protagonizado el ascenso de las luchas sociales que había culminado en la insurrección de fines de 2001. La clase trabajadora, ciertamente, seguía y sigue siendo el núcleo fundamental de estos grupos sociales.[226] Pero con decir esto, no alcanza. Durante los noventa, se había registrado una metamorfosis en el modo de desenvolvimiento de la lucha de clases que había acarreado un desplazamiento desde la centralidad de las fracciones de esa clase trabajadora empleadas en el sector privado, y más particularmente en la industria, con sus organizaciones sindicales, demandas predominantemente salariales y huelgas en sus lugares de trabajo, hacia la centralidad de otras fracciones de dicha clase trabajadora empleadas en el sector público o bien expulsadas o amenazadas de ser expulsadas de sus puestos de trabajo, con sus demandas predominantemente vinculadas con sus empleos y sus nuevos modos más comunitarios de organización y lucha (véase Bonnet, 2008: VI). Junto a estas fracciones de la clase trabajadora, además, habían desempeñado un papel importante en las luchas los llamados sectores medios, dentro de los cuales algunos grupos ciertamente eran fracciones de esa misma clase trabajadora, pero otros pertenecían a otros grupos como la pequeñoburguesía. Y estos cambios en los grupos sociales que encabezaron las luchas sociales durante los noventa fueron acompañados por un proceso de "desproletarización subjetiva" de esas luchas (véase Piva, 2011c). En efecto, mientras se registraba un proceso de "proletarización objetiva", esto es, mientras aumentaba el tamaño de la clase trabajadora y su peso dentro de la población, una porción cada vez menor de los trabajadores encaraba sus luchas sociales a partir de sus identidades y organizaciones de clase tradicionales. Las identidades y las organizaciones de piqueteros, por una parte, y de comerciantes, vecinos, usuarios, ahorristas, etc., por la otra, ganaron

---

[226] Este es el núcleo de verdad del énfasis que ponen los investigadores del PIMSA en la centralidad de la clase trabajadora dentro de la conflictividad del período (véanse, entre otros, Iñigo Carrera y Cotarelo, 2000; Iñigo Carrera, 2001; e Iñigo Carrera y Cotarelo, 2006).

entonces cada vez más espacio en desmedro de las organizaciones obreras y sindicales.[227]

El ascenso de las luchas sociales que culminó en la insurrección de fines de 2001 resulta incomprensible, naturalmente, sin atender a estos cambios previos en el modo de desenvolvimiento de la lucha de clases, pero aquí nos interesa más bien indicar la manera en que estos cambios se expresaron también en las características del propio kirchnerismo como clausura de ese ascenso. Los grupos sociales que el kirchnerismo debía reconciliar con el orden político burgués eran muy diferentes, desde luego, de aquellos que había integrado originariamente a dicho orden el peronismo clásico. Ahora estaban, por una parte, *los pobres* (más propiamente hablando: las fracciones más empobrecidas y marginadas de la clase trabajadora, que habían protagonizado los piquetes, los saqueos, etc.) y, por otra parte, *los ciudadanos* (más propiamente: las restantes fracciones menos golpeadas de la clase trabajadora y la pequeño-burguesía que, mezcladas, habían protagonizado los cacerolazos, las asambleas, etc.). Sobre el kirchnerismo pesaba, en consecuencia, la doble exigencia de ser a la vez populista y progresista. Pero satisfacer esta doble exigencia no era imposible. El kirchnerismo debía ser populista de una manera clientelar –pero el peronismo posterior a la última dictadura ya se había convertido en un aparato clientelar–; y debía ser progresista de la única manera posible, es decir, de manera liberal –pero el peronismo posterior a la última dictadura ya se había convertido también en un partido liberal–. A continuación, veremos estas características con mayor detalle. Dejemos sentado, por ahora, que de aquí en adelante emplearemos el concepto de neopopulismo para referirnos justamente a esta específica combinación entre populismo y progresismo.

Esta combinación entre populismo y progresismo signó todos los aspectos de la práctica política kirchnerista, desde su discurso hasta sus organizaciones, desde sus políticas hasta el estilo de sus dirigentes. Ya nos encontramos con varios ejemplos de esta combinación en estas páginas. Vamos a concentrarnos ahora, específicamente, en la manera en que populismo y progresismo se entrelazan en la ideología kirchnerista. Y comenzaremos por el comienzo, a saber, por la asociación entre la insurrección y crisis política de fines de 2001 y el mero caos que se registra

---

[227] Este es, a su vez, el núcleo de verdad que se esconde detrás de la caracterización de la conflictividad del período a partir de la idea de un pasaje desde una matriz sindical hacia una matriz ciudadana de los investigadores del GEPSAC (véanse Schuster y Pereyra, 2000 y Schuster *et alii*, 2005 y 2006).

dentro del discurso kirchnerista. Esta asociación desató un escándalo cuando Kirchner se valió de ella para intentar volver a instalar el chantaje de "yo o el caos" durante su campaña para las parlamentarias de junio de 2009. Se trataba de un recurso clásico, que ya había sido empleado años antes por Menem, que conjuraba un regreso a la violencia monetaria de los procesos hiperinflacionarios; y que antes aún por Alfonsín, que conjuraba un regreso a la violencia armada de la dictadura. Así, en dos actos de campaña seguidos, Kirchner afirmó que "si por esas cosas de la historia no hubiera memoria y no tuviéramos la mayoría parlamentaria necesaria, la Argentina volvería a caer en el vacío y nuevamente en la crisis de 2001" y que "si por una casualidad Cristina no cuenta con la mayoría parlamentaria, volvemos a la Argentina que explota".[228] Sin embargo, esta asociación entre la insurrección y la crisis política de fines de 2001 y un mero caos, que aparecía en estos chantajes, no era para nada novedosa. Con un tono más desapasionado y en un marco más institucional, Kirchner ya había invocado el infierno innumerables veces. Una vez. "Es preciso siempre recordar de qué situación venimos; vamos de a poco superando con esfuerzo lo que constituyó la peor crisis de nuestra historia; vamos escalando peldaño a peldaño lo que ha sido y todavía es el calvario de la Argentina. Venimos del infierno intentando todavía salir de él, por eso debemos actuar con memoria". Otra vez. "Una Nación desbarrancada en un profundo abismo, con un esfuerzo conjunto y sostenido, reconstruyendo y reindustrializando, intentamos salir del infierno".[229] Y otras tantas veces.

---

[228] Respectivamente, en el acto en el Luna Park de la Ciudad de Buenos Aires del 27/4/09 y en el acto en San Nicolás del 28/4/09. Su esposa refrendaría el chantaje al día siguiente, en otro acto realizado en la Casa de gobierno, pero en un estilo más alfonsinista: "El 28 de junio no solamente está en juego la posibilidad de continuar con este modelo, sino que además está en juego la estabilidad y la calidad democrática" (véase *La Política Online*, 27 al 29/4/09).

[229] Discursos de Kirchner a la Asamblea Legislativa en el inicio de los 125° y 126° períodos de sesiones del Congreso, 1/3/06 y 1/3/07. Salvo indicación en contrario, los discursos provienen de www.presidencia.gov.ar o de www.cfkargentina.com. Es interesante añadir que esta asociación de la insurrección y la crisis política con "el caos y la anarquía" ya había aparecido en los discursos de Duhalde (véase, por ejemplo, su discurso de asunción del 1/1/02), pero no así en los de Rodríguez Saá, quien todavía había intentado legitimarse invocando dicha insurrección como "uno de los más grandes movimientos populares de nuestra historia, cuando los hombres y mujeres de este país salieron a la calle a manifestar que no soportaban más el caos, el hambre, la desocupación, la marginalidad, la inseguridad, la exclusión social, la indecisión, la situación dolorosa por la que estamos atravesando" (discurso de asunción del 23/12/01; Rodrigo Pascual me llamó la atención sobre este interesante matiz y varios otros aspectos de los discursos en cuestión).

Ahora bien, esta asociación no puede ser asumida simplemente como un asunto de sentido común, porque esa insurrección y esa crisis política de fines de 2001 no solo habían representado la amenaza de disolución del orden político vigente, sino ciertamente también su contrapartida, es decir, la posibilidad de construcción de un nuevo orden emancipado. Dicho en pocas palabras: si esa insurrección y esa crisis política aparecían ante la vista de Kirchner como un mero caos, era porque eran miradas desde la perspectiva de un beneficiario de aquel orden político impugnado y de un encargado de restaurarlo. Se trata, dicho aún más crudamente, de la imagen de la insurrección desde la perspectiva del acorralado por los insurrectos. Precisamente, con las siguientes reveladoras palabras recordaría Fernández de Kirchner, una década más tarde, sus propios días de acorralada en el Congreso: "Me acuerdo de esa noche porque recién pudimos salir a las tres de la mañana, escoltados por la infantería de la Policía, porque la gente quería matar a cuanto político, empresario, banquero o dirigente se le cruzara por el frente".[230]

Pasemos ahora a las características del orden que vendría a superar semejante caos, orden signado por la citada combinación entre populismo y progresismo. El orden en cuestión aparecía sistemáticamente en los discursos de Kirchner y Fernández de Kirchner (y antes aún, del propio Duhalde) como un orden opuesto al orden vigente en los noventa. Se trataba de un orden político-económico cuyos rasgos sobresalientes eran un capitalismo serio, productivo y nacional (opuesto a la timba especulativa y extranjerizante de los noventa) enmarcado por una intervención reguladora y redistributiva moderada del estado (opuesta a la ausencia del estado en los noventa). Ya en su conocido discurso de asunción, Kirchner adelantó con precisión las características fundamentales de dicho orden. Recordemos algunos pasajes:

> En nuestro proyecto, ubicamos en un lugar central la idea de reconstruir un capitalismo nacional que genere las alternativas que permitan reinstalar la movilidad social ascendente. No se trata de cerrarse al mundo, no es un problema de nacionalismo ultramontano, sino de inteligencia, observación y compromiso con la Nación. Basta ver cómo los países más desarrollados protegen a sus trabajadores, a sus industrias y a sus

---

[230] Discurso de Fernández de Kirchner con motivo de asumir la presidencia *pro tempore* del Mercosur del 20/12/11.

productores. Se trata, entonces, de hacer nacer una Argentina con progreso social, donde los hijos puedan aspirar a vivir mejor que su padres, sobre la base de su esfuerzo, capacidad y trabajo.

Para eso es preciso promover políticas activas que permitan el desarrollo y el crecimiento económico del país, la generación de nuevos puestos de trabajo y la mejor y más justa distribución del ingreso. Como se comprenderá, el estado cobra en eso un papel principal, en que la presencia o la ausencia del estado constituye toda una actitud política.

Por supuesto, no se trata de poner en marcha, una vez más, movimientos pendulares que vayan desde un estado omnipresente y aplastante de la actividad privada a un estado desertor y ausente, para retornar continuamente de extremo a extremo, en lo que parece ser una auténtica manía nacional que nos impide encontrar los justos, sensatos y necesarios equilibrios.

Se trata de tener lo necesario para nuestro desarrollo, en una reingeniería que nos permita constar con un estado inteligente. Queremos recuperar los valores de la solidaridad y la justicia social que nos permitan cambiar nuestra realidad actual para avanzar hacia la construcción de una sociedad más equilibrada, más madura y más justa. Sabemos que el mercado organiza económicamente, pero no articula socialmente, debemos hacer que el estado ponga igualdad allí donde el mercado excluye y abandona.

Es el estado el que debe actuar como el gran reparador de las desigualdades sociales en un trabajo permanente de inclusión y creando oportunidades a partir del fortalecimiento de la posibilidad de acceso a la educación, la salud y la vivienda, promoviendo el progreso social basado en el esfuerzo y el trabajo de cada uno. Es el estado el que debe viabilizar los derechos constitucionales protegiendo a los sectores más vulnerables de la sociedad, es decir, los trabajadores, los jubilados, los pensionados, los usuarios y los consumidores.[231]

En sus posteriores discursos, Kirchner y Fernández de Kirchner agregarían algunos otros elementos a esta descripción inicial del orden en cuestión, pero no modificarían sus características fundamentales. La denominada "burguesía nacional" aparecería como protagonista privilegia-

---

[231] Discurso de asunción de Kirchner del 25/5/2003. Esta descripción sería más o menos textualmente retomada más tarde por el propio Kirchner y por Fernández de Kirchner en diversas ocasiones (véanse por ejemplo, respectivamente, sus discursos ante la Asamblea Legislativa en el inicio del 123° y 132° períodos de sesiones del Congreso, 1/3/04 y 1/3/14).

da de este capitalismo nacional: "Un país donde las posibilidades y la defensa del capital argentino, el empresariado nacional, la producción y el trabajo argentino sean prioritarios"; "un capitalismo serio, donde los monopolios no imperen y la concentración no ahogue la iniciativa de los pequeños y medianos empresarios".[232] La industria aparecería como el sector articulador de este capitalismo. Una industria a veces envuelta en cierta nostalgia por la vieja industrialización sustitutiva de importaciones: "Durante la década de los cincuenta llegamos a ser la primer economía de Latinoamérica, esos aviones, Gobernador, que a usted le gustaría construir, se comenzaron a construir por primera vez en la Argentina, autos, barcos, valor agregado". Pero otras veces, ciertamente, una industria más vinculada con su nueva orientación exportadora: "Argentina fue el único país que no reprimarizó sus exportaciones, al contrario, avanzó en su desprimarización. Esto tiene que ver con el crecimiento en las exportaciones del sector industrial. [...] Y esta es una de las claves en las cuales estamos hoy inmersos y por eso el lanzamiento del Plan de Desarrollo Industrial 2020".[233] Este contraste entre el capitalismo productivo vigente y el capitalismo especulativo de los noventa se intensificaría incluso en coyunturas como la del inicio de la crisis financiera internacional a fines de 2007. Fernández de Kirchner decía entonces: "No va a venir ninguna calificadora de riesgos, tampoco va a venir el Fondo Monetario Internacional a decir lo que tiene que hacer este gran país que ha crecido históricamente a raíz de la economía real, y que realmente hoy tiene problemas a partir de una economía de casino o de ficción, donde se ha creído que el capitalismo solamente puede producir dinero".[234]

---

[232] Respectivamente, discursos de Kirchner en el Encuentro Nacional de la Militancia (Parque Norte, Buenos Aires, 11/3/04) y ante el Consejo de las Américas (Nueva York, 22/9/04).

[233] Respectivamente, discursos de Fernández de Kirchner en el acto con motivo del 199° aniversario de la Revolución de Mayo (Iguazú, 25/5/09; el gobernador interpelado es Maurice Closs; véase en el mismo sentido su discurso en la cena anual por el Día de la Industria del 11/9/13) y ante la Asamblea Legislativa en el inicio del 129° período de sesiones del Congreso (1/3/11). El plan mencionado es el Plan Estratégico Industrial 2020 anunciado en octubre de 2011 que, como su contrapartida el llamado Plan Estratégico Agroalimentario y Agroindustrial Participativo y Federal que había sido anunciado en septiembre del mismo año, son piezas que, aunque meramente retóricas, permiten apreciar bien algunas de las características de este capitalismo serio, productivo y nacional propagandizado por el kirchnerismo.

[234] Discurso de Fernández de Kirchner ante la Asamblea General de la ONU (Nueva York, 23/9/08; véase asimismo su mensaje a la Asamblea Legislativa en el inicio del 127° período de sesiones del 1/3/09, entre otros discursos de aquella coyuntura).

La restauración del orden (i. e., de este capitalismo productivo) ante aquel caos (de la timba especulativa) aparece reiteradamente entonces como una tarea, poco menos que de sentido común, de "volver a un verdadero capitalismo". Así en un discurso posterior de la presidenta: "Yo creo que estamos hoy –sinceramente lo voy a plantear más tarde con mis colegas– en una suerte de capitalismo anárquico o anarco capitalismo financiero, si se me permite. Los mercados financieros hoy están en los *commodities* y conviene en los *commodities*, mañana o pasado mañana están en el petróleo según como vaya el petróleo, y pueden mañana dedicarse a los mercados de caramelos si realmente tienen posibilidades de obtener un peso más sin trabajar, sin producir y sin invertir para perfectamente especular. [...] Si nosotros hacemos planes de ajuste, si la gente no puede gastar plata, si la gente está endeudada en más del ciento por ciento de sus posibilidades, yo quiero que alguno me diga, desde Adam Smith, desde David Ricardo, desde Keynes, si no les gusta para algunos más de izquierda de Carlos Marx, cómo vamos a hacer para que vuelva a crecer la economía si no hay consumo, si el capitalismo hace eso, que la gente consuma y que ustedes, los empresarios produzcan y vendan cada vez más. Este es el tema, esto es lo que está fallando. ¡Quién me habría visto de mis épocas universitarias ahora! O sea lo que estoy proponiendo es volver al capitalismo en serio, porque esto que estamos viviendo, señores, no es capitalismo. Esto es un anarco-capitalismo financiero total, donde nadie controla a nadie".[235]

La intervención del estado, como ya adelantaba aquel primer discurso de Kirchner como presidente, siempre desempeña un papel decisivo en esta restauración de un capitalismo en serio. Esta intervención apunta en dos direcciones principales. Por una parte, el estado regula y promueve la acumulación capitalista. "Creo en un modelo de absoluta racionalidad con un estado sosteniendo la demanda agregada; con un sector privado que invierta y aumente la oferta; con un estado que también proteja esa oferta; con una capacitación de nuestros recursos humanos a través de la educación, de la ciencia y la tecnología para agregar cada vez más valor a sus productos". Y, por otra parte, el estado repara las externalidades de esa acumulación. "El estado puesto a la cabeza de la reparación de las desigual-

---

[235] Discurso de Fernández de Kirchner en el foro empresario de la cumbre del G-20 (Cannes, 3/11/11).

dades sociales y toda la sociedad acompañando ese esfuerzo para viabilizar los derechos de los que menos tienen".[236]

Los discursos de Kirchner y Fernández de Kirchner entrelazan así tópicos provenientes de las tradiciones populista y progresista (véase Barros, 2013). Pero también conviene analizar la manera en que populismo y progresismo se combinan en la ideología del kirchnerismo valiéndonos del discurso de quienes se asumen como una suerte de intelectuales orgánicos suyos. El discurso de los intelectuales siempre se distancia, en alguna medida, del de los propios dirigentes políticos. Pero suele caracterizarse, también, por un grado de consistencia y de sistematicidad mayores y, si esa distancia no es excesiva, el análisis del discurso de esos intelectuales permite poner en evidencia elementos que pueden pasar desapercibidos en el análisis del discurso de estos últimos dirigentes. Vamos a concentrarnos aquí en el discurso de Ernesto Laclau, quien se asumía a sí mismo como un intelectual orgánico del kirchnerismo y nosotros creemos que efectivamente lo era y era uno de los mejores de ellos.[237]

Y volvamos a comenzar por el comienzo, es decir, por su mirada acerca de la insurrección y la crisis política de fines de 2001. En una entrevista realizada unos meses después de la insurrección de diciembre, Laclau señalaba que la demanda central de dicha insurrección, la demanda de *¡qué se vayan todos!*, "significa el final de la clase política; y ahí el modelo se acerca al Leviatán, el estado absoluto de Hobbes. Porque decir ´que se vayan todos´ es decir que se quede uno, porque alguien tiene que reglamentar la sociedad. Contra el mito de la sociedad totalmente gobernada, el ´que se vayan todos´ es el mito de una sociedad ingobernable, que necesita de un amo que restablezca el orden. [...] Así es que, cuando la crisis llega a cierto punto, se produce una reimposición autoritaria del orden

---

[236] Discursos de Fernández de Kirchner ante la Asamblea Legislativa en el inicio del 128° período de sesiones del Congreso (1/3/2010) y de Kirchner ante la Asamblea Legislativa en el inicio del 123° período de sesiones del Congreso (1/3/04).

[237] Vamos a priorizar aquí el discurso inmediatamente político de Laclau (que se encuentra disperso en sus innumerables entrevistas y conferencias de la década) antes que su discurso más politológico (concentrado en media docena de libros), aunque, naturalmente, ambos se nutren entre sí y tendremos que hacer algunas referencias a este último. La caracterización de este discurso de Laclau como populista puede parecer evidente, aunque la vacuidad de su propia definición del populismo (confesada: véase Laclau, 2005: 32-33) implica que coincide en los hechos con la definición de la política a secas; por consiguiente, cualquier discurso político sería populista y la especificidad de ese carácter populista de un discurso queda indefinida. Para una interesante discusión de esta vacuidad del concepto de populismo de Laclau, véase Aboy Carlés (2012) y, especialmente, Aboy Carlés, Aronskind y Vilas (2006).

desde algún lugar que tenga el poder material para hacerlo. Este es el gran temor que está en el horizonte. Evidentemente, no hay amenaza de golpe militar en la Argentina, pero hay un vacío de poder que de algún modo va a colmarse, nadie sabe bien con qué".[238] Dos años más tarde, el mismo periodista le preguntaba cómo veía esa situación desde ese nuevo presente y, mucho más tranquilizado, Laclau respondía: "Lo que me preocupaba en aquel momento era que el lema de la oposición a la situación imperante era exclamar que se fueran todos. Recuerdo que advertí que al pedir ´que se vayan todos´, lo que se iba a lograr es que se quedara –o que volviera– 'uno', y que eso siempre quiere decir un poder autoritario que ocupara el vacío de poder. [...] Lo que ocurrió después es que las cosas salieron bien, porque sorprendentemente surgió la figura de Kirchner y se nota una real voluntad y un esfuerzo por vincular el sistema político institucionalizado con las demandas sociales".[239] Muy fielmente, presentaba Laclau en estas entrevistas, tanto la asimilación de la insurrección y la crisis política de fines de 2001 con un mero caos como la asunción de la empresa kirchnerista como una empresa de restauración del orden.

Prosigamos ahora con las características del orden restaurado. En esta última entrevista Laclau, ya reconocía que "hoy en día, no veo que haya otra posibilidad de afirmar las demandas democráticas de las masas que no sea a través de afianzamiento de las instituciones políticas liberales" y auguraba el surgimiento de "un populismo de nuevo tipo, un populismo progresivo que sea compatible con el sistema democrático". Ciertamente, afirmaciones como estas no eran sino crudas traducciones de "la renuncia a todo intento real de superar el régimen capitalista liberal existente" que, como había señalado Žižek oportunamente (2003: 101), subyace a la propia teoría de la hegemonía de Laclau. Pero el punto que nos interesa remarcar aquí es más bien que estas afirmaciones dicen mucho también acerca de la naturaleza del propio kirchnerismo. En efecto, Laclau insistiría en reiteradas ocasiones en el hecho de que uno de los rasgos

---

[238] Entrevista a Laclau "Cuando se requiere una nueva fe", en *Clarín*, 27/7/02.

[239] Entrevista a Laclau "El gobierno camina en una cornisa y no lo hace tan mal", en *Clarín*, 8/8/04. La domesticación del populismo dentro de las instituciones republicanas en cuestión también sorprendió gratamente a muchos intelectuales alfonsinistas (véanse, por ejemplo, las entrevistas realizadas a Ricardo Sidicaro, Isidoro Cheresky y Juan C. Portantiero a comienzos de la presidencia de Kirchner en Natanson, 2004 y, para una crítica, los lúcidos artículos sobre la relación entre populismo y progresismo de Díaz y de Rosso y Dal Masso, 2014).

distintivos de los nuevos populismos latinoamericanos, incluido entre ellos el kirchnerismo, es su reconciliación con los valores liberales de la democracia burguesa. Así, por ejemplo, en un reportaje posterior afirmaba a propósito de la tensión entre movilización de masas e instituciones (que en Laclau se reduce, en última instancia, a una tensión entre las lógicas de la equivalencia y la diferencia) que "ambos extremos son perjudiciales" y, haciendo gala de ecuanimidad entre populismo y progresismo, que "el problema de toda sociedad democrática y popular es cómo llegar a cierto equilibrio". Laclau era optimista acerca de las posibilidades de alcanzar este equilibrio: "Democracia y populismo van a avanzar paralelamente en la imagen política del continente".[240] Y este optimismo parece haber ido en ascenso desde entonces, pues en una de sus últimas visitas a Buenos Aires ya declaraba que "estamos en el mejor momento democrático, de los últimos 150 años" porque los populismos latinoamericanos "hoy ya no entran en colisión con las formas del estado liberal democrático sino que las integran: elecciones, división de poderes, etc." y porque "ya no se pone en cuestión la existencia de la democracia liberal, sino que se trata de cambiar las instituciones desde dentro".[241] El discurso de Laclau registra así, de manera transparente, la domesticación del viejo populismo dentro de neopopulismo kirchnerista.

La irrupción del kirchnerismo podía conducir, incluso paradójicamente, a la consolidación del sistema bipartidista que la politología liberal venía añorando desde el inicio de la transición democrática. Laclau entonces desbordaba optimismo: "La Argentina está evolucionando hacia una polarización dentro de un sistema institucional. Puede parecer un poco optimista, pero creo que es así. De a poco, se está llegando a una situación de un país vivible, con un sistema político relativamente estable, en el que va a haber un centroizquierda y un centroderecha".[242] Los dos pilares de este bipartidismo, ciertamente, aún estaban en pañales: el

---

[240] Entrevista a Laclau "El populismo no es una amenaza para América Latina", en *Clarín*, 19/5/07.

[241] Respectivamente, entrevista a Laclau "Es el mejor momento democrático en 150 años" (en *Página 12*, 21/7/13) y conferencia en la Facultad de Filosofía y Letras de la UBA del 23 de julio de 2013 (reseñada en *Clarín*, 28/7/13). Son significativas en este mismo sentido las referencias de Fernández de Kirchner —*mea culpa* incluida— a la democracia en América latina en su discurso de *apertura* del 132° período de *sesiones* del Congreso del 1/3/14.

[242] Entrevista "Vamos a una polarización institucional", en *Página 12*, 17/5/10.

centroderecha todavía se encontraba dividido entre sectores provenientes del panradicalismo y del socialismo (el espacio político del FAP) y de la derecha peronista (el espacio del peronismo federal), naturalmente, pero también el centroizquierda estaba en construcción en la medida en que el kirchnerismo incluía a otros sectores del peronismo, pero también involucraba elementos de transversalidad (la adhesión de fuerzas como el Nuevo Encuentro, de Sabattella) y de renovación (el surgimiento de nuevas fuerzas como La Cámpora) (véase *Página 12*, 29/8/10 y 2/10/12). En un debate acerca de las relaciones entre peronismo, y kirchnerismo, Laclau señalaba en este último sentido que "como etapa diferente, el kirchnerismo incorporó a los actores sociales que proliferaron tras la crisis de 2001 y sumó una base social mucho más amplia que el peronismo histórico" (*Página 12*, 7/6/11). Ciertamente, estos realineamientos no se consolidarían en un nuevo bipartidismo tan fácilmente como soñaba Laclau, pero no dejan de ser ilustrativos del entrelazamiento entre elementos populistas y progresistas que, en los hechos, ya caracterizaba al kirchnerismo.[243]

Es importante advertir aquí que el hecho de que este realineamiento hubiera requerido cierta polarización (en la medida en que dicho realineamiento había tenido lugar, particularmente, desde el conflicto agrario y la crisis política de 2008-09) y requiriera una polarización mayor aún (en la medida en que se consolidara) del espacio político no modifica la naturaleza del kirchnerismo. En la mencionada entrevista, así como en otras varias ocasiones, Laclau lamentó que aún el kirchnerismo "no ha logrado crear una frontera interna en la sociedad argentina que divida al campo popular del otro campo". Y muchos intelectuales de derecha se alarmaron ante esta presunta incitación a una guerra civil entre argentinos.[244] Pero este requisito de polarización (de trazado de una frontera, en

---

[243] Los viejos peronistas, en cualquier caso, nunca reconocieron en semejante entrelazamiento la continuidad del peronismo clásico. Su patriarca Antonio Cafiero, por ejemplo, se encargó de rechazar explícitamente esta misma pretensión de Laclau de "agrupar a los buenos peronistas con los progresistas sensibles y a los malos peronistas con los oligarcas innobles" ("La unidad del peronismo", en *Página 12*, 22/6/10).

[244] Véanse, por ejemplo, las columnas de Ricardo Kirchbaum, José Luis Romero y Jorge Lanata (en *Clarín*, 5/9/10, 18/12/11 y 10/8/13, respectivamente), pero también interpretaciones más elaboradas de las ideas de Laclau como la de Palermo (2011). Dagatti, en cambio, concluye su análisis del discurso kirchnerista en los siguientes términos: "Lejos del sentido común que identifica al kirchnerismo con un conjunto de prácticas beligerantes y populistas, hemos procurado demostrar la presencia de una matriz discursiva que pretende erigir al kirchnerismo en una fuerza política renovadora aunque gradualista, transversal, aunque unipolar, popular al tiempo que liberal" (2013b: 97).

sus términos) para la delimitación del kirchnerismo como fuerza política no necesariamente implica un regreso a los alineamientos entre pueblo y antipueblo del populismo clásico. Y, en cualquier caso, el propio Laclau señaló en varias oportunidades las diferencias existentes entre los gobiernos de los Kirchner y otros gobiernos latinoamericanos que consideraba más populistas, como los de Chávez, Morales y Correa: "El gobierno popular de los Kirchner no tiene características ideológicas tan nítidas como otros gobiernos latinoamericanos" y es más bien "un populismo a medias".[245] Laclau también nos ofrece, a través de estas comparaciones, una buena aproximación a la verdadera relación existente entre kirchnerismo y populismo.

Veamos ahora qué papel desempeña esta ideología neopopulista dentro del kirchnerismo o, más precisamente, qué relación precisa guarda esta ideología neopopulista con el mencionado modo de ejercicio de la dominación política centrado en el arbitraje entre los intereses de distintas clases y fracciones de clases propio del kirchnerismo. Y, para hacerlo, conviene retornar una vez más a la comparación con el modo neoliberal de ejercicio de la dominación política centrado en el disciplinamiento de mercado de la clase trabajadora. En este modo neoliberal de ejercicio de la dominación política, recordemos, la unidad entre las distintas fracciones de la burguesía así como la subordinación de los trabajadores se encontraban selladas por la disciplina impuesta por la convertibilidad. La dominación política descansaba entonces, fundamentalmente, en esta disciplina de mercado. La ciudadanía aparecía como un agregado indiferenciado de individuos sometido al poder impersonal y apolítico del dinero. La intervención del poder propiamente político del estado parecía entonces autolimitarse a canalizar los imperativos de la lógica técnico-económica del mercado. En el modo neopopulista de ejercicio de la dominación política, en cambio, el poder político arbitra directamente entre los intereses de esas distintas clases y fracciones de clase y, en consecuencia, interviene abiertamente en los conflictos de intereses entre

---

[245] Entrevistas "Los regímenes populares latinoamericanos están muy bien instalados en el poder" (*Clarín*, 10/5/09) y "El kirchnerismo es un populismo a medias" (*Clarín*, 29/10/10), respectivamente. Ciertamente, la explicación de Laclau de esta diferencia, en términos de los diferentes grados de estructuración previa de las sociedades en cuestión (véase *Página 12*, 5/6/05; *Debate*, 14/8/10), es una explicación clásica muy plausible —así como muy reñida con el carácter radicalmente contingente que atribuye a las articulaciones hegemónicas (2005: 158 y ss.)–.

esas clases y fracciones, asumiendo para sí mismo y dotando a estos conflictos de un carácter político.

Ahora bien, esta diferencia entre ambos modos de ejercicio de la dominación política no solo implica que las ideologías neoliberal y neopopulista involucradas en ellos sean necesariamente distintas entre sí, sino también que la ideología en general opere de una manera muy distinta en ambos. Mientras el menemismo tendía a ocultar el carácter político del ejercicio del poder de estado detrás de su aparente subordinación a la lógica del mercado, el kirchnerismo tiende inversamente a ocultar esta subordinación a la lógica del mercado detrás de un ejercicio aparentemente libre del poder político del estado. En efecto, la crisis del neoliberalismo acarreó en el terreno de la ideología una suerte de reemplazo de la conversión economicista (i. e., neoliberal) de la virtud en necesidad en una conversión politicista (neopopulista) de la necesidad en virtud. Estas dos conversiones operan a simple vista de manera contraria y, no obstante, ambas son igualmente ideológicas. Para desentrañar esta aparente paradoja, hay que atender a dos cosas, a saber, al significado que reviste el polo dominante en cada una de esas conversiones y al modo en que cada una de esas conversiones niega su propio carácter ideológico.

En efecto, la conversión de la virtud en necesidad propia del neoliberalismo aparecía como no-ideológica en la medida en que presentaba a la acción política como una mera adaptación cínica y posmoderna a la lógica del mercado.[246] Menem presentaba explícitamente su propio liderazgo político como sustentado en su capacidad de reconocer las tendencias objetivas inscriptas en la realidad y adelantarse a ellas. Sin embargo, esta misma realidad invocada o, más exactamente, la lógica del mercado concebida a la manera específica en que la concibe el neoliberalismo, es una mera mistificación y, en consecuencia, su conversión de la virtud en necesidad era meramente ideológica. La conversión de la necesidad en virtud propia del neopopulismo, en cambio, aparece como no-ideológica, precisamente, en la medida en que rechaza esa mistificación neoliberal del mercado, pero solo la rechaza para recaer de una manera más tradicional, más idealista y moderna, podría decirse, en la ideología. Kirchner no acomodaba su liderazgo a esas supuestas tendencias objetivas de

---

[246] Un análisis de este complejo cinismo posmoderno que se halla en el núcleo de la ideología neoliberal, que no podemos reproducir aquí, se encuentra en Bonnet (2008: IV).

la realidad. Kirchner era un líder decidido a ejercer su liderazgo sin dejar sus ideales puertas afuera de la Casa Rosada. Y, sin embargo, estos ideales invocados por Kirchner eran una mistificación en la misma medida que aquella realidad invocada por Menem.

Veamos esto con mayor detalle. Esta vacuidad de los ideales invocados por Kirchner es especialmente evidente allí donde podría esperarse, a contrario, que adquirieran contenidos más radicales y distintivos, es decir, en los pasajes *setentistas* de sus discursos. Recordemos que había sido precisamente en la medida en que había "formado parte de una generación diezmada" que Kirchner afirmó en su discurso de asunción que no estaba dispuesto a "dejar en la puerta de entrada de la Casa Rosada" sus "valores y convicciones".[247] Pero ¿en qué consistían los ideales de dicha generación? Sus discursos posteriores revelarían el misterio. Se había tratado de una generación que soñaba con alcanzar "un país distinto, un país con justicia, un país plural, un país sin corrupción, un país con igualdad social, un país con igualdad de posibilidades" o, en su defecto, "una patria igualitaria, de inclusión, distinta, una patria donde no sea un pecado pensar, con pluralidad y consenso" (véase, en este sentido, Dagatti, 2013a).[248] El expresidente parecía recordar a su propia generación, como puede apreciarse en estos pasajes, como una camada de moderados liberales. Pero el punto importante aquí es más bien subrayar que esta operación no conduce tanto a sustituir los ideales que orientaron a las luchas de los setenta por otros más moderados, sino simplemente a vaciarlos de cualquier contenido político específico. La virtud más adecuada para esa conversión de la necesidad en virtud, podríamos decir maquiavélicamente, es una virtud desarmada. El elemento reivindicado por Kirchner en esos discursos era la mera voluntad política,

---

[247] Discurso de asunción de Kirchner del 25/5/2003.

[248] Recordemos una anécdota muy sintomática. Durante el acto de lanzamiento de Unidos y Organizados (Estadio de Vélez Sarsfield, 27/4/12), en el momento en que la presidenta resaltaba la importancia que atribuía a la joven generación militante allí reunida, algunos asistentes comenzaron a cantar "yo no soy gorila, soy soldado de Cristina", valiéndose de la vieja denominación de los Montoneros como "soldados de Perón". Pero la presidenta los reconvino: "Me gustaría que esa la cambien por 'soy soldado de Argentina', que rima con Cristina también. ¡Vamos!". Y esta vez los jóvenes militantes, más dóciles que aquellos de 1974, aceptaron la nueva letra.

vaciada de cualquier contenido específico, que esas luchas habrían puesto en escena.

Esta invocación de los ideales de la generación de los setenta nos permite abordar también la manera privilegiada en que se expresa esa conversión de la necesidad en virtud característica del kirchnerismo: *el retorno de la política*. La propia presidenta Fernández de Kirchner, en su primer discurso de asunción, sostuvo en este sentido que Kirchner "volvió a restaurar la política como el instrumento válido para mejorar la calidad de vida de los ciudadanos".[249] Y muchos intelectuales progresistas, tanto kirchneristas como no-kirchneristas, se apuraron a darle su nueva bienvenida a la política. Pero esta supuesta vuelta de la política no es sino la ilusión por excelencia, resultante de esa conversión de la necesidad en virtud inherente el modo neopopulista de ejercicio de la dominación política. En efecto, en primer lugar, esta idea de un supuesto "retorno de la política" durante el kirchnerismo convalida la idea de una igualmente supuesta "partida de la política" durante el menemismo, es decir, convalida la manera en que las propias políticas neoliberales se presentaban a sí mismas como una mera canalización apolítica de la lógica del mercado. En segundo lugar, en la medida en que este "retorno de la política" aparece como un logro que deberíamos agradecer al presidente Kirchner, implica la asimilación de la política a secas a la política institucionalizada. La política no-institucionalizada, es decir, por excelencia, la exigencia completamente política de que *se fueran todos* planteada por las masas a fines de 2001, es arrojada a las sombras de la no-política —o peor aún, es presentada como una excrecencia de esa misma supuesta "partida de la política" de la década previa—. El "retorno de la política" en cuestión se reduce, en pocas palabras, al retorno de la política al hogar de las instituciones burguesas. Pero en tercer lugar, para concluir, si la política que supuestamente ha retornado se reduce a esta política encerrada entre las cuatro paredes de las instituciones burguesas, la potencia transformadora que el kirchnerismo le atribuye no es más que una mistificación suprema. Vale recordar que la afirmación de la potencia transformadora de la política no es por sí misma ni revolucionaria ni siquiera progresista, sino que su carácter depende de las políticas específicas a las que esté asociada. El politicismo puede ser tan

---

[249] Discurso de asunción de Fernández de Kirchner del 10/12/07.

mistificador como el economicismo, si va a asociado a una política institucionalizada incapaz de alcanzar transformación alguna.

Ahora bien, en el caso del kirchnerismo en particular, esta permanente invocación de la potencia transformadora de la política no sirve sino para esconder la impotencia en los hechos de las políticas que efectivamente implementa. Nos referimos antes, en el noveno capítulo, a la operatoria de un curioso mecanismo que compensaba la impotencia en la que fue sumiéndose crecientemente la política económica en los hechos con una creciente potencia atribuida a dicha política económica en la retórica que la acompaña. En efecto, la política económica es el campo donde esta degradación de la potencia en impotencia se pone de manifiesto de la manera más cruda –y no podía ser de otra manera, porque es en este campo donde la necesidad (la lógica del mercado) y la virtud (el ejercicio del poder de estado) se encuentran cara a cara con menos intermediarios–. Ya vimos en este sentido, en la primera parte, cómo las principales políticas económicas implementadas durante el período de reactivación (entre comienzos de 2002 y fines de 2005) y mantenidas durante el posterior período de estabilización y crecimiento de la economía (entre comienzos de 2006 y fines de 2007) fueron impuestas por las propias secuelas de la crisis que había culminado a fines de 2001. Y recordemos también que un intento de convertir necesidades en virtudes ya había acompañado a cada una de esas políticas, convirtiendo la devaluación forzada en una política cambiaria competitiva, la expulsión de los mercados financieros internacionales en una política de desendeudamiento, el derrumbe del sistema de privatizaciones y concesiones en una nueva política de servicios públicos, y así sucesivamente para, a continuación, elevar cada una de estas políticas al estatus de sólidos pilares de un imaginario modelo económico. Pero la degradación de la potencia en impotencia no se apreciaría cabalmente sino una vez que, desde comienzos de 2008, la economía comenzó a plantear nuevos desafíos a esas políticas económicas.

El caso de la política antiinflacionaria más reciente es especialmente revelador en este sentido. Nos referimos antes a la impotencia de las políticas de controles de precios aplicadas, a través de teatrales presiones y negociaciones, por el exsecretario de Comercio Interior Moreno. Pero su reemplazo por Augusto Costa, que acompañó el reemplazo de Lorenzino por Kicilof como ministros de Economía en noviembre de 2013, condujo esta impotencia a su máxima expresión. La política económica de Kicilof, como sabemos, desembocó en una nueva megadevaluación en enero de 2014. Y Costa acompañó esta devaluación con una nueva política de controles de precios, el denominado "Programa Precios Cuidados". El nuevo control de precios implementado por Costa no difería sustancialmente de otros implementados antes por Moreno ni en su naturaleza (un acuerdo sobre una canasta de bienes con un puñado de grandes cadenas de supermercados) ni en sus resultados (una inflación anual, que ya se proyecta como la más alta de la década, de alrededor de un 35%). La novedad estaba en que, esta vez, los controles de precios involucraban activamente a la militancia kirchnerista, es decir, descansaban en la potencia transformadora de la política.

Veamos esta curiosidad. Todos los controles de precios implementados por el kirchnerismo descansaron sobre el supuesto, a menudo explícitamente reconocido, de que un puñado de grandes capitales productivos o comerciales oligopólicos fijan los precios a su entera voluntad.[250] La formación de precios sería así, en el capitalismo argentino, un proceso enteramente arbitrario que opera a espaldas de la ley del valor. La mejor política antiinflacionaria consistiría, entonces, en contrarrestar la presión alcista ejercida por esos grandes capitales confabulados mediante la presión en sentido inverso ejercida por el estado (véase Astarita, 2013b). La novedad que acarrearon estos últimos controles de precios consistió en conducir el politicismo inherente a esta concepción de la política inflacionaria hasta el paroxismo mediante la incorporación de la nueva figura del militante antiinflacionario. En efecto, ya durante 2013 las organizaciones de jóvenes kirchneristas alistadas en Unidos y Organizados habían estado adiestrándose en el control de precios y, a mediados de año, la propia presidenta ya las había convocado a *mirar los precios*. "No vamos a dejar el acuerdo de precios a la buena voluntad —dijo la presidenta— y vamos a utilizar la fuerza de los movimientos políticos y juveniles para desplegarlo en todo el territorio".[251] Y finalmente, en febrero de

---

[250] Este supuesto puede replantearse de un modo más sofisticado en términos de la relación entre el grado de concentración vigente en los distintos mercados y las evoluciones de los correspondientes precios relativos como motores de la inflación y, en los hechos, dio lugar a un interesante debate (véase Manzanelli y Schorr, 2013 y el intercambio entre Manzanelli, Schorr, Crespo y Fiorito en el suplemento *Cash* de *Página 12*, 10, 17 y 24/3/13). Sin embargo, incluso en este nivel, las críticas que Astarita (2013a) formuló a esta idea de una "inflación por oligopolio" son concluyentes. No es necesario, empero, introducirnos aquí en este debate para poner de manifiesto el politicismo inherente a esas políticas de controles de precios.

[251] Discurso de Fernández de Kirchner por cadena nacional, 22/5/13.

2014, días después de que el ministro Kiciloff viera su heterodoxia mancillada por la necesidad de imponer esa nueva megadevaluación y junto con ella, naturalmente, un nuevo recorte de los salarios reales de los trabajadores, los *miradores de precios* ganaron las calles con una aguerrida campaña de afiches en la que escrachaban a los gerentes de Carrefour, Frávega, Jumbo, Shell y otras grandes compañías como "los que te roban el sueldo".

En este cuadro, se resume la pieza completa del "retorno de la política". Cuanto mayor es la potencia que la política se arroga a sí misma —en este caso, las heterodoxas políticas económicas del nuevo ministro Kicillof—, mayor es la impotencia en la que cae —en una aceleración de la inflación y en una nueva devaluación ortodoxa—. La invocación de la potencia de la política no sirve, entonces, sino para esconder la impotencia de las políticas efectivamente implementadas. Y cuanto mayor es la impotencia en la que caen estas políticas —envueltas en una espiral de inflación y devaluación—, mayor es la potencia que la política quisiera arrogarse a sí misma —en manos de la nueva militancia de los *miradores de precios*—. La grandilocuencia de esta virtud desarmada del estado, mientras tanto, sigue siendo un simple vehículo para la imposición de la silenciosa necesidad del mercado.

Ahora bien, esta conversión de la necesidad en virtud, este ocultamiento de la imposición de la necesidad del mercado detrás de los gestos de un ejercicio aparentemente libre del poder político de estado, acarrea inevitablemente un distanciamiento cada vez mayor entre el discurso y la realidad extradiscursiva. El crecimiento del *relato* parece nutrirse de la extinción de los hechos relatados.[252] Basta con comparar la discursividad del primero y del segundo kirchnerismos —contrastando, por ejemplo, los pocos, breves y moderados discursos de Kirchner con los innumerables, interminables e incontinentes discursos de Fernández de Kirchner— para advertir a simple vista la medida en que ese relato fue hipertrofiándose con el correr de los años —la misma medida en que, insistimos, se redujeron mientras tanto los logros políticos subyacentes—. Pero es importante remarcar aquí que, aún cuando la operatoria de la ideología dentro de la

---

[252] Antes privilegiamos a Laclau como intelectual orgánico del kirchnerismo; ahora podemos agregar que la propia hipertrofia del discurso que subyace ontológicamente a su concepción de la política es muy funcional a esta vampirización de los hechos por el relato propia del kirchnerismo.

dominación política siempre requiere alguna distancia entre el discurso y la realidad extradiscursiva, esta desmesurada distancia entre ambas es específica de la manera en que opera la ideología dentro de este modo neopopulista de ejercicio de esa dominación política. El neoliberalismo involucra un reconocimiento cínico (aunque insistimos: no por eso menos ideológico) de la realidad que tiende a reducir esa distancia entre el discurso y la realidad extradiscursiva. En cambio, el neopulismo involucra la promesa de una realidad mejor que, en la misma medida en que no puede alcanzarla, comienza a distanciarse crecientemente de su discurso. El resultado inexorable de esta suerte de proceso de vampirización de los hechos relatados por el relato mismo es, como veremos más adelante, la creciente conversión de este relato en una farsa. La virtud desarmada se vuelve grotesca. Y la gesta histórica kirchnerista, relatada a menudo en una heroica jerga setentista, aparece como una mera repetición como farsa de la tragedia del peronismo de los setenta.

Capítulo 13. Las mediaciones organizativas

Para finalizar, vamos a referirnos a algunos aspectos de la evolución durante la década de las principales instancias –partidos, sindicatos, organizaciones sociales– que median entre el estado y la sociedad. El análisis que venimos realizando del modo de ejercicio de la dominación política propio del kirchnerismo quedaría inconcluso si no hiciéramos referencia a estas mediaciones no-estatales o para-estatales porque, en última instancia, las relaciones sociales no pueden adquirir la forma estado sino a través de la mediación de instancias como esos partidos, sindicatos y organizaciones sociales.[253] Pero a su vez, las características que revisten estos partidos, sindicatos y organizaciones sociales en determinado período dependen en buena medida del modo en que ejercen esa mediación y, en términos más amplios, de aquel modo en que se ejerce la dominación política en el período en cuestión. Nos concentraremos aquí, entonces, en las que consideramos como las principales modificaciones sufridas por este conjunto de mediaciones políticas durante la década kirchnerista.

Nuestro punto de partida obligado vuelve a ser, naturalmente, la profunda crisis del sistema de partidos que fue gestándose durante los noventa y culminó en la crisis política que clausuró la década.[254] Esta crisis se gestó como la imposibilidad de consolidación de un sistema bipartidario

---

[253] Esta dimensión organizativa del ejercicio de la dominación política, ya identificada con precisión por el Gramsci carcelario, es una de sus tantas dimensiones que se pierden de vista en las perspectivas centradas exclusivamente en el discurso (véase, por ejemplo, Barbosa, 2010).

[254] Para entender esta crisis del sistema de partidos y su recuperación posterior, conviene tener en cuenta dos dimensiones. La primera, puesta en evidencia en su crisis, es sus escasas institucionalización y capacidad de estabilizarse como un sistema bipartidista (véase, por ejemplo, el estudio comparativo de Mark Payne *et alii.*, 2006). La segunda, menos evidente, aunque subyacente a su recuperación, es una cierta "estabilidad de los principales clivajes políticos" que, a pesar de esas dificultades, estructuran dicho sistema (Ostiguy, 2009). El sistema de partidos puede entrar en crisis, entonces, pero mantenerse estos clivajes que lo estructuran.

durante los noventa debido a la crisis de la UCR, primero, y a la crisis de la Alianza entre esta UCR y el FrePaSo, más tarde. Y esta imposibilidad respondió, en definitiva, a la tendencia a la conversión del monolítico PJ entonces encabezado por Menem en una suerte de partido del orden, tendencia resultante a su vez de que ese PJ se convirtió en la mediación partidaria por excelencia de la articulación de la hegemonía política neoconservadora que tuvo lugar a partir de la salida a la crisis hiperinflacionaria de 1989-90. Esta situación de crisis del sistema de partidos y de conversión del PJ en partido predominante propia de los noventa parece haberse perpetuado durante la década siguiente debido al papel protagónico desempeñado por ese PJ en la salida de la crisis política que culminó en 2001. Pero esta afirmación solo es superficialmente verdadera. En realidad, el sistema de partidos en su conjunto, incluyendo al propio PJ, fue arrastrado por la crisis política que culminó en la coyuntura que se extendió entre el *voto bronca* de las parlamentarias de octubre y el *¡que se vayan todos!* de las calles de diciembre de 2001. Esta crisis política, en verdad, clausuró la evolución del sistema de partidos de los noventa e inició un nuevo período. Si el PJ siguió operando como una suerte de partido del orden, entonces, no lo hizo en tanto aquel monolítico partido que había mediado la articulación de una sólida hegemonía, sino en tanto el partido que había salido de esa crisis en mejores (es decir, menos malas) condiciones de mediar alguna recomposición de la dominación política.

El PJ encaró esta recomposición de la dominación absorbiendo dentro de sí la conflictividad propia del sistema de partidos preexistente en crisis y dividiéndose.[255] Ya dijimos en el tercer capítulo que el PJ enfrentó la convocatoria y la realización de las elecciones presidenciales de abril de 2003, un acontecimiento decisivo dentro de ese proceso de recomposición de la dominación, dividido en las tres listas encabezadas por Menem, Kirchner y Rodríguez Sáa, y que el resultado de las elecciones confirmó al PJ tanto en su posición de partido predominante como en su

---

[255] No podemos detenernos aquí en el análisis del conjunto de cambios que ya había acarreado para el peronismo la crisis del capitalismo de posguerra a mediados de los setenta ni su propio desempeño a la cabeza de su reestructuración durante los noventa (véanse, en este sentido, Piva, 2012a, y algunos trabajos anteriores como los de Palermo y Novaro, 1996; Sidicaro, 2005; Horowitz, 2005; Levitsky, 2005).

situación de partido en crisis. Kirchner, el nuevo presidente electo gracias a un escueto 22% de los votos, se vio entonces ante la necesidad, no solo de ampliar el estrecho consenso del que gozaba, sino también de organizar un conjunto de mediaciones no-estatales y para-estatales que articularan ese consenso empezando por las mediaciones partidarias propiamente dichas.[256] Y sabemos también que Kirchner encaró este desafío desde el comienzo oscilando entre dos opciones; a saber: alinear a y recostarse en el PJ, por una parte, o apoyarse en un arco centroizquierdista que cortara transversalmente al sistema de partidos existente, por otra. Por cierto, ambas opciones pueden ser consideradas como momentos de una misma estrategia, puesto que el recurso a fuerzas extrapartidarias –alimentado por el propio consenso alcanzado por Kirchner entre sectores de la ciudadanía tradicionalmente no peronistas– presionaba a su vez en el sentido de una mayor subordinación del PJ a Kirchner (véase Arzadun, 2008). Pero en cualquier caso, el punto que nos interesa remarcar aquí es que ambas opciones sobrevivirían desde 2004-05 en adelante en una relación de tensión mutua que no se resolvería y que contribuiría de manera determinante a impedir que se superara las crisis tanto del PJ como del resto del sistema de partidos. Esta es la primera de las características de la evolución de estas instancias de mediación política durante la década en la que queremos detenernos.

Los momentos en los que se expresó más claramente esta tensión ya los conocemos. Entre mediados de 2003 y comienzos de 2004, el kirchnerismo encaró su primera iniciativa en el sentido de la *transversalidad* que, recordemos, redundó en la obtención del apoyo de una serie de dirigentes provenientes de las márgenes del peronismo y especialmente del centro-izquierda. Desde comienzos de 2004, ciertamente, el kirchnerismo priorizó el objetivo de alinear al PJ para recostarse en su aparato. Pero no logró este objetivo antes de las parlamentarias de octubre de

---

[256] Podemos emplear el concepto de *bloque político* (que debe diferenciarse del concepto de *bloque en el poder* antes empleado) para referirnos a este conjunto de aparatos burocráticos especializados (partidos, sindicatos, organizaciones sociales) que realizan esta función de mediación política y, por ende, articulan el consenso (véase Piva, 2012a: 135 y ss). Vale aclarar que el hecho de que en las siguientes páginas no nos refiramos a los partidos, sindicatos y organizaciones sociales de orientación anticapitalista no responde a que su protagonismo haya sido irrelevante, sino precisamente a que, por definición, no integran este conjunto de mediaciones.

2005 (recuérdese, en este sentido, el fracaso del congreso partidario de marzo de 2004), en las cuales, por consiguiente, volvieron a solaparse sus primarias con las generales. El kirchnerismo solo impuso ese alineamiento del PJ a través de la derrota en dichas elecciones de los principales sectores díscolos del partido (el duhaldismo y el menemismo). Esto no impidió, sin embargo, que el PJ continuara en crisis (acéfalo hasta mayo de 2008) ni que dejara de engendrar sectores disidentes (aunque fueran menores, como el sector encabezado por Rodríguez Sáa en las presidenciales de 2007). Aquella opción del kirchnerismo en favor de alinear al PJ y recostarse en su aparato ante las elecciones de 2005, en cualquier caso, tampoco impidió que su anterior opción en favor de la *transversalidad* e incluso su alianza con sectores radicales en algunas provincias (Neuquén, Corrientes, Santiago del Estero) en dichas elecciones de 2005 contribuyeran a su vez a profundizar la crisis del resto del sistema de partidos, especialmente del centro-izquierda y del radicalismo.

Pocos meses más tarde, a mediados de 2006, el kirchnerismo puso en marcha un intento de generalizar esa alianza con *radicales k* y de ampliarla a desprendimientos de otras fuerzas políticas (la convocatoria a una *concertación plural*), intento que culminaría en las presidenciales de octubre de 2007 en la fórmula conjunta entre Fernández de Kirchner y Cobos a nivel nacional y otras varias candidaturas compartidas a nivel provincial (en Mendoza, Río Negro, Neuquén, Santiago de Estero, Corrientes, Catamarca, Misiones). Los resultados de las elecciones de 2007, sin embargo, no parecieron indicar una profundización aún mayor de la crisis del sistema de partidos: las dos principales fuerzas no-peronistas de oposición (la Coalición Cívica y el UNA, impulsado por la UCR), aunque divididas, obtuvieron resultados aceptables (un 23% y un 17%, respectivamente) y la única disidencia peronista (la lista del FreJuLi, encabezada por el mencionado Rodríguez Sáa) un resultado acotado al 7,6% de los votos.

La crisis política de 2008-09, en cambio, volvió a golpear al sistema de partidos y su crisis volvió a ponerse en evidencia en las parlamentarias de octubre de 2009. La mencionada alianza con los *radicales k* comenzó a desintegrarse a mediados de 2008, tras la defección del vicepresidente Cobos. Pero la crisis política no acarrearía como resultado tanto una consolidación de la oposición no-peronista (el radicalismo y el centro-izquierda juntos alcanzaron un 31% de los votos, unos diez puntos menos de los que habían alcanzado separados en las presidenciales anteriores), como una multiplicación de las fuerzas de oposición peronista debido a nuevas fracturas del PJ. A los viejos peronistas disidentes se agregaron así nuevos sectores antes alineados con el kirchnerismo que integraron, junto con el PRO y otras fuerzas de derecha, un nuevo espacio opositor que obtuvo casi un 19% de los votos. Esto implicaba una fragmentación aún mayor del sistema de partidos. La crisis política del kirchnerismo, inaugurada por su fracaso durante el conflicto agrario de la primera mitad de 2008, condujo entonces a su derrota en esas parlamentarias de fines de 2009, pero no pudo ser capitalizada duraderamente por ninguna fuerza individual de la oposición. La fragmentación de esta oposición fue una de las principales razones de su impotencia.

Las posteriores iniciativas encaradas por el kirchnerismo tendientes a recuperar consenso y a revertir esa derrota electoral de 2009 tampoco dejaron de acarrear consecuencias para el sistema de partidos. El aplastante triunfo con mayoría absoluta del oficialismo en las presidenciales de 2011 confirmó el carácter de partido predominante del PJ y, a la vez, indicó un grado de fragmentación de la oposición aún mas profunda que en las anteriores parlamentarias (véase De Luca, 2013). Tanto la oposición no-peronista como la peronista volvieron a enfrentar al kirchnerismo divididas, entre el FAP encabezado por el socialismo y la UDESO encabezada por el radicalismo, en el primer caso, y entre el Peronismo Federal de Rodríguez Sáa y la Unidad Popular de Duhalde, en el segundo. El previsible resultado de esta división fue que la segunda fuerza (el FAP) obtuvo menos de un tercio de los votos obtenidos por la primera (el oficialista FPV). Fenómenos como la alianza entre la UCR encabezada por Ricardo Alfonsín y Unión Celeste y Blanco liderada por el peronista de derecha Francisco de Narváez en la provincia de Buenos Aires o como la automarginación de la Coalición Cívica, de Elisa Carrió, respecto de aquellas dos grandes variantes de la oposición no-peronista fueron síntomas reveladores de la profundidad de la crisis en la que seguía hundido el sistema de partidos. El kirchnerismo, por su parte, enfrentó las elecciones caracterizado por cierto mayor alineamiento del PJ detrás suyo y a la vez, especialmente, por la mayor consolidación de una *fuerza propia*. Nos referimos a ese conjunto de unas treinta pequeñas fuerzas que medio año más tarde se agruparían en Unidos y Organizados. Es cierto que algunas de estas fuerzas (como el Frente Grande, Partido Comunista o el Partido Intransigente) ya integraban desde el comienzo el Frente para la Victoria, pero recién en esta coyuntura se sumaron a ellas otras fuerzas más nuevas (como La Cámpora, el Movimiento Evita, Nuevo Encuentro o KOLINA), ganaron mayor presencia en las calles y muchos más cargos en el estado y lograron conformar un espacio político diferenciado. El conflicto agrario y la crisis política de 2008-09 desempeñaron un papel decisivo en la galvanización de esta fuerza propia. Y, si bien la orientación ideológica que se atribuye a sí misma la mayoría de las organizaciones que integran este espacio sería deudora del peronismo, debe ser considerado como una nueva variante de la transversalidad en la medida en que se organizó con independencia de –y a menudo, en disputa con– el viejo aparato del PJ. Este espacio carecería de peso propio importante dentro del sistema de partidos, pero alcanzaría cierto protagonismo durante el segundo gobierno de Fernández de Kirchner y aparece en la actualidad como el único que podría dotar de continuidad al kirchnerismo una vez desplazado del gobierno.

El retroceso del kirchnerismo en las parlamentarias de octubre de 2013, finalmente, pareció modificar parcialmente esta evolución del sistema de partidos. La pérdida de unos veinte puntos por parte del kirchnerismo entre ambas elecciones acotó su predominio, mientras que tanto la oposición no-peronista (mediante diversas alianzas entre la UCR, el PS y fuerzas menores) como la peronista (detrás del Frente Renovador de Massa, aunque con excepción del PRO) tendieron a unirse. Y hoy puede preverse que la primera vuelta de las presidenciales de 2015 será disputada entre estos tres grandes espacios. Pero más allá de las distintas coyunturas habidas y por haber, el punto que más nos interesa subrayar aquí es que la evolución del sistema de partidos durante la década se explica en buena medida como resultado de una única lógica subyacente: la mencionada tensión que atravesó al kirchnerismo entre aquellas opciones de alinear a y recostarse en el peronismo, por una parte, y de apoyarse en un arco centroizquierdista que cortara transversalmente al sistema de partidos existente, por la otra. Esta tensión contribuyó a perpertuar la crisis en la que se había hundido el sistema de partidos durante la crisis política que culminó a fines de 2001. En efecto, la primera opción mantuvo la división del PJ e incentivó la emergencia de sectores de oposición de centro-derecha dentro del partido, sectores que a su vez encontraron dificultades para unificarse con otras fuerzas no-peronistas de oposición de derecha. La segunda opción impidió en los hechos la emergencia de fuerzas de oposición de centro-izquierda y empujó hacia la derecha a las fuerzas políticas que hubieran podido ocupar esa posición, contribuyendo así a multiplicar aún más esas opciones derechistas. El PJ siguió funcionando así como un sistema de partidos en sí mismo (véase Torre 1999) que se divide y genera sus propias oposiciones. Pero estas divisiones, que se habían iniciado precisamente en la ruptura entre mememistas y duhaldistas durante la crisis de la hegemonía menemista a fines de los noventa, convivieron a su vez con la competencia de ese PJ con otras fuerzas políticas no-peronistas (Novaro, 2003). El resultado más reciente de esta compleja lógica es un curioso escenario, en vistas de esas presidenciales de 2015, en el que un kirchnerismo en decadencia es enfrentado por una diversidad de fuerzas peronistas y no-peronistas que disputan entre ellas un único y superpoblado espacio de oposición de centro-derecha. El perpertuamiento de la crisis en la que se había hundido el sistema de partidos durante la crisis política que culminó a fines de 2001, mientras tanto, es un indicador más del carácter no hegemónico de la recomposición de la dominación alcanzada.

Revisemos ahora la evolución de los sindicatos. También para el análisis del sistema de sindicatos el punto de partida es su crisis previa, crisis que también había ido gestándose durante los noventa y culminó a fines de la década. Esta crisis de los sindicatos expresó el debilitamiento y la fragmentación de la clase trabajadora resultantes, en primer lugar, de las consecuencias del retroceso sufrido durante los procesos hiperinflacionarios que cerraron los ochenta y, en segundo lugar, de la posterior profundización de la reestructuración del modo de acumulación y, en particular, de las modalidades de explotación de la fuerza de trabajo, registrada en los noventa (véase Piva, 2009). Durante los noventa, restringida la internalización del conflicto obrero a través de la lucha alrededor del salario en el marco de disciplina monetaria vigente, la mayoría de los sindicatos adoptaron una estrategia *neo-participacionista*. La CGT-Daer, conducida por *los gordos,* se revinculó funcionalmente con el estado mediante una estrategia consistente en la aceptación negociada del programa de reformas, aportó su capacidad de disciplinamiento de las bases obreras a cambio de la conservación de sus capacidades institucionales, financieras y organizativas. A pesar de esta estrategia, empero, no pudo evitar su pérdida de peso político (tanto dentro del PJ como dentro de los gobiernos de Menem), sus divisiones internas (la escisión de la CGT-Moyano y el nacimiento de la CTA, que adoptaron una estrategia más *neovandorista*) y su retroceso en el escenario de los conflictos sociales ante otras organizaciones (en primer lugar, las de desocupados). Durante el ciclo de ascenso de las luchas sociales y la insurrección que clausuraron la década, en síntesis, aquella mayoritaria CGT oficialista permaneció prácticamente al margen, pero incluso estas minoritarias CGT disidente y CTA no pudieron evitar verse superadas por la dinámica de la movilización.

Esta situación pareció comenzar a modificarse, ciertamente, a través de los acercamientos de sectores del sindicalismo a las administraciones provisionales de Rodríguez Sáa y de Duhalde, entre fines de 2001 e inicios de 2003.[257] Y acabaría de modificarse durante la posterior administración de Kirchner, especialmente desde su relanzamiento del consejo del salario mínimo y su revitalización de la negociación colectiva y las paritarias, a mediados de 2004. El retorno de la internalización del conflicto obrero a través de la lucha alrededor del salario, en un nuevo marco de retorno de las pujas distributivas y de la inflación, otorgó en sí mismo a los sindicatos un mayor protagonismo. Además, los posteriores descensos de los niveles de desempleo y subempleo (aún en un contexto de aumento de la tasa de actividad) y aumento de los niveles de sindicalización (especialmente en los gremios de la industria y de la construcción) dotaron a los sindicatos de mayor poder de negociación.[258] Así, durante la administración de Kirchner, los sindicatos recuperaron parcialmente su centralidad como mecanismos institucionalizados de canalización de las luchas sociales (en desmedro de otras organizaciones, en primer lugar de las piqueteras) e, incluso, aunque en menor medida, su peso político (tanto dentro del PJ como del gobierno).

Esta recuperación, además, fue explícitamente impulsada por la propia administración de Kirchner que intentó, con éxito en un comienzo, recomponer en cierta medida el viejo vínculo funcional entre la burocracia sindical y el estado como mecanismo para mantener los aumentos salariales dentro de pautas compatibles con un nivel de precios que no se disparara.[259] Estableció entonces para sectores afines del sindicalismo

---

[257] En sentido estricto, este proceso ya había comenzado a fines de la década anterior, cuando ambas CGT tendieron a confluir junto con varias corporaciones patronales en el Grupo Productivo (en 1999-2000) y convocaron junto con Duhalde a iniciativas tales como un Frente Productivo (en 2001). La CTA junto con algunos MTD, en cambio, mantuvieron su independencia, comprometidos en una política que culminaría en el FreNaPo. Más tarde, la CGT-Daer apoyaría a las administraciones de Rodríguez Sáa y Duhalde y (junto con la CGT-Moyano y la CTA, inicialmente) participaría de sus mesas de diálogo.

[258] Ya nos referimos antes a la evolución de los niveles de desempleo y subempleo. En cuanto a los niveles de sindicalización, repuntaron tanto en términos absolutos (el número de sindicalizados) como relativos (la tasa de sindicalización) después de la fuerte caída que habían sufrido en los noventa (véase Senén González, Trajtemberg y Medwiel, 2010, sobre la base de los datos de la Encuesta de Indicadores Laborales del MTEySS). La incorporación de otras variables complementarias, como diversas tasas de participación de los trabajadores en acciones sindicales, ratifica esta tendencia (véase Delfini, Erbes y Sonia, 2011; y para una síntesis, Barrera Insúa, 2012).

[259] Esto no implica que el éxito del gobierno en imponer las pautas de aumentos salariales se explique ni exclusiva ni principalmente por el papel de la burocracia sindical en la contención del conflicto, sino que más bien ese éxito y la propia funcionalidad de este papel tienen como causa común la persistencia, más allá de cierta recuperación, de la debilidad relativa de la clase obrera resultante de aquel retroceso de 1989-90 y de la aquella reestructuración de los noventa.

canales diferenciales de acceso a la satisfacción de demandas en los órganos tripartitos, como el consejo del salario, a la negociación con funcionarios sobre reivindicaciones sectoriales y al reconocimiento de la representatividad a nivel de tercer grado. No obstante, como enseguida veremos, los sindicatos fueron capaces de preservar una mayor autonomía respecto del gobierno de la que preservarían las organizaciones sociales alineadas con el kirchnerismo. El sistema de sindicatos tendió inicialmente a reunificarse (unificación de la CGT, bajo dirección de Moyano, desde julio de 2004) y a encolumnarse detrás de la administración de Kirchner (tanto esa CGT como, en cierta medida, la CTA). Durante el período de estabilización de la situación económica y política que se extendió entre fines de 2005 y comienzos de 2008, en consecuencia, la crisis en la que se había encontrado el sistema de sindicatos durante la década previa parecía en vías de revertirse completamente. Pero esta recuperación del sistema de sindicatos tampoco se consolidaría. Ya en 2007 comenzó a advertirse cierta tendencia a que los salarios reclamados por los sindicatos superaran las pautas salariales fijadas por el gobierno y a que la lucha de clases volviera a desenvolverse al modo de una puja distributiva inflacionaria. Y la tensión resultante contribuiría, en última instancia, a impedir que se consolidara un nuevo vínculo entre los sindicatos y el estado.

En efecto, ya en julio de 2008 y ante la reelección de Moyano en la conducción de esa CGT que se había reunificado cuatro años antes, se escindió la CGT *Azul y Blanco* encabezada por Luis Barrionuevo. La CGT aún oficialista encabezada por Moyano conservaría de todas maneras a los sindicatos más numerosos y grandes, los *gordos* y los *independientes*, entre ellos los mecánicos, metalúrgicos, ferroviarios, electricistas, construcción, comercio, sanidad, estatales, bancarios, químicos y papeleros. Pero esta CGT disidente, encabezada por Barrionuevo y alineada con el duhaldismo, contaría con algunos sindicatos relevantes como los trabajadores del plástico, del vidrio, de las estaciones de servicio o del petróleo. Por otra parte, entre 2006 y 2009, el sector de la CTA liderado por Pablo Micheli (dirigente de los estatales de ATE, uno de los dos pilares de la central) se enfrentó cada vez más abiertamente, alrededor de los acuerdos salariales negociados en el consejo del salario mínimo y otras cuestiones, con el sector liderado por el entonces secretario general de la central Hugo Yasky (de los docentes de CTERA, el otro de sus pilares). Y ambos sectores acabaron rompiendo después de que el primero se impusiera sobre el segundo en las elecciones gremiales de 2010. Una CTA opositora liderada por Micheli disputó desde entonces con una CTA oficialista liderada por Yasky.

Finalmente, en la segunda mitad de 2010, comenzaron también las tensiones entre Moyano, quien al cargo de secretario general de la CGT para el que había sido reelecto sumaba por entonces el de vicepresidente en ejercicio del PJ bonaerense, y el gobierno de Fernández de Kirchner.[260] Y la ruptura entre ambos sobrevino poco después de las elecciones de 2011. En efecto, a fines de 2011, Moyano renunció a su cargo en el justicialismo y a mediados de 2012 fue reelecto por segunda vez al frente de la CGT. Esta segunda reelección, como había sucedido con la primera, acarreó una nueva ruptura para la CGT. Los gremios más numerosos y grandes, los *gordos* y los *independientes*, sumados a algunos ex*moyanistas* como los taxistas y los ferroviarios, se reunieron esta vez en una nueva central, la oficialista CGT de los Argentinos conducida por el metalúrgico Antonio Caló, mientras que los trabajadores rurales y estibadores, judiciales, municipales, bancarios, panaderos y otros gremios menores aceptaron la conducción opositora del camionero Moyano al frente de la ahora CGT Azopardo. Esta nueva ruptura sería más importante que las anteriores. Esto es así porque, por una parte, otorgaría a estas diversas centrales sindicales opositoras sumadas una fuerza suficiente como para encarar contundentes protestas a escala nacional, como fueron las primeras huelgas generales contra el kirchnerismo (realizadas el 20 de noviembre de 2012 y el 10 de abril y 28 de agosto de 2014). Y, por otra parte, porque esta última ruptura cargó con connotaciones políticas mucho más significativas: el kirchnerismo perdió en esta ruptura el apoyo del que había sido el sector más importante de la burocracia sindical que se había opuesto a Menem en los noventa (el ex-MTA) y que había apoyado a Kirchner durante todo su gobierno (desde la CGT reunificada) y a Fernández de Kirchner durante su primer gobierno (desde una CGT ampliamente mayoritaria) para pasar a apoyarse en el sector más impor-

---

[260] Recordemos que Moyano había quedado como vicepresidente a cargo del PJ bonaerense después del pedido de licencia de su presidente Alberto Balestrini en agosto de 2010 (este sería acaso el principal cargo ocupado por un hombre proveniente del sindicalismo en el PJ durante el período), pero renunciaría ya en diciembre de 2011. Moyano, además, había sido electo como único Secretario General de la CGT en julio de 2005 y reelecto en dicho cargo en julio de 2008 y volvería a serlo en julio de 2012.

tante de dicha burocracia que había apoyado a Menem en los noventa (la ex-CGT-Daer). En este sentido, la presencia de la CGT *Azul y Blanco* de Barrionuevo y del sector de la CTA liderado por Micheli en este espacio sindical opositor reviste un significado político secundario: en el primer caso porque, si bien es un sector del sindicalismo que había apoyado a Menem (como parte de esa ex-CGT Daer), es menos relevante; en el segundo porque, aunque habiendo sido un sector del sindicalismo que había sido opositor a Menem (la CTA en su conjunto), Kirchner siempre había preferido recostarse en esa CGT reunificada (negándose incluso a otorgarle personería jurídica a la CTA). [261]

En cualquier caso, esta serie de rupturas, que comenzaron con el inicio de la crisis política del kirchnerismo de 2008-09, puso en duda la solidez tanto de la recuperación del sistema de sindicatos como de su nueva vinculación con el estado (véase López y Cantamutto, 2013). Ni la una ni la otra pudieron consolidarse. El sistema de sindicatos, aunque contando con mayores recursos, se encuentra en la actualidad aún más dividido que en los noventa. Y, aunque capaz de arrancar mayores concesiones, dicho sistema no pudo consolidar una nueva modalidad de vinculación duradera con el estado. Volvamos por un momento a la principal de dichas rupturas, a saber, a esta última ruptura de la CGT de mediados de 2012 que enfrentó al kirchnerismo con quien había sido su principal aliado en materia de disciplinamiento burocrático-sindical de los trabajadores durante una década entera. Entre las tensiones que condujeron a esta ruptura, seguramente, estuvieron los reclamos de puestos en las listas (la vicepresidencia y varias bancas) para hombres de Moyano

---

[261] La incomodidad que acarrea este cambio de aliados sindicales en el kirchnerismo puede apreciarse en los intentos del gobierno de reducir las recientes huelgas generales de abril y agosto de 2014 a operaciones de Barrionuevo, olvidando tanto la intervención de la CGT dirigida por Moyano como de la CTA dirigida por Micheli. La reacción oficial del gobierno ante el anuncio de la huelga de abril, por ejemplo, consistió en denunciar que se trataba de una medida "de carácter político en apoyo al líder del opositor Frente Renovador, Sergio Massa, aspirante presidencial en 2015" (declaraciones del jefe de Gabinete, Jorge Capitanich, en *La Nación*, 23/3/14, para eso se valieron del anuncio previo de Barrionuevo de creación de una mesa nacional sindical Massa Presidente). Y más tarde, el gobierno acompañó dicha huelga con una masiva campaña de afiches que asociaban a Barrionuevo con Menem (y a ambos con Massa) mediante las fotos de ambos y la inscripción "Fundieron el país, ahora lo paran. + de lo mismo" (véase *La Nación*, 10/4/14).

ante las elecciones a realizarse en octubre de 2011. La presidenta habría impedido que se satisficieran sus reclamos y el burócrata habría comenzado a distanciarse del gobierno. Esto, ciertamente, dice mucho acerca de las características del comportamiento político de la burocracia sindical: las parlamentarias de octubre de 2013, en resumidas cuentas, encontrarían a Moyano de la mano de De Narváez.[262] Pero más importante aún en este contexto, esto habla también de las dificultades que enfrentó la consolidación del vínculo entre el estado y el sistema de sindicatos: esa presencia de hombres de la *rama sindical* en las listas, que reclamaba Moyano, no era sino uno de los modos tradicionales de vinculación entre los sindicatos y el estado en el peronismo clásico. Se trata, ciertamente, de un modo de vinculación entre los sindicatos y el estado que ya había comenzado a agonizar durante la renovación peronista de los ochenta y cuyo certificado de defunción ya había firmado el menemismo en los noventa. Pero el punto importante aquí es que el kirchnerismo no pudo reemplazar este modo de vinculación entre los sindicatos y el estado por otro modo de vinculación más o menos duradero.

La escena montada en octubre de 2010 en el palco del estadio de River Plate ilustró acabadamente esta imposibilidad. "Tenemos que concientizar políticamente a los trabajadores para tener a un trabajador en la Casa de gobierno", se excedió Moyano, ignorando que el viejo modo peronista de vinculación entre los sindicatos y el estado en cuestión ya estaba muerto desde hacía rato. "Compañero, usted que anda pidiendo un trabajador para que sea presidente, le digo que trabajo desde los 18 años. Hice toda mi carrera de abogada laburando, como el último orejón del tarro", replicó a su vez la presidenta, sin advertir, en aparien-

---

[262] La frustración de varias demandas de la CGT por el gobierno de Fernández de Kirchner también pueden haber contribuido a la ruptura (véase Sokoloff 2014), tales como los reiterados conflictos suscitados por la aplicación a los salarios del impuesto a las ganancias; el veto presidencial *a priori* al proyecto de ley de reparto de ganancias, impulsado por el diputado cegetista Héctor Recalde (proyecto en www.hcdn.gov.ar), en el marco de la conferencia anual de la UIA de noviembre de 2011 (*Clarín* 24/11/11); o la modificación de la legislación sobre accidentes de trabajo en octubre de 2012 (*Página 12*, 25/10/12; Leyes 24.553/95 y 26.773/11 de ART en www.asociart.com.ar), también en este caso en sintonía con la UIA. Sin embargo, no debe sobreestimarse la medida en que el comportamiento de las burocracias sindicales está determinado por demandas sindicales de las propias bases obreras.

cia, que no era asunto de abogados ni de orejones. Y dicho sea de paso cuando, tras las elecciones de 2011, Moyano recordó que "cuando se habla del 54% que sacó la presidenta, que tengan en cuenta que más del 50% de ese 54% es de ustedes, los trabajadores. Que no se equivoquen, no son solo de los chicos bien, son de los trabajadores", ignoró también que las viejas disputas entre los sindicatos y los Montoneros estaban mucho más muertas aún: ni los chicos bien de La Cámpora que habían ganado posiciones en las listas de candidatos eran los Montoneros de los setenta ni la CGT de Moyano era el sindicalismo de entonces.[263]

Pasemos, finalmente, a la evolución de las organizaciones sociales, comenzando por las que habían protagonizado el ascenso de las luchas sociales que había culminado en la insurrección de fines de 2001. La mayoría de estas organizaciones que habían sido creadas recientemente y, por consiguiente, gozaban de un menor grado de consolidación, simplemente se extinguieron (como las asambleas barriales) o se acomodaron a las nuevas condiciones vigentes (como los colectivos de las empresas recuperadas) después del reflujo de dicho ascenso de las luchas sociales. Pero algunas otras organizaciones (como las vinculadas con el movimiento de desocupados) habían alcanzado un mayor grado de consolidación. Y, tal como adelantamos en la primera parte, Kirchner desarrolló inicialmente una estrategia hacia el movimiento de desocupados que resultó exitosa en su objetivo de normalizar sus protestas (véanse en este sentido los trabajos reunidos en Pereya, Perez y Schuster, 2008, y Svampa, 2009). Logró así incorporar a su coalición política a organizaciones importantes, como la Federación de Tierra y Vivienda y el Movimiento Barrios de Pie, mientras aislaba y deslegitimaba las protestas que continuaban protagonizando otras organizaciones más combativas, como las reunidas en el Bloque Piquetero.

---

[263] Palabras de Moyano y Fernández de Kirchner en el acto por el Día de la Lealtad, Estadio River Plate, 15 de octubre de 2010 (*La Nación*, 16/10/10) y palabras de Moyano en el acto del Día del Camionero, Estadio de Huracán, 14 de diciembre de 2011 (*La Nación*, 15/12/11), respectivamente. La respuesta del gobierno a la huelga general del 10 de abril de 2014 (véase la nota al pie anterior) es también significativa en este sentido: Capitanich denunció esta huelga general como una huelga política, de la misma manera en que Alfonsín había denunciado las huelgas generales del ubaldinismo en los ochenta.

En efecto, la política denominada *ni palos ni planes* desarrollada frente a estas últimas organizaciones apuntó a reducir y disciplinar sus protestas poniendo en agenda una disputa pública en torno a la legitimidad de acciones directas como los cortes, los acampes o las ocupaciones, acompañada por un mínimo de represión selectiva. Mientras que, en el marco de su política de incorporación –selección y resignificación mediante– de las demandas de los protagonistas de la resistencia contra el neoliberalismo referida en el capítulo anterior, el gobierno negoció y otorgó concesiones a aquellas otras organizaciones de desocupados que enmarcaron sus protestas dentro de límites que fue tornando cada vez más restrictivos. Y posteriormente, a medida que se recuperaban los niveles de empleo, el gobierno fue reorientando sus políticas sociales desde la concesión de los planes de desocupados hacia el otorgamiento de subsidios para cooperativas de trabajo y de construcción de viviendas, a cuya ejecución y control sumó a estas últimas exorganizaciones de desocupados y otras organizaciones sociales.[264] Pero el gobierno también adoptó esa política de incorporación de demandas ante otras organizaciones sociales que habían desempeñado un papel menos protagónico en ese ascenso de las luchas sociales que había desembocado en la insurrección de fines de 2001 y que resultaban menos conflictivas. Este es el caso, por excelencia, de las más antiguas organizaciones de derechos humanos. Kirchner, como adelantamos también en la primera parte, impulsó desde el comienzo de su mandato una serie de medidas que venían reclamando estas organizaciones de derechos humanos –purgas, anulación de leyes de amnistía, reapertura de causas– y enseguida logró encolumnar detrás suyo a dichas organizaciones en su conjunto, encabezadas por el sector de las Madres de Plaza de Mayo liderado por Hebe de Bonafini.

Las consecuencias más importantes de esta estrategia adoptada por el kirchnerismo ante las organizaciones sociales fueron la generalización de

---

[264] La gestión de estos planes productivos reforzó a su vez la importancia de los mecanismos clientelares y de las organizaciones de base territorial –es decir, precisamente, de mecanismos y organizaciones no sindicales ni partidarios– dentro del ejercicio de la dominación por parte del peronismo a los que se refieren Auyero (2001), Levitzky (2005) y Merklen (2010). Esta es la clave para entender la convivencia, aparentemente contradictoria, entre estas políticas más focalizadas y políticas más universalistas como la AUH dentro de la política social del kirchnerismo (véanse Logiúdice, 2011, y Logiúdice y Bressano, 2011): mientras que las primeras apuntan a seguir alimentando esos mecanismos clientelares locales, las segundas apuntan a generar consensos más amplios.

divisiones alrededor del eje kirchnerismo/anti-kirchnerismo entre dichas organizaciones o entre fracciones dentro de ellas, por una parte, y la tendencia hacia la estatización de la mayoría de las organizaciones que optaron por alinearse con el kirchnerismo, por la otra. En efecto, el establecimiento por parte del gobierno de canales de acceso diferenciales a la satisfacción de demandas para aquellas organizaciones sociales que se alineaban, enfrentándolas con aquellas que no se alineaban, involucró el otorgamiento de concesiones en materia de recursos y de cargos que no solo las integraron a la coalición de gobierno, sino que tendieron a integrarlas al propio estado. Esta tendencia a la integración en el estado empalmó a su vez con la orientación político-ideológica previa de la mayoría de esas organizaciones sociales que habían enfrentado el neoliberalismo, una orientación populista y por consiguiente estatista que las predisponía favorablemente de antemano a esa integración (véase Bonnet, 2009a).[265] Este es el caso, especialmente, de varias de las organizaciones que integraban el sector del movimiento piquetero que fuera clasificado como su vertiente sindical (Schuster, 2005) y caracterizado por su ideología de matriz peronista o nacionalista de izquierda (Svampa y Pereyra, 2003).[266] Estas organizaciones provenían de largos años de enfrentamiento con un estado que, en manos de gobiernos neoliberales, empujaba a la oposición a todas las organizaciones sociales, sin mayores distinciones político-ideológicas. Pero las oportunidades de integración a ese estado inauguradas por el ascenso de nuevos gobiernos, más populistas, no podían sino modificar sensiblemente su patrón previo de comportamiento respecto del estado.

---

[265] En este sentido, la explicación crítica más extendida acerca de la práctica de estas organizaciones sociales, que descansa en su cooptación, es insuficiente porque supone una actitud meramente pasiva por parte de esas organizaciones (véase Cortés, 2007). La cooptación desempeñó indudablemente un papel importante en la explicación de dicha práctica, pero no alcanza si no atendemos también a la orientación político-ideológica previa de dichas organizaciones.

[266] Aunque no es el caso exclusivamente de las organizaciones de este sector: muchas de las que integraban el sector clasificado como autónomo y caracterizado por una orientación político-ideológico presuntamente más izquierdista, compartían en los hechos la misma orientación populista y también acabarían resignando su atonomía ante el kirchnerismo. Recordemos, entre otros, el caso de la UTD de Gral. Mosconi, considerada en su momento como uno de los baluartes más importantes del sector autónomo del movimiento piquetero y cuyo principal dirigente, Juan Carlos Fernández, acabaría como candidato kirchnerista a intendente de la ciudad en 2007.

Estas organizaciones fueron quedando así cada vez más subordinadas al estado. Las más numerosas e importantes, provenientes del anterior ciclo de resistencia contra el neoliberalismo, como la Federación de Tierra y Vivienda, el Movimiento Evita (ex-MTD Evita) o el Movimiento Barrios de Pie (ex-Corriente Patria Libre), aunque en gran medida reciclados gracias a su acceso a recursos y cargos estatales; algunas, en cambio, nacidas después de la crisis de 2001, como el Frente Transversal Nacional y Popular (proveniente de sectores de la CTA) o la Organización Barrial Tupac Amaru (también, a partir de organizaciones preexistentes vinculadas con la CTA). En cualquier caso, los principales dirigentes de estas organizaciones acabarían siendo designados como funcionarios durante la década. Los casos más conocidos son los de Jorge Ceballos como Director de Asistencia Comunitaria (2004) y luego Subsecretario de Organización y Capacitación Popular (2006), cargos dependientes del Ministerio de Desarrollo Social, y de Humberto Tumini como Secretario del Consejo Federal de Derechos Humanos (2008), ambos del MBP y en ejercicio de sus cargos hasta la ruptura de esta organización con el kirchnerismo a fines de 2008; de Emilio Pérsico del Movimiento Evita como subsecretario de Políticas Públicas de la Provincia de Buenos Aires (2005) y luego como Subsecretario de Agricultura Familiar, entonces dependiente del Ministerio de Desarrollo Social (2012), y de Luis D'Elía de la FTV como Subecretario de Tierras para el Hábitat Social, dependiente del Ministerio de Planificación Federal (2006). Pero a ellos se sumaron decenas de cargos ejecutivos y legislativos a niveles nacional y provincial. Es imprescindible agregar, sin embargo, que estos dirigentes cooptados apenas si incidieron en el rumbo político seguido por las administraciones kirchneristas, que siguieron privilegiando a las viejas estructuras del PJ para el reclutamiento de sus funcionarios más importantes. El discurso acerca de un supuesto *gobierno en disputa* que divulgaron en un comienzo los dirigentes de estas organizaciones, una vieja ilusión populista que descansa sobre la ilusión más vieja aún de la neutralidad del estado capitalista dentro del cual se dirimiría dicha disputa, fue convirtiéndose así con el correr de los años en una mera justificación *ad-hoc* de su ocupación de cargos en el estado.[267]

---

[267] Véase, para citar apenas un ejemplo, la interpretación de D' Elía de su desplazamiento como funcionario del gobierno de Kirchner, a fines de 2006, en el sentido de que había sido consecuencia de su disputa al interior del gobierno con el sector encabezado por el exministro Alberto Fernández, que "representa la derecha reaccionaria, entreguista, cipaya" (*Página 12*, 4/12/06).

El previsible resultado de esta integración de organizaciones sociales en el estado no sería entonces la impronta que dejarían en el rumbo seguido por las administraciones kirchneristas, sino la creciente degradación político-ideológica de dichas organizaciones. El estado no es un espacio que un cuadro o una organización puedan ocupar sin más, es más bien un proceso de estatización de relaciones sociales en el cual ese cuadro o esa organización se integran. Y, más temprano que tarde, el resultado de esta integración es una degradación político-ideológica de esos cuadros y esas organizaciones. Esta degradación, en nuestro caso, atravesó distintos momentos. El primero fue su desmovilización: mientras las exorganizaciones de desocupados como la FTV abandonaban los piquetes en las rutas (hacia 2003), las exorganizaciones de derechos humanos como las Madres de Plaza de Mayo abandonaban sus marchas en la plaza (en 2006). Pero este abandono del campo de lucha no cerraría la historia de estas organizaciones sociales integradas en el estado. El segundo momento de su degradación consistiría en la conversión en los hechos de muchos de sus dirigentes en agentes de oscuros intereses. El citado D'Elía declararía que los organizadores del corte del Puente Pueyrredón de junio de 2002 (en el que, recordemos, fueron asesinados por la policía dos militantes de la CTD Aníbal Verón) habían "arreglado con el gobierno una represión de baja intensidad" porque "necesitaban muertos" y que los organizadores de la marcha a Plaza de Mayo de diciembre de 2003 (en la que una explosión dejó unos quince heridos) habían perpetrado "una especie de autoatentado" pues también "necesitaban muertos". Y Bonafini, por su parte, declararía que Julio López (desaparecido en 2006, tras atestiguar en el juicio contra el genocida Etchecolatz) "no es un típico desaparecido" y que su testimonio podía haber sido "parte de una gigantesca maniobra contra el presidente, al que le quieren tirar un desaparecido". Si aquellas declaraciones de D´Elía reproducían el discurso de la policía bonaerense, estas de Bonafini recordaban en los hechos el discurso de culpabilización de las propias víctimas de los militares de la dictadura. Pero habría todavía un tercer momento en esta degradación, vinculado con la corrupción y el clientelismo que alimentó el financiamiento público privilegiado del que dispusieron estas organizaciones. Sucedió simplemente que la creciente estatización de estas organizaciones las impregnó de las características de los aparatos burocráticos estatales propiamente dichos, entre ellas, esa corrupción y ese clientelismo. Y así se fueron multiplicando las denuncias sobre los manejos de fondos de varios de los dirigentes de estas organizaciones, como Milagro Sala (de la Tupac Amaru) o Emilio Pérsico (del Evita), aunque el caso más escandaloso sería, sin dudas, el de la Misión Sueños Compartidos, el negociado de la construcción montado por Sergio Schoklender bajo el paraguas de la Asociación Madres de Plaza de Mayo línea Bonafini.

La explicación de este proceso de degradación político-ideológica de estas organizaciones sociales, sin embargo, no puede prescindir de una característica más específica de la relación que el kirchnerismo mantuvo con ellas. En efecto, a diferencia del peronismo clásico, que descansaba en la movilización –principal, aunque no exclusivamente– de los sindicatos, el kirchnerismo no requería la movilización continua de instancias de mediación entre el estado y la sociedad como estas organizaciones sociales. El kirchnerismo solo requirió la movilización de estas organizaciones en muy contadas ocasiones y dentro de límites muy estrechos. Y, en estos casos, dichas organizaciones tendieron a verse reducidas a meras fuerzas de choque a las órdenes del gobierno, confirmando así el nivel de degradación en que se encontraban. Digamos que si, después de la insurrección de 2001, aquellas reuniones de las asambleas barriales habían sugerido que no se requería la burocracia del estado capitalista para manejar los asuntos comunes del barrio o aquellas actividades de las empresas recuperadas habían sugerido que no se necesitaba de la gerencia capitalista para producir colectivamente, esta manipulación de las organizaciones sociales como fuerzas de choque del gobierno, durante la década siguiente, solo podía contribuir desde abajo a ratificar la convicción burguesa de que los trabajadores, lejos de ser un sujeto capaz de emanciparse a sí mismo, son una masa de maniobra a su servicio (véase Bonnet, 2009a).

Así sucedió, por ejemplo, en los bloqueos y ocupaciones de estaciones de servicio de Shell encabezadas por la FTV y secundadas por otras organizaciones como Barrios de Pie, el Frente Transversal, el Movimiento Evita y el Frente Barrial 19 de diciembre, en marzo de 2005, en respuesta al llamado a un boycot que había lanzado Kirchner por los aumentos de precios de los combustibles. O, más importante aún, en el ataque del Movimiento Evita y la FTV a los manifestantes en apoyo a la burguesía agraria en Plaza de Mayo en marzo de 2008 y en otros escenarios semejantes de aquellos días. Durante este último conflicto, en otras palabras, el empleo con fines represivos de fuerzas de seguridad regulares (la Prefectura en San Pedro, en marzo; la Gendarmería en Gualeguaychú, en junio) por parte del gobierno se combinó con el empleo de esta suerte de fuerzas irregulares. Esto volvió a poner en evidencia el grado de degradación político-ideológica en que se habían hundido esas organizaciones.[268] Pero también evidenció una de las características del empleo de la represión durante el kirchnerismo. No solo se trató, como ya dijimos antes, de un empleo muy restringido, que recayó sobre aquellos conflictos que desbordaron los límites establecidos por la normalización de la conflictividad en curso, especialmente en las provincias, sino que también se trató de un empleo de la represión que combinó en algunos casos mecanismos institucionales con mecanismos parainstitucionales. La condición de posibilidad de este empleo de mecanismos parainstitucionales de represión fue, precisamente, la capacidad en cuestión del kirchnerismo de integrar organizaciones sociales al estado y degradarlas a fuerzas de choque suyas.[269]

En síntesis, el balance acerca de la evolución durante el kirchnerismo de las organizaciones sociales surgidas durante el ascenso de las luchas sociales que culminó en la insurrección de fines de 2001 como las piqueteras e incluso de algunas que, como los organismos de derechos humanos, se habían originado en anteriores ciclos de luchas es, en líneas generales, desalentador. Algunas de las organizaciones más recientes y por consiguiente menos consolidadas se disolvieron (como la gran mayoría de las asambleas barriales) o se amoldaron a las nuevas condiciones vigentes (como los colectivos de trabajadores de las empresas recuperadas respecto del mercado), con el posterior retroceso de las luchas sociales. Una porción importante de esas organizaciones ingresó en un proceso de integración al estado, al precio de una creciente degradación político-ideológica. Muchas de esas organizaciones, sin importar si habían sufri-

---

[268] Dos años más tarde, el propio D´Elía se encargaría de ratificar la plena sustituibilidad entre ambos tipos de fuerzas: una vez que el gobierno de Fernández de Kirchner le había soltado la mano a los ambientalistas que cortaban el Puente Gualeguaychú –Fray Bentos en su lucha contra las pasteras uruguayas–, fue D´Elía el encargado de reclamar que la Gendarmería desalojara el puente (*Ámbito Financiero*, 10/6/10).

[269] Aquí no podemos dejar de hacer referencia al caso más dramático de represión parainstitucional durante el período: el perpetrado por la *patota sindical* de la Unión Ferroviaria encabezada por José Pedraza que acabó con el asesinato de Mariano Ferreyra en octubre de 2010. La CORREPI calificó con precisión este asesinato como "represión tercerizada". Sin embargo, a diferencia de los casos mencionados más arriba y aunque la burocracia en cuestión era aliada del kirchnerismo, es dudoso que dicha patota haya actuado como fuerza de choque del propio gobierno.

do esa estatización (como la FTV) o no (como la CCC o incluso más recientemente el FPDS), entraron en procesos de divisiones y crisis que parecen irreversibles. Otras (como muchos MTD), simplemente, fueron extinguiéndose con el correr de los años.

Sin embargo, también es cierto que muchos de los recursos característicos que habían empleado esas organizaciones en su resistencia contra el neoliberalismo de los noventa, como la acción directa, la organización asamblearia, incluso el rechazo a las instituciones y a los partidos burgueses, volvieron a estar presentes en una serie de conflictos registrados en la década siguiente. Tal es el caso, por excelencia, de los nuevos conflictos socio-ambientales. Estas continuidades en las prácticas de lucha de las organizaciones sociales sugieren que el proceso de normalización de la conflictividad impulsado por el kirchnerismo encontró ciertos límites. Y, si tenemos en cuenta algunas otras características de las luchas sociales de la década, estos límites quedan en evidencia aún más claramente. Las mencionadas dificultades que atravesó el proceso de recuperación y revinculación con el estado del sistema de sindicatos permitieron la emergencia de un nuevo sindicalismo clasista en las comisiones internas y cuerpos de delegados de base que, aunque minoritario, ya comenzó a disputar a la burocracia sindical la conducción de importantes gremios, como el de los trabajadores de la alimentación (la STIA, de Daer). La imposibilidad de una recomposición duradera del sistema de partidos, por su parte, despejó el espacio para el crecimiento de alternativas de izquierda anticapitalista (como el FIT) cuya presencia es insoslayable a partir de los resultados alcanzados en las últimas elecciones. Se trata en todos estos casos de los límites de un proceso de normalización de la conflictividad impuesto por el kirchnerismo a una clase trabajadora que, a diferencia de otros períodos de la historia argentina reciente, no cargaba sobre sus espaldas con una nueva derrota. Y es altamente probable que estos límites se pongan en evidencia de una manera irrefutable en el caso de que las tendencias recesivas que, aunque intermitentemente, vienen asomándose durante los últimos años se instalen y echen por tierra las condiciones materiales del arbitraje entre intereses que sustenta el modo de ejercicio de la dominación propio del kirchnerismo.

Conclusión: el populismo como farsa

Una vez como tragedia, la otra vez como farsa.
Carlos Marx

Marx abrió *El dieciocho brumario* con la célebre afirmación de que, de acuerdo con Hegel, la historia se repite dos veces, pero corrigiendo a Hegel, la primera vez se repite como tragedia y la segunda como farsa. La historia del populismo doméstico no es una excepción a esta regla.

El primer populismo ya se había repetido como tragedia entre 1973 y 1976. Después de treinta años, habían regresado el líder y sus discursos, aunque con la voz un poco más cascada, su esposa, reemplazada por la siniestra Isabelita; y los descamisados, convertidos en Montoneros; la soberanía política y la independencia económica habían regresado como nacionalización de la banca y del comercio exterior y como alguna distancia respecto de los organismos financieros internacionales; la justicia social, como la mitad del ingreso nacional para los trabajadores; el capitalismo nacional, con cara de Gelbard y cuerpo de Confederación Nacional Económica. Pero ni las clases sociales ni las relaciones de fuerza entre esas clases eran las mismas que treinta años antes. Y fue la tragedia.

El populismo volvió a repetirse, pero como farsa, otros treinta años después. Desde 2003 en adelante, el líder parloteó en falsete, su esposa se convirtió en la glamorosa Cristina, los Montoneros sobrevivientes se convirtieron en funcionarios y sus hijos en soldados de Cristina —perdón: de Argentina—; la soberanía política y la independencia económica consistieron en pagar serialmente a los acreedores y en reprender seriamente a los supermercados por su mala conducta; la justicia social regresó como inclusión social; el capitalismo nacional apenas si alcanzó a soñar con volverse racional de la mano de Lavagna y la UIA, para acabar a la deriva en manos de Axel y sus amigos. Y mientras aquella tragedia se convertía en esta farsa, la Standard Oil se había convertido en Chevrón.

Entre ambas repeticiones, ciertamente, los valores nacionales y populares habían sufrido unos cuantos duros reveses. Recordemos apenas que

"

había sido el segundo peronismo, con su Triple A y su rodrigazo, quien había anticipado a la dictadura. Y que había sido el tercer peronismo, el menemismo, quien había realizado el sueño acariciado durante tantos años por la gran burguesía doméstica de alcanzar su hegemonía política en condiciones democráticas. Sin embargo, aunque ya estuvieran bastante magullados, esos valores nacionales y populares seguían siendo los únicos recursos ideológicos disponibles para una empresa de restauración del orden como la que esa misma gran burguesía se vio obligada a encarar después de la insurrección de diciembre de 2001. En estas nuevas condiciones, digamos, era tan inexorable que el populismo se repitiera como era inexorable que se repitiera como farsa.

Pero no vamos a repetir aquí los argumentos que desarrollamos a lo largo de estas páginas acerca de las características de esta repetición del populismo como farsa. Preferimos imaginar que Hegel corrigió a su vez a Marx y preguntarnos, con este Hegel imaginario, si este tercer momento no es también la verdad del conjunto. Preguntarnos, en otras palabras, hasta qué punto nuestro análisis de esta empresa de restauración del orden encarada por el kirchnerismo en particular puede decirnos algo más general acerca de la función que desempeña el populismo en una sociedad donde la clase trabajadora ya se encuentra incorporada dentro del orden burgués.[270] Este es el caso de la sociedad argentina, pero también, dicho sea de paso, de la mayoría de las sociedades de los restantes países latinoamericanos, de manera que la pertinencia de esta pregunta se extiende más allá de nuestras fronteras. Recordemos, en este sentido, que no solo en la Argentina, sino también en varios otros países latinoamericanos se desencadenaron a fines de la década de los noventa o a comienzos de la siguiente ciclos de ascenso de las luchas sociales contra las políticas neoliberales que habían venido implementándose durante las dos décadas previas, ciclos que culminaron en crisis del neoliberalismo y en reorientaciones de las políticas más o menos pronunciadas se-

---

[270] El recurso ideológico al populismo para la legitimación de esta empresa de restauración del orden ilumina la función que desempeña el populismo en sociedades sin tareas democráticas pendientes, podríamos decir, en el mismo sentido en que el recurso al nacionalismo para la legitimación de la dictadura en retirada durante la Guerra de las Malvinas ilumina la función que desempeña el nacionalismo en sociedades sin tareas nacionales pendientes (véase, en este sentido, nuestro argumento en Bonnet, 2012c).

gún los casos. Todos estos procesos compartieron una característica. Combinaron potencia e impotencia: una potencia social (que se expresó en su momento precisamente en su capacidad de resistir las políticas neoliberales) con una impotencia política (que se expresaría poco después en su incapacidad de imponer una alternativa anticapitalista). La suerte corrida por el *¡Que se vayan todos!* proclamado durante aquella insurrección de diciembre de 2001, en nuestro caso, fue paradigmática de esta combinación de potencia e impotencia. Huelga decir aquí que, cuando hablamos de esta impotencia política, no estamos refiriéndonos al hecho de que las masas movilizadas fueran renuentes a optar por nuevos dirigentes y partidos que reemplazaran a los antiguos dirigentes y partidos impugnados durante ese ascenso de las luchas sociales, como les reclamaban por aquellos días los voceros de la burguesía. Nos referimos, en cambio, a las limitaciones que esas masas pusieron en evidencia ante la tarea de inventar e imponer por sí mismas nuevos modos de autoorganización y de autodeterminación social en una dirección anticapitalista.

Nuestro argumento, en este sentido, es que esta última impotencia política hundía sus raíces más hondas precisamente en el lastre de reformismo, de estatismo y nacionalismo, de conciliación entre clases, en pocas palabras, de heteronomía generalizada, que el populismo seguía depositando sobre los sectores más avanzados de esas luchas sociales (véase Bonnet, 2014b). A diferencia de otras tradiciones políticas que, aunque en menor medida, también influyeron sobre esos sectores de vanguardia, el populismo latinoamericano no se había originado en un ciclo revolucionario sino en un ciclo reformista de la lucha de clases, a saber, en los mencionados procesos de integración de la clase trabajadora al orden burgués registrados en varios países de América latina hacia mediados del siglo pasado.[271] Pero como es sabido, este origen no le impidió ejercer su influencia sobre la izquierda, incluso sobre algunas de sus vertientes revolucionarias, ya durante el posterior ciclo de la lucha de clases de

---

[271] Gramsci inventó una sugerente metáfora para referirse a la manera en que tradiciones como estas se heredan dentro del pensamiento político. Afirmaba que el mapa ideológico francés era el resultado de las corrientes ideológicas provenientes de las anteriores revoluciones, que habían ido superponiéndose con el correr de los años como sucesivas capas geológicas. Esta metáfora gramsciana puede generalizarse. Y mi argumento aquí es entonces que el populismo no es la única, aunque sí en los hechos la más opresiva, de esas capas en nuestra formación geológica.

fines de los sesenta y comienzos de los setenta. Y volvería a ser la influencia de este populismo sobre los sectores más avanzados dentro de los procesos de resistencia contra el neoliberalismo de fines de los noventa y comienzos de la década siguiente el factor que les impondría sus principales limitaciones desde una perspectiva anticapitalista.

Sabemos que en nuestro caso el populismo, aunque olvidado durante los años de predominio del neoliberalismo, seguía siendo y fue en los hechos el recurso ideológico por excelencia ante la tarea de gestionar la restauración del orden después de la crisis de ese neoliberalismo. Pero el hecho que nos interesa remarcar en estas conclusiones es más bien el de que la mayoría de los cuadros y las organizaciones políticas y sociales que encabezaron la resistencia contra el neoliberalismo, incluyendo a muchas que se inscribían a sí mismas dentro del campo de la izquierda, se encontraron ideológicamente desarmados a la hora de enfrentar esa restauración neopopulista del orden. Este desarme se expresó de dos maneras distintas. La mayoría de esos cuadros y esas organizaciones sencillamente encontró en el kirchnerismo un exponente de su propia orientación ideológica previa y se sumó sin más a su empresa restauradora. Mientras que una minoría intentó en cambio oponerse a dicha empresa de restauración, aunque, debido a que en última instancia compartía con las anteriores esa misma orientación populista, quedó cada vez más aislada debido a que esa oposición suya resultaba muy poco convincente. En otras palabras, mientras que los primeros se sumaron al kirchnerismo porque consideraron que era populista, los segundos intentaron oponérsele porque consideraron que no era suficientemente populista.[272] La diferencia entre estas dos posiciones ante el kirchnerismo siguió siendo políticamente importante, desde luego, puesto que esta última no implicaba la complicidad con la burguesía que implicaba aquella. Pero ambas posiciones no dejaban de ser dos expresiones distintas de un mismo desarme ideológico. El populismo era el horizonte ideológico insuperable de ambas.

---

[272] La influencia del llamado *socialismo del siglo xxi,* de Chávez, que no es sino un populismo del siglo xx, fue determinante sobre el curso político seguido por estos últimos cuadros y organizaciones. Su dilema fue entonces prácticamente insalvable: ¿Cómo ser chavista sin ser kirchnerista cuando (a pesar de las evidentes diferencias entre las experiencias venezolana y argentina) el propio Chávez reivindicaba a los Kirchner? La respuesta a esta pregunta no podía ser sino un galimatías.

Podría aducirse que este desarme ideológico de los cuadros y las organizaciones políticas y sociales que habían encabezado la resistencia contra el neoliberalismo se explica, simplemente, por la persistente adhesión de las propias masas a la tradición populista. Pero esta explicación es poco convincente. Por una parte, la solidez de esa supuesta adhesión de las masas a la tradición populista quedó en entredicho en muchas ocasiones desde el inicio mismo de la transición democrática de los ochenta y, especialmente, durante los largos años noventa en que esas mismas masas adhirieron al neoliberalismo. Y, por otra parte, en el mejor de los casos esa supuesta adhesión de las masas a la tradición populista podría explicar su propio apoyo a la restauración neopopulista del orden en cuestión, pero no así la incapacidad de aquellos cuadros y organizaciones políticas y sociales para ofrecer alguna alternativa ante dicha restauración y menos aún la integración de la mayoría de ellos al propio kirchnerismo. No fue tanto el populismo de las masas, en pocas palabras, como el populismo de la propia izquierda el que la desarmó ante esa restauración del orden.

La lucha contra el capitalismo requiere la emergencia y la generalización de fenómenos de autoorganización y de autodeterminación, es decir, de autonomía social, que impugnen al mercado y al estado capitalistas como modos irracionales de organización de la sociedad. La autonomía ideológica no es sino una de las dimensiones de esta autonomía social. En la medida en que los cuadros y las organizaciones de izquierda permanezcan encerrados en ese horizonte ideológico del populismo, es decir, de la burguesía, no habrá una nueva izquierda verdaderamente anticapitalista. Pero romper este encierro será una empresa de largo aliento. El inminente final de esta repetición del populismo como farsa, mientras tanto, dejará detrás suyo a un conjunto de actores de reparto reclutados en las filas de la izquierda consolándose a sí mismos con las palabras del viejo Falstaff: *Tutto nel mondo è burla... Tutti gabbati!*

Ciudad de Buenos Aires, agosto de 2014.

Bibliografía

AA.VV. (2005). Dossier "Deuda externa/eterna". En *Anuario de los Economistas de Izquierda* 1. Buenos Aires: EDI.

Aboy Carlés, G. (2012). "Populismo, regeneracionismo y democracia". *Post Data. Revista de reflexión y análisis político* 15. Buenos Aires.

Aboy Carlés, G., Aronskind, R. y Vilas, C. M. (2006). *Debate sobre el populismo*. Los Polvorines: UNGS.

Agis, E., Cañete, C. y Panigo, D. (2010). *El impacto de la Asignación Universal por Hijo en Argentina*. Buenos Aires: MTEySS.

Agis, E. y Feldman, G. D. (2010). "Debates en torno a la política macroeconómica en la postconvertibilidad". *Revista del Instituto de Economía Aplicada* 1. Buenos Aires: UCES.

Allami, C. (2013). "El rol del estado en la distribución de los costos del colapso de la convertibilidad". *Realidad Económica* 276. Buenos Aires: IADE.

Atzeni, M. y Ghigliani, P. (2008). "Nature and limits of trade unions mobilization in contemporary Argentina". *Labour again publications*. Amsterdam: International Institute of Social History (www.iisg.nl/labouragain).

Alvarez, L. (2014). *Políticas públicas y movimientos de capital. Un análisis a partir de las políticas de promoción de inversión extranjera en el sector minero metalífero argentino entre 1992 y 2007*. Tesis de Doctorado en Ciencias Sociales. FCS-UBA, mimeo.

Alvarez, L. y Christel, L. (2011). "La puerta de entrada al capital extranjero en el sector minero argentino. análisis de la ley de inversiones mineras (1993)". *Realidad Económica* 259. Buenos Aires: IADE.

Amico, F. (2010). "Notas sobre crecimiento, tipo de cambio y política fiscal". *Revista del Instituto de Economía Aplicada* 1. Buenos Aires: UCES.

Arceo, N. y Rodríguez, J. (2006). "Renta agraria y ganancias extraordinarias en la Argentina. 1990-2003". *Realidad Económica* 219. Buenos Aires: IADE.

Arzadun, D. (2008). *El peronismo. Kirchner y la conquista del reino*. Buenos Aires: Sudamericana-COPPAL.

Astarita, R. (2004). *Valor, mercado mundial y Globalización*. Buenos Aires: Ediciones Cooperativas.

Astarita, R. (2010). *Economía política de la dependencia y el subdesarrollo. Tipo de cambio y renta agraria en la Argentina*. Bernal: UNQ.

Astarita, R. (2013a). "Debate sobre la inflación en la Argentina". En www.rolandoastarita.wordpress.com

Astarita, R. (2013b). "Control de precios y capitalismo 'razonable'". En www.rolandoastarita.wordpress.com

Azpiazu, D. (2002). *Las privatizaciones en la Argentina. Diagnóstico y propuestas para una mayor competitividad y equidad social*. Buenos Aires: CIEPP-OSDE.

Azpiazu, D. *et alii* (2009). *Transformaciones estructurales de la economía argentina. Una aproximación a partir del panel de grandes empresas 1991-2005*. Buenos Aires: PNUD-CLACSO.

Azpiazu, D. y Schorr, M. (2003a). "La renegociación de los contratos entre la Administración Duhalde y las prestatarias de servicios públicos. ¿Replanteo integral de la relación estado-empresas privatizadas o nuevo sometimiento a los interese de estas últimas?". *Realidad Económica* 193. Buenos Aires: IADE.

Azpiazu, D. y Schorr, M. (2003b). *Crónica de una sumisión anunciada. la renegociación con las empresas privatizadas bajo la administración Duhalde*. Buenos Aires: Siglo XXI.

Azpiazu, D. y Schorr, M. (2008). "Del 'modelo de los noventa' a la posconvertibilidad. Reflexiones preliminares". *Realidad Económica* 240. Buenos Aires: IADE.

Azpiazu, D. y Schorr, M. (2010). *Hecho en Argentina. Industria y economía, 1976-2997*. Buenos Aires: Siglo XXI.

Balsa, J. (comp.) (2013). *Discurso, política y acumulación en el kirchnerismo*. Buenos Aires: CCC-UNQ.

Balsa, J., Mateo, G. y Ospital, M. S. (2008). *Pasado y presente en el agro argentino*. Buenos Aires: UNQ-CONICET-Lumière.

Barbosa, S. (2010). "Menemismo y kirchnerismo en Argentina. un análisis político discursivo de su construcción hegemónica". *Pensamiento plural* 6. Pelotas: Universidad Federal de Pelotas.

Barneix, P. (2012). "El desempeño del sector petrolero argentino 2002-2011". *Realidad Económica* 266. Buenos Aires: IADE.

Barros, S. (2013). "Notas sobre los orígenes del discurso kirchnerista". En Balsa (2013).

Barrera, M. (2013). "Reformas estructurales y caída de reservas hidrocarburíferas. el caso argentino". *Realidad Económica* 276. Buenos Aires: IADE.

Barrera Insúa, F. (2012). "Conflictos salariales y organización sindical en la Argentina postconvertibilidad. *PIMSA 2011-12. Documentos y comunicaciones* 83. Buenos Aires: PIMSA.

Barsky, O. (ed.) (1991). *El desarrollo agropecuario pampeano*. Buenos Aires: Grupo Editor Latinoamericano.

Barsky, O. (1997). "La información estadística y las visiones sobre la estructura agraria pampeana". En O. Barsky y A. Pucciarelli (eds.). *El *agro pampeano. El fin de un período*. Buenos Aires: FLACSO-Oficina de Publicaciones del CBC-UBA.

Barsky, O. (2013). "Las políticas agrarias en tiempos del kirchnerismo". En Balsa (2013).

Barsky, O. y Pucciarelli, A. (1991). "Cambios en el tamaño y el régimen de tenencia de las explotaciones agropecuarias pampeanas". En Barsky (1991).

Barsky, O. y Dávila, M. (2008). *La rebelión del campo. Historia del conflicto agrario argentino*. Buenos Aires: Sudamericana.

Basualdo, E. (2000). *Concentración y centralización del capital en la Argentina durante la década de los noventa*. Buenos Aires: UNQ–FLACSO-IDEP.

---------- (2001). *Sistema político y modelo de acumulación en la Argentina*. Buenos Aires: UNQ-FLACSO-IDEP.

---------- (2002). "La crisis actual en la Argentina. entre la dolarización, la devaluación y la redistribución del ingreso". *Revista Chiapas* 13. México: UNAM/Era.

---------- (2004). "Notas sobre la burguesía nacional, el capital extranjero y la oligarquía pampeana". *Realidad económica* 201. Buenos Aires: IADE.

---------- (2006). *Estudios de historia económica argentina. Desde mediados del siglo XX a la actualidad*. Buenos Aires: Siglo XXI/FLACSO.

Basualdo, E. y Arceo, N. (2009). "Características estructurales y alianzas sociales en el conflicto por las retensiones móviles". En E. Arceo, E. Basualdo y N. Arceo. *La crisis mundial y el conflicto del agro*. Buenos Aires: La Página.

Basualdo, E.; Lozano, C y Schorr, M. (2006). "Las transferencias de recursos a la cúpula económica durante la presidencia de Duhalde". *Realidad Económica* 186. Buenos Aires: IADE.

Basualdo, E. y Manzanelli, P. (2010). *América Latina y la minería metalífera. El caso argentino.* Buenos Aires: FETIA/CTA.

Basualdo, E. *et alii* (2010a). *La recuperación industrial durante la postconvertibilidad.* Documento de Trabajo 6. Buenos Aires: CIFRA.

---------- (2010b). *Concentración, centralización y extranjerización. Continuidades y cambios en la post-convertibilidad.* Documento de Trabajo 4. Buenos Aires: CIFRA.

---------- (2011). *El mercado de trabajo en la posconvertibilidad.* Documento de Trabajo 10. Buenos Aires: CIFRA.

Becerra, L. y Méndez, A. (2005). "Un éxito demasiado caro". En *Anuario del EDI* 1. Buenos Aires: EDI.

Belkin, A. y Piva, A. (2009). "Elecciones del 28 de junio de 2009. el giro a la derecha en el ciclo político abierto por las jornadas de diciembre de 2001". *Herramienta* 42. Buenos Aires.

Beltrán, G. (2007). *La acción empresarial en el contexto de las reformas estructurales de las décadas de los ochenta y noventa en Argentina.* Tesis de Doctorado. Buenos Aires: FCS-UBA, mimeo.

Biglieri, P. (2007a). "El concepto de populismo: un marco teórico". En P. Biglieri y G. Perelló (2007).

---------- (2007b). "El retorno del pueblo argentino: entre la autorización y la asamblea. Argentina en la era K". En P. Biglieri y G. Perelló (2007).

Biglieri, P. y Perelló, G. (comps.) (2007). *En el nombre del pueblo. La emergencia del populismo kirchnerista.* San Martín: UNSAM.

Bisang, R. (2007). "El desarrollo agropecuario en las últimas décadas. ¿Volver a creer?". En B. Kosacoff (ed.). *Crisis, recuperación y nuevos dilemas. La economía argentina 2002-2007.* Buenos Aires: CEPAL.

Bocco, A. (1991). "El empleo asalariado". En Barsky (1991).

Bonnet, A. (1999). "Saber, creer y votar, 1999: elecciones menemistas". *Cuadernos del Sur* 29. Buenos Aires.

---------- (2001). "Elecciones 2001: nadie vota a nadie". *Cuadernos del Sur* 32. Buenos Aires.

---------- (2003). "El comando del capital-dinero y las crisis latinoamericanas". En Bonefeld y S. Tischler (comps.). *A 100 años del ¿Qué hacer? Leninismo, crítica marxista y la cuestión de la revolución hoy.* Buenos Aires: Herramienta-ICSyH-BUAP.

---------- (2007a). "Kirchnerismo. el populismo como farsa". *Periferias. Revista de Ciencias Sociales* 14. Buenos Aires, FISyP.

---------- (2007b). "Argentina: ¿un nuevo modelo de acumulación?". En *Anuario del EDI* 3. Buenos Aires: AEDI.

---------- (2008). *La hegemonía menemista. El neoconservadurismo en Argentina, 1989-2001.* Buenos Aires: Prometeo.

---------- (2009). "Las relaciones con el estado en las luchas sociales recientes. Un planteo del problema a partir de la experiencia argentina". En A. Bonnet y A. Piva (comps.) (2009).

---------- (2010a). "La metamorfosis del estado argentino: ¿hacia una nueva forma de estado pos-neoliberal?". En Actas del V Congreso de la Asociación Latinoamericana de Ciencia Política (ALACIP). Buenos Aires. 28 al 30 de julio de 2010.

---------- (2010b). "El *lock-out* agrario y la crisis política del kirchnerismo". *Herramienta Web* 6. Buenos Aires.

---------- (2011a). *El país invisible. Debates sobre la Argentina reciente.* Buenos Aires: Peña Lillo/Continente.

---------- (2011b). "Las relaciones entre estado y mercado. ¿Un juego de suma cero?". En Bonnet (2011a).

---------- (2012a). "Riñas en la cofradía. Los conflictos interburgueses en las crisis argentinas recientes". *Conflicto Social. Revista del Programa de investigación sobre conflicto social* 8. Buenos Aires: Instituto de Investigaciones Gino Germani. FCS-UBA.

---------- (2012b). "La crisis del estado neoliberal en la Argentina". En Thwaites Rey (2012).

---------- (2012c). "La Guerra de Malvinas, la izquierda y la cuestión nacional". En AA.VV. *La izquierda y la Guerra de Malvinas*. Buenos Aires: RyR.

---------- (2014a). "¿Qué es el estado? La forma-estado revisitada", a publicarse en A. García Vela, J. Holloway y S. Tischler (eds.). *Antagonismo y forma social*. México.

---------- (2014b). "Populismo y nueva izquierda". *Herramienta. Revista de debate y crítica marxista* 54. Buenos Aires.

Bonnet, A. y Piva, A. (comps.) (2009). *Argentina en pedazos. Luchas sociales y conflictos interburgueses en la crisis de la convertibilidad*. Buenos Aires: Peña Lillo/Continente.

---------- (2011). "estado y cambios en el estado argentino contemporáneo". *Revista de estudios Marítimos y Sociales* 3. Mar del Plata.

---------- (2013). "Un análisis de los cambios en la forma de estado en la posconvertibilidad". En Grigera (2013).

Bonvecchi, A. y Rodríguez, J. (2006). "El papel del poder legislativo en el proceso presupuestario argentino (1984-2004)". *Desarrollo económico* 180 (45). Buenos Aires: IDES.

Bosoer, F. y Leiras, S. (2001). "Los fundamentos filosófico-políticos del decisionismo presidencial en la Argentina, 1989-1999. ¿Una nueva matriz ideológica para la democracia argentina?". En J. Pinto (comp.). *Argentina entre dos siglos, la política que viene*. Buenos Aires: Eudeba.

Calcagno, A. E. y Calcagno, E. (2003). *Argentina. Derrumbe neoliberal y proyecto nacional*. Buenos Aires: Le Monde Diplomatique.

Cantamutto, F. J. (2013). "El kirchnerismo como construcción hegemónica populista". *Debates urgentes*, 2 (3). Buenos Aires: CECS.

Castellani, A. y Szkolnik, M. (2005). "Devaluacionistas y dolarizadores. La construcción social de las alternativas propuestas por los sectores dominantes ante la crisis de la convertibilidad. Argentina 1999-2000" [en línea]. En www.argiropolis.com.ar.

Castellani, A. y Schorr, M. (2004). "Argentina. convertibilidad, crisis de acumulación y disputas en el interior del bloque en el poder económico". *Cuadernos del CENDES* 21 (57). Caracas: CENDES.

Castillo, Ch. (2009). "La clase trabajadora bajo el gobierno de Kirchner. una comparación entre cuatro colectivos de trabajadores". *Conflicto Social. Revista del Programa de investigación sobre conflicto social* 2. Buenos Aires: Instituto de Investigaciones Gino Germani, FCS-UBA.

---------- (2011). *La izquierda frente a la Argentina kirchnerista. Una visión alternativa al relato gubernamental y al de los medios opositores.* Buenos Aires: Planeta.

Castro García, C., Comelli, M. y Palmisano, T. (2010). "Los usos del conflicto: la influencia de la Mesa de Enlace en el escenario electoral de 2009". En Giarracca y Teubal (2010).

Centro de Estudios Legales y Sociales (CELS) (2003). *Plan jefes y jefas. ¿derecho social o beneficio sin derechos?* Buenos Aires: CELS.

CENDA (2010). *La anatomía del nuevo patrón de crecimiento y la encrucijada actual. La economía argentina en el período 2001-2010.* Buenos Aires: Cara o ceca.

Cherny, N., Feierherd, G. y Novaro, M. (2010). "El presidencialismo argentino: de la crisis a la recomposición del poder (2003-2007)". *América Latina Hoy* 54. Salamanca: Universidad de Salamanca.

Cobe, L. (2009). *La salida de la convertibilidad. Los bancos y la pesificación.* Buenos Aires: Capital Intelectual.

Cohan, L. y Levy Yeyati, E. (2012). *Argentina 2012: el test de la escasez*. Buenos Aires: Elypsis.

Comelli, M. (2010). "La trama de un conflicto extendido. El conflicto agrario marzo – julio de 2008". En Giarracca y Teubal (2010).

Cortés, M. (2007). *Movimientos sociales y estado en Argentina: entre la autonomía y la institucionalización*. Buenos Aires: FISyP, mimeo.

Cotarelo, M. C. (2012). *El proceso de formación de una fuerza social. Argentina 1993-2010*. Tesis de Doctorado en Ciencias Sociales, Facultad de Ciencias Sociales-UBA. Buenos Aires: mimeo.

---------- (2013). "Argentina 2012. ¿Crisis en la fuerza social democrática, nacional y popular?". *Revista del OSAL* 33. Buenos Aires: CLACSO.

Coviello, R. (2014). "El posicionamiento de la Unión Industrial Argentina durante el conflicto agropecuario de 2008". En *Realidad económica* 282. Buenos Aires: IADE.

Curia, E. (2007). *Teoría del modelo de desarrollo de la Argentina. Las condiciones para su continuidad*. Buenos Aires: Galerna.

---------- (2011). *El modelo de desarrollo en Argentina. Los riesgos de una dinámica pendular*. Buenos Aires: FCE.

Dagatti, M. (2013a). "La refundación kirchnerista. Capitalismo, democracia y nación en el discurso de Néstor Kirchner". En Grigera (2013).

---------- (2013b). "Contribuciones para una cartografía discursiva del primer kirchnerismo". En Balsa (2013).

D'Alessandro, M. (2013). "La Argentina reciente: política, estado y partidos en la era kirchnerista". En Balsa 2013.

Damill, M. y Frenkel, R. (2009). *Las políticas macroeconómicas en la evolución reciente de la economía argentina*. Documento de Trabajo CEDES 65. Buenos Aires: CEDES.

Damill, M., Frenkel, R. y Rapetti, M. (2005). "La deuda argentina. historia, default y reestructuración". *Desarrollo económico* 45 (178). Buenos Aires: IDES.

Damill, M., Frenkel, M. y Rapetti, M. (2005). *La deuda argentina: historia, default y reestructuración*. Documento del CEDES 16. Buenos Aires: CEDES.

De Luca, M. (2013). "Partidos políticos y sistema de partidos en los años de Kirchner". En Balsa (2013).

Delfini, M., Erbes, A. y Sonia, R. (2011). "Participación sindical de los trabajadores en Argentina: principales determinantes y tendencias". *Relations industriels / Industrial relations* 66 (3).

Díaz, A. (2014). "Táctica y estrategia del conformismo social-liberal". *Ideas de izquierda. Revista de política y cultura* 10. Buenos Aires: IPS-Karl Marx.

Domínguez, D. y Sabatino, P. (2008). "La conflictividad en los espacios rurales de Argentina". *Laboratorio / on line,* 22. Instituto de Investigaciones Gino Germani: FCS-UBA.

Dornbusch, R. y Edwards, S. (1990). "La macroeconomía del populismo en América Latina". *El trimestre económico*. México: FCE.

Dossi, M. V. (2010). *La acción colectiva de la Unión Industrial Argentina en el período 1989-2002. Un análisis desde su dinámica organizativa-institucional.* Documento de Investigación Social 10. Buenos Aires: UNSAM-IDAES.

Duhalde, S. y Lenguita, P. (2012). "El clasismo sindicale en tiempos kirchneristas. Un estudio de caso". *Conflicto Social. Revista del Programa de investigación sobre conflicto social* 7. Buenos Aires: Instituto de Investigaciones Gino Germani, FCS-UBA.

Eskenazi, M. (2009). "El espectro de la dolarización: discutiendo las interpretaciones sobre la disputa interburguesa en el origen de la crisis de la convertibilidad". En Bonnet y Piva (2009).

Español, P. y Herrera, G. (2011). "La (re)construcción de un proyecto nacional para el desarrollo". *Revista de Ciencias Sociales* 3 (19). Bernal: UNQ.

Etchemendy, S. y Collier, R. (2008). "Golpeados pero de pie. Resurgimiento sindical y neocorporativismo segmentado en Argentina (2003-2007)". *Post Data. Revista de reflexión y análisis político* 13. Buenos Aires.

Fabris, J. y Villadeamigo, J. (2011). "El 'modelo productivo' argentino. Fortalezas y debilidades de un modelo económico con aristas heterodoxas". Ponencia presentada a la AHE Conference 2011. Nottingham Trent University, United Kingdom.

Fanelli, J. M. y Albrieu, R. (2009). "Crisis internacional y estrategia macroeconómica". En Kosakoff y Mercado (2009).

Fanelli, J. M. y Frenkel, R. (1990). *Políticas de estabilización e hiperinflación en Argentina*. Buenos Aires: Tesis-Norma.

Féliz, M. (2011). "¿Neo-desarrollismo. más allá del neo-liberalismo? Desarrollo y crisis capitalista en Argentina desde los 90". *Theomai* 23. Bernal: UNQ.

Féliz, M. (2014). "¿Crisis del proyecto neodesarrollista en Argentina? Límites y alternativas para la superación de una estrategia de desarrollo". *Batalla de ideas* 4. Buenos Aires.

Féliz, M. y López, E. (2012). *Proyecto neodesarrollista en la Argentina. ¿Modelo nacional-popular o nueva etapa en el desarrollo capitalista?* Buenos Aires: Herramienta-El Colectivo.

Fernández, A. L., González, M., Lafleur, L. y Wahlberg, F. (2010). *Manipulación de estadísticas oficiales:. ¿qué oculta sobre la situación de los trabajadores?*. Informe de Trabajo 8. Buenos Aires: CENDA.

Ferrer, A. (1987). *Crisis y alternativas de la política económica argentina*. Buenos Aires: FCE.

Frenkel, R. (2004). "Las políticas macroeconómicas, el crecimiento y el empleo". OIT. *Generando trabajo decente en el Mercosur. Empleo y estrategia de crecimiento: el enfoque de la OIT.* Ginebra: OIT.

---------- (2008). "Tipo de cambio real competitivo, inflación y política monetaria". *Revista de la CEPAL* 96. Santiago de Chile.

Frenkel, R. y Rapetti, M. (2007). "Política cambiaria y monetaria después del colapso de la convertibilidad". *Ensayos económicos* 46. Buenos Aires: BCRA.

---------- (2008). "Five years of competitive and stable real exchange rate in Argentina 2002-2007". *International Review of Applied Economics* 22 (2).

---------- (2011). *Fragilidad externa o desindustrialización. ¿Cuál es la principal amenaza para América Latina en la próxima década?* Santiago de Chile: CEPAL.

Gaggero, A. y Wainer, A. (2004). "Crisis de la convertibilidad: el rol de la UIA y su estrategia para el (tipo de) cambio". *Realidad Económica* 204. Buenos Aires: IADE.

Garcette, N. (2010). *Inflación, pobreza y salarios,* Informe de Coyuntura 12. Buenos Aires: Observatorio Social.

Giarracca, N. (2008). "La Argentina y la democratización de la tierra". *Laboratorio / on line,* 22. Buenos Aires: Instituto de Investigaciones Gino Germani, FCS-UBA.

Giarracca, N. (2010). "El conflicto agrario 2008-2009: los debates necesarios". En Giarracca y Teubal (2010).

Giarracca, N. y Palmisano, T. (2010). "Expansión sojera y paro agrario. Reflexiones para comprender el 2008 y 2009 en la Argentina". En Giarracca y Teubal (2010).

Giarracca, N. y Teubal, M. (coords.) (2010). *Del paro agrario a las elecciones de 2009. Tramas, reflexiones y debates.* Buenos Aires: Antropofagia.

Gigliani, G. (2005). "Argentina después del canje: se redujo la deuda, pero crecieron los pagos". En *Anuario del EDI* 1. Buenos Aires: EDI.

Gigliani, G. (2012). "La crisis de divisas en la industria 'neodesarrollista'". *Batalla de ideas* 3. Buenos Aires.

Giussani, L. A. y L' hopital, M. F. (2003). *La inversión extranjera directa en Argentina (1992-2002)*. Buenos Aires: INDEC.

Godio, J. (2004). "La estrategia de la transversalidad del presidente Kirchner". *Rebanadas de realidad* 27/2/04 [en línea]. En http// www.rebanadasderealidad.com.ar/godio-9.htm

Godio, J. (2006). *Kirchner: el devenir de una revolución desde arriba*. Buenos Aires: Letra Grifa.

Golonbek, C. y Mareso, P. (2011). *Sector financiero argentino 2007/2010. Normalización, evolución reciente y principales tendencias*. Documento de Trabajo 36. Buenos Aires: CEFID-AR.

González, H. (2011). *Kirchnerismo: una controversia cultural*. Buenos Aires: Colihue.

Grigera, J. (2011). "La desindustrialización en Argentina ¿Agresión a la manufactura o reestructuración capitalista?". En Bonnet (2011).

Grigera, J. (comp.) (2013). *Argentina después de la convertibilidad (2002-2011)*. Buenos Aires: Imago Mundi.

Grigera, J. (2014). "La insoportable levedad de la industrialización". *Batalla de ideas* 4. Buenos Aires.

Gutiérrez G. y Maiello, M. (2008). "El 'ser' de la intelectualidad K. Apóstoles y monaguillos del nuevo conformismo". *Lucha de clases* 8. Buenos Aires: IPS-Karl Marx.

Harvey, D. (2003). *El nuevo imperialismo*. Madrid: Akal.

---------- (2004). "El nuevo imperialismo: acumulación por desposesión". En L. Panitch y C. Leys (eds.). *El nuevo desafío imperial*. Buenos Aires: Merlín Press-CLACSO.

Heinrich, M. (2008). *Crítica de la economía política*. Madrid: Escolar y Mayo.

Helmke, G. (2003). "La lógica de la defección estratégica. Relaciones entre la corte suprema y el poder ejecutivo en la Argentina en los períodos de la dictadura y la democracia". *Desarrollo Económico* 170 (43). Buenos Aires: IDES.

Heredia, M. (2003). "Reformas estructurales y renovación de las elites económicas: estudio de los portavoces de la tierra y del capital". *Revista Mexicana de Sociología* 65 (1). México.

Horowitz, A. (2005). *Los cuatro peronismos*. Buenos Aires: Edhasa.

Horkheimer, M. y Adorno, T. W. (1987). *Dialéctica del iluminismo*. Buenos Aires: Sudamericana.

Ianni, V. (2011). "Argentina. ¿una totalidad o parte de un todo? Las relaciones entre espacio nacional y mercado mundial". En Bonnet (2011a).

Iazzetta, O. (2012). "Democracia y dramatización del conflicto en la Argentina kirchnerista". En I. Cheresky (comp.). *¿Qué democracia en América Latina?* Buenos Aires: CLACSO-Prometeo.

Iñigo Carrera, N. (2001). "Las huelgas generales, Argentina 1983-2001: un ejercicio de periodización". *PIMSA 2001. Documentos y comunicaciones* 32. Buenos Aires: PIMSA.

Iñigo Carrera, N. y Cotarelo, M. C. (2000). "La protesta social en los 90. Aproximaciones a una periodización". *PIMSA 2000. Documentos y comunicaciones* 27. Buenos Aires: PIMSA.

---------- (2006). "Génesis y desarrollo de la insurrección espontánea de diciembre de 2001 en Argentina". En G. Caetano (comp.). *Sujetos sociales y nuevas formas de protesta en la historia reciente de América Latina*. Buenos Aires: CLACSO.

Iñigo Carrera, N. y Donaire, R. (2002). *¿Qué interés se manifiesta en las centrales sindicales argentinas?* En *PIMSA 2002. Documentos y comunicaciones* 38. Buenos Aires.

INDEC (2006). *Evolución de la distribución del ingreso.* En www.indec.mecon.gov.ar.

Izquierdo, A., Romero, R. y Talvi, E. (2007). *Boom and busts in Latin America: the role of external factors.* New York: IMF.

Kan, J. (2014). "Del comercialismo a la repolitización del vínculo regional. gobiernos, sindicatos y corporaciones empresarias en el rediseño de la integración latinoamericana". En Schneider (2014).

Kan, J. y Pascual, R. (2011). "La política exterior argentina post 19 y 20 de diciembre". *Herramienta* 46. Buenos Aires: Herramienta.

---------- (2013). *Integrados. Debates sobre las relaciones internacionales y la integración regional latinoamericana y europea.* Buenos Aires: Imago Mundi.

Katz, C. (2005). "¿Quién gana con el canje?" *Anuario del EDI* 1. Buenos Aires: EDI.

---------- (2013). "Anatomía del kirchnerismo" [en línea], en www.rebelión.org.

Kosakoff, B. y Mercado, R. (eds.) (2009). *La Argentina ante la nueva internacionalización de la producción. Crisis y oportunidades.* Buenos Aires: CEPAL.

Laclau, E. (2005). *La razón populista.* México: FCE.

Laclau, E. y Mouffe, Ch. (2006). *Hegemonía y estrategia socialista. Hacia una radicalización de la democracia.* México: FCE.

Lattuada, M. (2006). *Acción colectiva y corporaciones agrarias en la Argentina. Transformaciones institucionales a fines del siglo XX.* Bernal: UNQ.

Levitsky, S. y Murillo, M. V. (2008). "Argentina: from Kirchner to Kirchner", en *Journal of democracy* 19 (2).

Levitsky, S. (2005). *La transformación del justicialismo: del partido sindical al partido clientelista, 1983-1999*. Buenos Aires: Siglo XXI.

Levy Yeyati, E. y Novaro, M. (2013). *Vamos por todo. Las 10 decisiones más polémicas del modelo*. Buenos Aires: Sudamericana.

Llanos, M. y Figueroa Schribber, C. (2008). "La participación de la presidencia y el senado en el nombramiento del poder judicial". En *Desarrollo económico* 188 (47). Buenos Aires: IDES.

Logiúdice, A. (2011). "Pobreza y neoliberalismo: la asistencia social en la Argentina reciente". En *Entramados y perspectivas. Revista de la Carrera de Sociología* 1. Buenos Aires: FCS-UBA.

Logiúdice, A. y Bressano, C. (2011). Nuevas intervenciones públicas en la Argentina reciente. El caso de la asistencia social. *Debate público. Reflexiones de trabajo social* 2. Buenos Aires: FS-UBA.

López, E. (2013). *Emergencia y consolidación de un nuevo modo de desarrollo. Un estudio sobre la Argentina post-neoliberal (2002-2011)*. Tesis de Doctorado en Ciencias Sociales-UNLP. La Plata: mimeo.

López, E. y Cantamutto, F. J. (2013). "Las demandas económicas de la clase trabajadora en el nuevo modo de desarrollo argentino (2002-2011). De la recomposición parcial a las limitaciones estructurales". *Conflicto Social. Revista del Programa de investigación sobre conflicto social* 10. Buenos Aires: Instituto de Investigaciones Gino Germani, FCS-UBA.

López, A., Corrado, A. y Ouviña, H. (2005). "Entre el ajuste y la retórica: la Administración Pública Nacional tras veinte años de reformas". En Thwaites Rey y López (2005).

López, A. y Zeller, N. (2010). *Argentina: un balance de las reformas administrativas en el estado Nacional a 25 años de democracia*. Documento de Trabajo 1/2010. Buenos Aires: INAP.

López, A. y Ramos, D (2009). "Inversión extranjera directa y cadenas de valor en industria y servicios". En Kosakoff y Mercado (2009).

Lozano, C. y Raffo, T. (2004). *Pobreza e indigencia. Mapa actual, evolución reciente y tendencias.* Buenos Aires: IDEF-CTA.

---------- (2006). *Evolución de la distribución del ingreso, el consumo popular y el consumo superior.* Buenos Aires: IDEF-CTA.

Lozano, C., Rameri, A. y Raffo, T. (2009). *Las transformaciones en la cúpula empresaria durante la última década: nuevos liderazgos, similar patrón productivo y mayor extranjerización.* Documento del Instituto de Estudios y Formación de la CTA: Buenos Aires.

Lucita, E. (2005). "Argentina. una nueva reestructuración de la deuda". En *Anuario del EDI 1.* Buenos Aires: EDI.

Makler, C. A. (2008). "Los discursos de las organizaciones corporativas ruralistas ante los derechos de exportación (1958-62 y 2002-06): materiales para su estudio". En Balsa, Mateo y Ospital (2008).

Manzanelli, P. (2013). *El debate sobre la competitividad y sus condicionantes.* Buenos Aires: CIFRA.

Manzanelli, P. y Schorr, M. (2013). "Aproximación al proceso de formación de precios en la industria argentina en la posconvertibilidad". *Realidad económica 273.* Buenos Aires: IADE.

Mark Payne, J. *et alii.* (2006). *La política importa. Democracia y desarrollo en América Latina.* Washington D.C.: BID.

Marshall, A. (2010). "Desempeño del empleo industrial: 2003-2008 en perspectiva". *Realidad Económica 249.* Buenos Aires: IDES.

Marticorena, C. (2010). "Contenido de la negociación colectiva durante la década de 1990 y la posconvertibilidad en actividades seleccionadas de la industria manufacturera". *Estudios del Trabajo 39-40.* Buenos Aires: ASET.

---------- (2013). "Relaciones laborales y condiciones de trabajo en la industria manufacturera durante la posconvertibilidad". En Grigera (2013).

Michelena, G. (2009). "La evolución de la tasa de ganancia en la Argentina (1960-2007): caída y recuperación". *Realidad económica* 248. Buenos Aires: IADE.

Mochkofsky, G. (2011). *Pecado original. Clarín, los Kirchner y la lucha por el poder.* Buenos Aires: Planeta.

Modonesi, M. (2012). "Revoluciones pasivas en América Latina. Una aproximación gramsciana a la caracterización de los gobiernos progresistas de inicio del siglo". En Thwaites Rey (2012).

Montenegro, M. (2011). *¡Es la ekonomía, estúpido! La trama secreta de las decisiones, trampas y falacias del kirchner*ismo. Buenos Aires: Planeta.

Mora y Araujo, M. (2011). *La Argentina bipolar. Los vaivenes de la opinión pública (1983-2011).* Buenos Aires: Sudamericana.

MTEySS (2010). *Los conflictos laborales en 2010. Principales resultados.* Buenos Aires: MTEySS.

Narodowski, P. y Panigo, D. (2010). "El nuevo modelo de desarrollo nacional y su impacto en la Provincia de Buenos Aires". *Cuadernos de Economía* 75. La Plata: Ministerio de Economía de la Provincia de Buenos Aires.

Natanson, J. (2004). *El presidente inesperado.* Rosario: Homo Sapiens.

Neffa, J. C. (2009). "El plan Jefes y Jefas de Hogar Desocupados (PJyJHD). Análisis de sus características y objetivos. fortalezas y debilidades". En J. C. Neffa, E. De La Garza Toledo y L. Muniz Terra (comps.). *Trabajo, empleo, calificaciones profesionales, relaciones de trabajo e identidades laborales.* Buenos Aires: CLACSO, 2009, volumen II.

Neffa, J. C. (2012). "La evolución de la relación salarial durante la post convertibilidad". *Revue de la régulation* 11. En http// regulation.revues.org/9695

Negretto, G. L. (2002). "¿Gobierna solo el presidente? Poderes de decreto y diseño institucional en Brasil y Argentina". *Desarrollo Económico* 42 (167). Buenos Aires: IDES.

Negri, A. (2004). *La forma estado*. Madrid: Akal.

Neiman, G. (2008). "El trabajo agrario en el cambio de siglo: regiones, trabajadores y situaciones". En Balsa, Mateo y Ospital (2008).

Noda, M. y Mercatante, E. (2005). "El plan K: un neoliberalismo de 3 a 1". *Lucha de clases* 5. Buenos Aires: IPS-Karl Marx.

Notcheff, H. et ál. (1998). *La economía argentina a fin de siglo: fragmentación presente y desarrollo ausente*. Buenos Aires: Eudeba-FLACSO.

Novaro, M. (2003). "Continuidades y discontinuidades tras el derrumbe político". *Revista de la SAAP* 2 (I). Buenos Aires: SAAP.

Ocampo, J. A. y Parra, M. A. (2003). "Los términos de intercambio de los productos básicos en el siglo XX". *Revista de la CEPAL* 79. Santiago de Chile: CEPAL.

Ollier, M. M. (1008). "La institucionalización democrática en el callejón: la inestabilidad presidencial en Argentina (1999-2003). *América Latina Hoy* 49. Salamanca: Universidad de Salamanca.

Ortiz, S. (2010). *La patria terrateniente. Nueva burguesía agroindustrial y formación del Partido del Campo*. Buenos Aires: Peña Lillo-Continente.

Ortiz, R. y Schorr, M. (2007). "La rearticulación del bloque en el poder en la Argentina de la post-convertibilidad". *Papeles de trabajo* 2. Buenos Aires: IDAES-UNSAM.

Ouviña, H. (2002). "¿Minimización o metamorfosis del estado? Las transformaciones de la última década en el aparato estatal argentino". En A. Bonnet, G. Galafassi y A. Zarrilli (comps.). *Modernización y crisis. Transformaciones sociales y reestructuración capitalista en la Argentina del siglo XX*. Bernal: UNQ.

Österholm, P. y Zettelmeyer, J. (2007). *The effect of external conditions on growth in Latin America*. IMF Working Paper 07176, FMI.

Ostiguy, P. (2009). *Argentina´s double political spectrum: party system, political identities and strategies, 1944-2007*. Working paper 361. Notre Dame: Kellogg Institute.

Oszlak, O. (2003). "El mito del estado mínimo: una década de reforma estatal en la Argentina". *Desarrollo Económico* 42 (168). Buenos Aires: IDES.

Palermo, V. (2011). "Consejeros del príncipe. Intelectuales y populismo en la Argentina de hoy". *Recso. Revista de Ciencias Sociales* 2. Montevideo.

Palermo, V. y Novaro, M. (1996). *Política y poder en el gobierno de Menem*. Buenos Aires: Norma.

Palomino, M. (1988). *Tradición y poder. la Sociedad Rural Argentina (1955-1983)*. Buenos Aires: CISEA-GEL.

---------- (1989). *Organizaciones corporativas del empresariado argentino. CARBAP 1955-1983*. Buenos Aires: CISEA.

Panigo, D., Chena, P. y Gárriz, A. (2010). "Efectos de la estructura productiva desequilibrada y de los esquemas cambiarios sobre el ciclo del empleo en la Argentina". *Ensayos Económicos* 59. Buenos Aires: BCRA.

Panizza, F. (2009). "Introducción" a F. Panizza (comp.). *El populismo como espejo de la democracia*. Buenos Aires: FCE.

Panizza, F. (2011). "¿De qué hablamos cuando hablamos de populismo? 'Más populista será tu abuela!'". *Recso. Revista de Ciencias Sociales* 2. Montevideo.

Pascual, R. (2009). "'La fuerza transformadora del kirchnerismo'. Elecciones 2009. El kirchnerismo frente al espejo, la (ir)resolución del 2001". *Herramienta* 42. Buenos Aires.

Peralta Ramos, M. (2006). *La economía política argentina: poder y clases sociales (1930-2006)*. Buenos Aires: FCE.

Pereyra, S., Pérez, G. y Schuster, F. (2008). *La huella piquetera. Avatares de las organizaciones de desocupados después de 2001*. La Plata: Al margen.

Piva, A. (2001). "La década 'perdida'. Tendencias de la conflictividad obrera frente a la ofensiva del capital (1989/2001)". *Cuadernos del Sur* 32. Buenos Aires.

---------- (2005). "Acumulación de capital, desempleo y sobreocupación en Argentina (1989-2003)". *Cuadernos del Sur 38/39*. Buenos Aires.

---------- (2007). "Modo de acumulación y hegemonía en Argentina. continuidades y rupturas después de la crisis de 2001". En *Anuario de los Economistas de Izquierda* 3. Buenos Aires: AEDI.

---------- (2009). "Vecinos, piqueteros y sindicatos disidentes. La dinámica del conflicto social entre 1989 y 2001". En Bonnet y Piva (2009).

---------- (2011a). "Una aproximación a los cambios en la Forma de estado en Argentina (2002-2009)". En *Theomai* 23. Bernal: Universidad Nacional de Quilmes.

---------- (2011b). "gobierno, oposición y protesta social en Argentina (2003-2007)". Ponencia preparada para el X Congreso Nacional de Ciencia Política, organizado por la Sociedad Argentina de Análisis Político y la Universidad Católica de Córdoba, Córdoba, 27 al 30 de julio de 2011.

---------- (2011c). "¿Fin de la clase obrera o desorganización de clase?". En Bonnet (2011a).

---------- (2012a). *Acumulación y hegemonía en la Argentina menemista*. Buenos Aires: Biblos.

---------- (2012b). "Burocracia y teoría marxista del estado". *Intersticios. Revista sociológica de pensamiento crítico* 6 (2). Buenos Aires.

---------- (2012c). "Los límites económicos de una lógica política". *Batalla de ideas* 3. Buenos Aires

---------- (2013). "¿Cuánto hay de populista y cuánto hay de nuevo en el neopopulismo? Kirchnerismo y peronismo en la Argentina post 2001". *Trabajo y sociedad* 21. Santiago del Estero.

---------- (2014). "La inflación argentina en la post convertibilidad (2002-2013)". Inédito, a publicarse en *Realidad Económica*. Buenos Aires: IADE, 2014.

Pizarro, J. B. y Cascardo, A. R. (1991). "La evolución de la agricultura pampeana". En Barsky (1991).

Porta, F. y Fernández Bugna, C. (2008). "El crecimiento reciente de la industria argentina. Nuevo régimen sin cambio estructural". *Realidad económica* 233. Buenos Aires: IADE.

Portantiero, J. C. y De Ipola, E. (1981). "Lo nacional popular y los populismos realmente existentes". *Nueva Sociedad* 54. Caracas.

Porto, A. y Nogués, J. (2007). *Evaluación de los impactos económicos y sociales de las políticas públicas en la Cadena Agroindustrial*. Documento del Foro de la Cadena Agroindustrial [en línea] en www.foroagroindustrial.org.ar, noviembre de 2007.

Poth, C. (2010). "El modelo biotecnológico en América Latina. Un análisis de los gobiernos de Lula y Kirchner en torno a los organismos genéticamente modificados y su relación con los movimientos sociales". En AA.VV. *Los señores de la soja. La agricultura transgénica en América Latina*. Buenos Aires: CLACSO-CICCUS.

Pucciarelli, A. (coord.) (2011). *Los años de Menem. La construcción del orden neoliberal*. Buenos Aires: Siglo XXI.

Rocca, F. y Waiman, J. (2012). "Kirchnerismo y hegemonía, una primera aproximación". En Actas de las I *Jornadas de Estudios de América Latina y el Caribe*. IEALC, 26-28 de septiembre.

Rodríguez, J. (2008). *Consecuencias de la soja transgénica. Argentina 1996-2006*. Buenos Aires: CLACSO-Ediciones Cooperativas.

Rojas, D. (2013). *El kirchnerismo feudal. La verdadera cara de Cristina en las provincias*. Buenos Aires: Planeta, 2013.

Rosso, F. y Dal Maso, J. (2014). "El posibilismo miserable de la intelectualidad 'nac&pop'". *Ideas de izquierda. Revista de política y cultura* 10. Buenos Aires. IPS Karl Marx.

Roth, L. C. (2007). "Acerca de la independencia judicial en Argentina: la creación del Consejo de la Magistratura y su desempeño entre 1994 y 2006". *Desarrollo económico* 186 (47). Buenos Aires: IDES.

Sabbatella, I. M. (2012). "La política petrolera de la posconvertibilidad: de la herencia neoliberal a la expropiación de YPF". *Argumentos. Revista de crítica social* 14. Buenos Aires: FCS-UBA.

Salvia, S. (2009). "estado y conflicto interburgués en Argentina. La crisis de la convertibilidad (1999-2001)". En Bonnet y Piva (2009).

---------- (2012). *Confrontaciones y alianzas sociales de la burguesía industrial en la crisis de la convertibilidad en Argentina (1998-2002)*. Tesis de Doctorado en Ciencias Sociales. FCS-UBA, Buenos Aires, mimeo.

Sarlo, B. (2011). *La audacia y el cálculo. Kirchner 2003-2010*. Buenos Aires. Sudamericana.

Sartelli, E. (dir.) (2008). *Patrones en la ruta. El conflicto agrario y los enfrentamientos en el seno de la burguesía (marzo-julio de 2008)*. Buenos Aires: RyR.

Scolnik, F. (2009). "El movimiento obrero argentino entre dos crisis: las organizaciones de base antiburocráticas en el área metropolitana de Buenos Aires durante el período 2003-2007". *Conflicto Social. Revista del Programa de investigación sobre conflicto social* 2. Buenos Aires: Instituto de Investigaciones Gino Germani, FCS-UBA.

Schneider, A. (2013). "Política laboral y protesta obrera durante la presidencia de Néstor Kirchner (2003-2007)". En Grigera (2013).

---------- (comp.) (2014). *América Latina hoy. Integración, procesos políticos y conflictividad en su historia reciente*. Buenos Aires: Imago Mundi.

Schorr, M. y Wainer, A. (2005). "Argentina. ¿muerte y resurrección? Notas sobre la relación entre economía y política en la transición del 'modelo de los noventa' al del 'dólar alto'". *Realidad económica* 211. Buenos Aires: IADE.

Schorr, M., Manzanelli, P. y Basualdo, E. (2012). "régimen económico y cúpula empresaria en la post-convertibilidad". *Realidad económica* 265. Buenos Aires: IADE.

Schuster, F. (2005) . "Las protestas sociales y el estudio de la acción colectiva". En F. Schuster *et alii* (2005).

Schuster, F. y Pereyra, S. (2001). "La protesta social en la Argentina democrática: balance y perspectivas de una forma de acción política". En N. Giarraca y colaboradores. *La protesta social en la Argentina. Transformaciones económicas y crisis social en el interior del país.* Buenos Aires: Alianza.

Schuster, F. *et alii* (comps.) (2005). *Tomar la palabra. Estudios sobre protesta social y acción colectiva en Argentina contemporánea.* Buenos Aires: Prometeo.

---------- (2006). *Transformaciones de la protesta social en Argentina 1989-2003.* Documento de Trabajo 48. Instituto de Investigaciones Sociológicas Gino Germani, FCS-UBA. Buenos Aires.

Schvarzer, J. (2000). *Implantación de un modelo económico. La experiencia Argentina entre 1975 y el 2000.* Buenos Aires: AZ editora.

---------- (2004). "De nuevo sobre la burguesía nacional". *Realidad económica* 201. Buenos Aires: IADE.

Schvarzer, J. y Finkelstein, H. (2005). *El sistema financiero local: en busca de un nuevo modelo luego del fracaso de la convertibilidad.* Notas de Coyuntura 20. Buenos Aires: CESPA-FCE-UBA.

Schvarzer, J. y Tavosnanska, A. (2007). *El complejo sojero argentino. Evolución y perspectivas.* Documento de Trabajo 10 del CESPA. Buenos Aires: CESPA-FCE-UBA.

Senén González, C., Trajtemberg, D. y Medwiel, B. (2010). "Tendencias actuales de afiliación sindical en Argentina: evidencias de una encuesta a empresas". *Relations industriels / Industrial relations* 65 (1).

Seoane, J., Taddei, E. y Algranati, C. (2013). *Extractivismo, despojo y crisis climática. Desafíos para los movimientos sociales y los proyectos emancipatorios de Nuestra América.* Buenos Aires: Herramienta-El Colectivo-GEAL.

Sidicaro, R. (2005). *Los tres peronismos. estado y poder económico, 1946-55 / 1973-76 / 1989-99.* Buenos Aires. Siglo XXI.

Sokoloff, M. F. (2014). "Los avatares en el proceso de politización del movimiento obrero argentino, desde 2008 hasta la actualidad". En Schneider (2014).

Soul, J. y Martínez, O. (2011). "La lucha del movimiento obrero contra las estrategias empresarias de división y precarización de los trabajadores". *Batalla de Ideas* 2. Buenos Aires.

Svampa, M. (2009). "Argentina. la reconfiguración del espacio piquetero (2003-2009)". Postfacio a la tercera edición de M. Svampa y S. Pereyra. *Entre la ruta y el barrio. La experiencia de las organizaciones piqueteras.* Buenos Aires: Biblos.

---------- (2011). "Argentina una década después. Del 'que se vayan todos' a la exacerbación de lo nacional-popular". *Nueva Sociedad* 235. Caracas.

---------- (2012). "Consenso de los commodities, giro ecoterritorial y pensamiento crítico en América Latina". *Revista del OSAL* 32. Buenos Aires: CLACSO.

Svampa, M. y Antonelli, M. (2010). *Minería transnacional, narrativas del desarrollo y resistencias sociales.* Buenos Aires: Biblos.

Svampa, M. y Pandolfi, C. (2004). "Las vías de la criminalización de la protesta en argentina". *Revista del OSAL* 14. Buenos Aires: CLACSO.

Svampa, M. y Pereyra, S. (2003). *Entre la ruta y el barrio. La experiencia de las organizaciones piqueteras.* Buenos Aires: Biblos.

Teubal, M. y Palmisano, T. (2010). "El conflicto agrario: características y proyecciones". Een Giarracca y Teubal (2010).

Thwaites Rey, M. (2005). "Tecnócratas vs. punteros. Nueva falacia de una vieja dicotomía: política vs. Administración". En Thwaytes Rey y López (2005).

---------- (ed.). *El estado en América Latina: continuidades y rupturas.* Santiago de Chile: ARCIS-CLACSO.

Thwaites Rey, M. y López, A. (2004). "Argentina. la debilidad regulatoria como estrategia política". *Revista del CLAD Reforma y Democracia* 28. Caracas: CLAD.

---------- (eds.) (2005). *Entre tecnócratas globalizados y políticos clientelistas. Derrotero del ajuste neoliberal en el estado argentino.* Buenos Aires: Prometeo.

Thwaites Rey, M. (2010). "La tensión entre mercado mundial y estado nacional. Notas sobre el caso argentino (1983-2010)". En Actas del V Congreso de la Asociación Latinoamericana de Ciencia Política (ALA-CIP). Buenos Aires, 28 al 30 de julio de 2010.

Torre, J. C. (1999). "El peronismo como solución y como problema", en M. Novaro (comp.). *Entre el abismo y la ilusión. Peronismo, democracia y mercado.* Buenos Aires: Norma.

Torre, J. C. (2004). "La operación política de la transversalidad. El presidente Kirchner y el Partido Justicialista". En AA.VV. *Argentina en perspectiva.* Buenos Aires: CEDIT.

Urbiztondo, S. (2011). "Tarifas y subsidios: diez años después, lo barato sale caro". En *Foco Económico* [en línea] 16/11/2011 en www.focoeconomico.org.

Viguera, A. (2000). *La trama política de la apertura económica en la Argentina (1987-1996).* La Plata: Al Margen-UNLP.

Varela, P. (2013). "El sindicalismo de base en la Argentina de la posconvertibilidad. Hipótesis sobre sus alcances y limitaciones". En Grigera (2013).

Varela, P. y Lotito, D. (2009). "La lucha de Kraft Terrabussi: comisiones internas, izquierda clasista y 'vacancia' de representación sincical".

Conflicto Social. Revista del Programa de investigación sobre conflicto social 2. Buenos Aires: Instituto de Investigaciones Gino Germani, FCS-UBA.

Varesi, G. (2008). "La actualidad de la deuda argentina. Default, actores y políticas en el modelo pos-convertibilidad, 2002-2007". *Periferias. Revista de ciencias sociales* 16. Buenos Aires: FISyP.

---------- (2011). "Argentina 2002-2011: neodesarrollismo y radicalización progresista". *Realidad Económica* 264. Buenos Aires: IADE.

---------- (2013). "Modelo de acumulación, dinámica política y clases sociales en la Argentina postconvertibilidad". En Grigera (2013).

Verón, E. (1987). "La palabra adversativa. Observaciones sobre la enunciación política". En AA.VV. *El discurso político*. Buenos Aires: Hachette.

Waiman, J. (2012). "El debate sobre la hegemonía cultural kirchnerista". En Actas de las *VII Jornadas de Sociología de la UNLP*, 5 al 7 de diciembre.

Wainer A. (2010). *Clase dominante, hegemonía y modos de acumulación. La reconstrucción de las relaciones de fuerza en el interior de la burguesía durante la crisis y salida de la convertibilidad (1998-2003)*. Tesis de Doctorado. Buenos Aires: CLACSO.

---------- (2013). "Cambios en el bloque en el poder a partir de la posconvertibilidad. Hipótesis sobre sus alcances y limitaciones". En Grigera (2013).

Weber, M. (1991). "Parlamento y gobierno en una Alemania reorganizada. Una crítica política de la burocracia y de los partidos". En *Escritos políticos*. Madrid: Alianza.

Weyland, K. (2001). "Clarifying a contested concept. populism in the study of Latin American politics". *Comparative politics* 34 (1), New York: City University of New York.

Weyland, K. (2007). "Politics and policies of Latin America´s two lefts: the role of party systems vs. resource bonanzas". En *XXVI Congress of the Latin America Studies Association*, Chicago, 5-9/9/07.

Wierzba, G., Del Pino Suarez, E. y Kupelián, R. (2010). *El sistema financiero argentino. La evolución de su régimen regulatorio desde la liberalización financiera. Impactos relevantes sobre el crédito y la economía real.* Documento de Trabajo 33. Buenos Aires: CEFID-AR.

World Bank (1996). *Argentina privatization program.* Washington: World Bank, 1996.

Zermeño, S. (1998). "El regreso del líder". En M. M. Mackinnon y M. A. Petrone. *Populismo y neopopulismo en América Latina, el problema de la cenicienta.* Buenos Aires: Eudeba.

Zicari, J. (2012). "Gobernar con una sonrisa". *Realidad Económica* 272. Buenos Aires: IADE.

Žižek, S. (2005). "¿Lucha de clases o posmodernismo? ¡Sí, por favor!". En J. Butler, E. Laclau y S. Žižek . *Contingencia, hegemonía y universalidad. Diálogos contemporáneos en la izquierda.* México: FCE.

www.ingramcontent.com/pod-product-compliance
Lightning Source LLC
Chambersburg PA
CBHW081714250726
48657CB00010B/2995